歴史を社会に活かす

楽しむ・学ぶ・伝える・観る

歴史学研究会［編］

東京大学出版会

The Future of Historical Studies in Society:
New Challenges and Possibilities

The Historical Science Society of Japan, editor

University of Tokyo Press, 2017
ISBN 978-4-13-023073-5

まえがき

1　目的――歴史学と現代社会の接点を探る

歴史を社会に活かす。それはどうすれば可能なのだろうか。そもそも、歴史を「社会に活かす」とは、一体どういうことなのだろうか。

本書は、このような問いを携えて、歴史学と現代社会の四つの接点――娯楽、教育、メディア、博物館――を取り上げる。そして、そのような場で、歴史研究の成果がどのように活かされているのか、あるいはどのような理由や背景があって活かされずにいるのか、現状と課題・展望を多角的に考察することを試みる。

新聞・雑誌や小説、漫画、テレビ番組やラジオ番組、インターネット、ゲームや映画、博物館・美術館・史跡・記念碑等々……。人々は、これらの多様な媒体を通して日々さまざまな歴史（像）に接している。思い返してみれば、それらが職場での何気ない会話や余暇の趣味や交流を形作っている場合も少なくないだろう。また、外国の友人や知人と会話したとき、日本の歴史について説明を求められた経験をお持ちの方もおられるであろう。最近では、隣国との「歴史認識問題」が報道される機会も多い。それから、海外のニュースを理解するには、かつて学校で学んだ世界史の知識が意外に役に立ったりする。中学・高校時代は暗記を強いられてすっかり歴史嫌いになり、現在の歴史学の動向に全く関心がないとしても、歴史と無縁の日常生活を送ることはむずかしい。

現代社会に流布している歴史（像）のなかには、専門的な歴史研究に裏付けられたものもあれば、学問的には荒唐無稽のものもある。とはいえ、学術的な裏付けがあるからといって、必ずしも人々の関心を引くわけではない。また、この両者の歴史（像）は、往々にして混在するかたちで社会に流布している。(1)

歴史研究の成果が専門家だけのものではないとすれば、人々が歴史研究に何を期待しているのか、歴史研究の成果が社会のさまざまな場面でどのように利用・活用されているのかを知り、そのうえで発信の方法や協働の仕方を工夫しなければならない。そして、そのためには、歴史研究者の側と研究成果を利用し活用する側との対話を通じて、現代社会における歴史学の在り方を見つめ直す必要があるだろう。

2　二つの命題――歴史研究の成果はどのように産み出され、発信され、活用されているのか

本書には多様なテーマの論考が収められているが、全体を通して、歴史研究の成果がどのように産み出され、発信・活用されるのかに関する二つの命題によって貫かれている。具体的な状況や近年の動向――ここでは、さしあたり現代日本の事例が中心にはなるが――を簡単に紹介しながら、それぞれの命題を掘り下げていくことにしたい。

さて、第一の命題は、歴史研究の成果の発信・活用に関わる。すなわち、**歴史研究の成果は必ずしも研究者が発信する意図通りに活用されるとは限らない**、である。そして、この命題は両義的な側面を持ち合わせている。どういうことだろうか。

最初に、歴史研究の成果を発信する側の視点から、この命題を考えてみよう。例えば、研究者の間では実証的な研究成果によって既存の歴史（像）を修正、淘汰したつもりでも、一般の人々やさまざまなメディア――新聞・雑誌、書籍・テレビ・ラジオ等の従来からのマスメディアに加え、今日ではインターネット・SNS等の双方向メディアも重要である――においてはなかなかそのようには認識されないという状況はよく目にするところであろう。(2)それどころか、学界ではもはや通用していない見解がしばしば社会や政治上において平然と持ち出される、といった事例さえ

散見される〔片岡 二〇一六〕。

こういった状況に、近年の書籍出版や大学・大学院を取り巻く動向が拍車をかけている。これまで歴史学は他の学問領域と比べて裾野の広い分野ではあるとされてきた。だが、固い学術書は言うまでもなく、学術的な研究成果を元にした一般書を手に取る読者も年々減少傾向にある。つまり、研究者が苦労の末に新しい成果を世に問うたとしても、一般社会へは伝わりづらい状況が生じているのである[3]〔吉田 二〇一六〕。むろん、これには、学問の専門分化が進むなかで、隣接分野や学界外の読者へ伝える工夫や努力をつい怠りがちな研究者の側の問題もあるわけだが。

また、近年、研究者を志して大学院に進む学生の減少や「若手研究者問題」が取り沙汰され、その現状把握や解決に向けたさまざまな試みが歴史学関連の学界においてもなされている〔日本歴史学協会若手研究者問題検討委員会 二〇一七〕。要するに、研究成果の産出や発信に関わる当の研究者自身が、不安定な立場に身を置かざるをえない状況にあるのである。

歴史研究者にとっては、このような窮境のなかで、どのように研究成果を社会に発信し、歴史の面白さや有用性を広く社会に伝え、そして研究と教育の担い手を安定的に養成・雇用するかが喫緊の課題となっている。

次に、研究成果を活用する側に視点を移して、この命題を考えてみよう。例えば、歴史学の新しい研究成果が学術論文や書籍を介して芸術やエンターテインメントに関わる人々の思考や創作意欲を刺激し、小説やアニメ、ゲーム、漫画、テレビドラマ、映画など、新たな作品や表現の創造に活かされる事例は少なくない。それは、歴史研究の成果の受容であると同時に、新たな歴史（像・イメージ）の構築でもある。歴史研究者は、通常、あるテーマに関する史料を調査・発見し、史料批判を行い、先行研究を参照・批判しつつ問題を設定し、典拠を明示した論文を作成する。この方法に基づく研究成果は、学界においてさまざまに議論・検証される。しかし、他方で、歴史学の論文や書籍を、「先行研究を実証的に乗り越えたかどうか」「次の研究課題はどこにあるのか」とは異なる基準・目的で読む読者が存在するのである。そして、時として彼らが、それらの論文や書籍の内容を直接・間接に活用し、フィクションを交えながら社会に広範な影響を及ぼす新たな作品を創造するに至る。

実際、アニメーション映画監督の宮崎駿が、著名な日本中世史研究者の網野善彦の著作を一つの手がかりとして映画「もののけ姫」（一九九七年公開）を発表し、大きな話題となった（網野 二〇〇〇）。宮崎は、黒澤明「七人の侍」（一九五四年公開）に敬意を表しつつも、そこに「侍と農民」というステレオタイプを看取し、それを乗り越えようと模索するなかで、非農業民の世界に着目する網野の歴史学に出会ったようである（宮崎 二〇〇八）。

最近では、三谷幸喜脚本のＮＨＫ大河ドラマ「真田丸」（二〇一六年放映）が好例であろう。三谷は、時代考証に関わった日本中世史研究者たちの助言をドラマにさまざまなかたちで反映させた。それと同時に、彼は、前述の「七人の侍」やロバート・ワイズ「サウンド・オブ・ミュージック」（一九六五年公開）といった映画史に残る名作、さらには市川染五郎（現在の松本幸四郎）演じる呂宋助左衛門が主人公のＮＨＫ大河ドラマ「黄金の日日」（一九七八年放映）等の作品へのオマージュを巧みに作中にちりばめていた（その他、さらにマニアックな典拠も色々あるらしい）。いわば、日本史と映画史、テレビドラマ史とが三谷の自在なイマジネーションを介して交錯し、あの「真田丸」のストーリーが産み出されたのである。そして、毎回の放映後には、時代考証に関わった研究者の丸島和洋が、ドラマと史実の関係・違いについてtwitterを通して解説し、これも大きな話題となった。

研究成果を活用する側の視点からすると、歴史研究の成果は新たな作品や表現を創造するための一つの重要な知的資源なのである。それは、アニメやテレビドラマ、小説、マンガなど、学術研究とは異なる表現形式に取り込まれるかたちで発信され、広く人々のもとに届いている。

これらの事例を踏まえると、第一の命題は、歴史研究の成果を発信する側と活用する側の歴史学や歴史（像）をめぐる認識のズレを浮き彫りにすることがわかる。それとともに、歴史研究の成果が、それを生み出した研究者の意図や想像を超えて社会の場で有用性を発揮する可能性があることも示唆している。

次に、第二の命題は、歴史研究の成果の産出に関わる。すなわち、**歴史研究の成果は、研究者集団や学界内部で生み出されるだけではなく、社会との関わりや研究者以外の人々との応答を通じても生み出される**、である。

この点については、例えば、学校での授業を通して伝えられた歴史研究の成果が若い中高生の素朴な疑問や鋭い反応を引き出し、それが新たな研究のテーマや着想を生み出す、といったフィードバックの事例を挙げることができよう。前述の網野が高校教師時代に学生から受けた二つの質問「あなたは、天皇の力が弱くなり、滅びそうになったと説明するが、なぜそれでも滅びなかったのか」「なぜ、平安末・鎌倉という時代にのみすぐれた宗教家が輩出したのか」が、その後の研究の原動力となったというエピソードはよく知られている〔網野 一九七八〕。最近では、日本近代史研究者の加藤陽子が、中高生への授業を元にした書籍のなかで、生徒たちとの印象的な対話を通して日本近現代史をともに掘り下げていく様子を生き生きと伝え、大きな反響を呼んだ〔加藤 二〇一六〕。

他方で、教育政策の面においては、高校の新科目「歴史総合」の導入（二〇二二年度―）が決定し、その教育内容をめぐる議論が盛り上がっていることも見落とせない。同じく導入される「アクティブ・ラーニング」も含めて、この新しい科目を教師と学生がどのように活用していくのか、そこからどのような新しい知が創造されるのか、注目される。

あるいは、博物館における展示と、それに対する来館者の反応とがきっかけとなって、さらなる研究テーマや史料等が発見されるということも珍しくない（最近では、NHKの大河ドラマや連続テレビ小説等の放映時にも、同様の発見が起こっている）。このような展示と研究の循環とその制度化についても、国立歴史民俗博物館の研究システム「博物館型研究統合」をはじめとして、近年さまざまな試みがなされている〔平川 二〇一六〕。また、こういった大がかりなシステムの構築以前に、博物館を訪れた研究者がその展示品からふと何かを発見し、それが自身の研究を進める思わぬヒントになるといったことは、間々起こりうることであろう。

これらの事例を踏まえると、第二の命題は、単なる歴史研究の成果の社会への還元にとどまらず、研究を刺激し研究成果をともに味わう社会をそれぞれの場から構想することにもつながるであろう。

3　協働の模索――歴史学と社会の双方向的な関係をどう構築するか

以上の二つの命題から、学術的な歴史研究のプロセス――歴史研究者が実証的な研究成果を産み出し、専門家がそれを検証し批判する――だけには収まりきらない、歴史学と一般社会との関係がさまざまに見えてくる。学術的な歴史研究のプロセスは、一般社会とは切り離され、密閉されているかのようにしばしば見られるが、両者は決して無関係であるとは言えない。それどころか、一般社会との接触が学術研究を活性化する場合さえ見受けられるのである。その意味で、両者は双方向的・循環的な関係にある。歴史研究の成果は社会に流布している歴史（像）を実証的に正すことができると同時に、学術研究以外の多様な表現形式に活用されて、新たな歴史（像・イメージ）の創造を促す一つの手がかりとなりうる。「社会に活かす」という表現は、ともすると研究者が中心となって研究成果を社会還元しようという意識が潜んでいるように聞こえるかも知れないが、こうした歴史学と社会の双方向的・循環的な関係をふまえて、捉え直す必要があるだろう。

今日の社会において、歴史学の存在はどのように映っているのであろうか。社会や一般の人々は歴史学や歴史研究者にいったい何を求めているのだろうか。研究者以外の人々が、歴史研究の成果にアクセスし社会に活かすためには、どのような回路がありうるのだろうか。大学の史学科等で歴史学の方法を学び、過去を研究することは、現代社会において何の役に立つのだろうか。さらに、歴史研究者の仕事のサイクルと、その成果を活用するメディアや娯楽、教育、博物館等の仕事のサイクルとの間では、それぞれのリズムやスピードが異なり、そのことで相互に認識の齟齬や摩擦が生じたりする。そこで、お互いの違いや距離、長所・短所を理解しつつ、なお協働することは、どうすれば可能であろうか。

これらの問題について、歴史研究者と、歴史学と社会とが接する現場に立ち会う人々——書籍編集者、新聞記者、ノンフィクション作家、教員、学芸員など——とが、その現状や課題、展望をともに議論する機会は従来あまりなかったのではないだろうか。本会は、二〇一六年度大会特設部会において、「歴史研究の成果を社会にどう伝えるのか——「社会的要請」と歴史学」と題し、ジャーナリスト、学術書編集者、歴史研究者が一堂に会したシンポジウムを行った。これは、本会としては初めての試みであった。二〇一七年度大会特設部会においても、「地域に生きる市民と歴史——「社会的要請」と歴史学（その二）」と題するシンポジウムを行う[4]。

もとより、このような対話の試みは始まったばかりであり、性急な結論を求めるべきではない。また、研究者の側が社会のニーズに過剰適応することも禁物である。まずはお互いの事情や状況に関心を払い、相互の認識や提言を率直にぶつけ合いながら、協働の可能性を模索することが必要である。本書もまた、そのような試みの一つとして企画された。

4　本書の構成

以上の問題意識を踏まえて、本書では、歴史学と社会との接点を担う関係者による考察と、多様な時代と地域の歴史研究者による考察を収録した。娯楽、教育、メディア、博物館について四部に分け、それぞれ「楽しむ——カルチャーからエンターテインメントへ」「学ぶ——自ら考える教育の可能性」「伝える——多様化するメディアと情報」「観る——博物館は深化する」というタイトルを附した。全体で二三本の論考と一二本のコラムから構成される。

なお、本書で取り上げた娯楽、教育、メディア、博物館という四つの接点は、いずれも歴史学や歴史（像・イメージ）に関わる。その意味で、本来なら関心が近いはずであるが現時点では、担い手や発信者、受け手の層は必ずしも重なっていないように思われる。まずは興味のあるところから読みはじめて、できれば他の部分にもぜひ目を通していただきたい。そうすれば、普段は目にすることのない接点や現場についての最新の動向や提言に出会うことができるだろう。本論集の狙いの一つはここにある。「楽しむ」「学ぶ」「伝える」「観る」——この四つの観点を自由に行き来しながら、日頃はあまり意識することのない「歴史との関わり方」に改めて思いを致していただければ幸いである。

二〇一七年三月

歴史学研究会
（文責・清水光明）

（1）なお、こういった現代社会における歴史（像）の在り方を、「一体化としての歴史」と「解釈としての歴史」との関係とその変容という視角から分析した先駆的な業績として、〔モーリス-スズキ　二〇一四〕を挙げることができよう。

（2）もっとも、例えば、評論家の荻上チキがパーソナリティを務めるラジオ「荻上チキ・Session-22」では、テーマごとにそれに相応しい研究者を呼んで議論を交えながら研究成果の的確な紹介を行っている。このように、最新の研究成果を社会に正確に媒介する試みが全くないわけではないことも附言しておく必要がある。

（3）もっとも、良質な研究書や新書等が、SNS等を通して人々の関心を集めることでベストセラーとなるといった現象も、とくに最近断続的に生じている。例えば、〔呉座　二〇一六〕等。

（4）なお、歴史学研究会大会は、毎年五月末の土日の二日間に開催される。入場料（会場整理費）が少々高めではあるのだが、非会員や学生、職業的研究者以外の方も参加可能である。また、全体会・各部会の企画はもとより書籍展示・研究会展示等も充実しており、歴史学に関する情報の入手・交換や交流の場としても有益である。関心のある方は是非足を運ばれたい。

参考文献

網野善彦　一九九六『増補　無縁・公界・楽――日本中世の自由と平和』平凡社ライブラリー（原著は、平凡社、一九七八年〔増補版は、一九八七年〕）
網野善彦　二〇〇〇『歴史と出会う』洋泉社新書
片岡伸行　二〇一六「メディアと歴史学――『週刊金曜日』編集の立場から」『歴史学研究　増刊号』九五〇
加藤陽子　二〇一六『それでも、日本人は「戦争」を選んだ』新潮文庫（原著は、朝日新聞社、二〇〇九）
加藤陽子　二〇一六『戦争まで――歴史を決めた交渉と日本の失敗』朝日出版社
呉座勇一　二〇一六『応仁の乱――戦国時代を生んだ大乱』中公新書
モーリス-スズキ、テッサ　二〇一四『過去は死なない――メディア・記憶・歴史』岩波現代文庫（原著は、岩波書店、二〇〇四）
日本歴史学協会若手研究者問題検討委員会　二〇一七「「若手研究者問題」解決に向けた歴史学関係者の研究・生活・ジェンダーに関するウェブ・アンケート調査――中間報告書」（https://sites.google.com/site/jhcwebsurvey/　二〇一七年三月七日閲覧）
平川南　二〇一六「歴史学研究の研究システム構築と可視化・高度化――国立歴史民俗博物館の実践と人間文化研究機構の計画」『歴史学研究　増刊号』九五〇
宮崎駿　二〇〇八『折り返し点　1997〜2008』岩波書店
吉田浩一　二〇一六「学術出版と歴史学――書籍編集者の立場から」『歴史学研究　増刊号』九五〇

目次

II　学ぶ――自ら考える教育の可能性

Ⅰ　楽しむ——カルチャーからエンターテインメントへ

1 「バーチャル名護屋城」の試み
――佐賀県立名護屋城博物館の城復元ＣＧ

松尾法博

一　「ＶＲ名護屋城」の運用開始

佐賀県立名護屋城博物館は、国内でも極めて貴重な歴史遺産である名護屋城跡、諸大名陣屋跡などの保存整備・活用を進めている。現地を訪れた方々に、当時の城や城下町の様子を精密なＣＧ（コンピュータグラフィックス）でリアルに感じるためのスマートフォン・タブレット版アプリ「ＶＲ名護屋城」（バーチャル名護屋城）の運用を平成二七（二〇一五）年四月から開始した。

このアプリは、ＧＰＳ（衛星測位システム）取得による位置情報に合わせて、城のエリアや大名陣屋（堀秀治陣と豊臣秀保陣）、城下町（茜屋町）など、三六〇度の風景が画面に再現されるビューポイントを五八カ所設定。名護屋城博物館貸出しのタブレットを利用するか、個人所有のスマートフォンやタブレット端末にこのアプリをダウンロードすることで、現地を歩きながら、高精細ＣＧで再現された四二〇年前の名護屋城を体感できる。「黄金の茶室」や「草庵茶室」の内部、天守閣最上階からの三六〇度の眺め（昼景・夕景）なども見ることができ、当時の風景がリアルタイムに表現される。

このアプリが佐賀県の文化資源を身近に、わかりやすく理解するツールになるとともに、県外に向けた当地域のアピールにも極めて有効なツールになると考えている。(1)

二　「バーチャル名護屋城」着手に至る背景

名護屋城博物館と特別史跡「名護屋城跡並びに陣跡」の現状と概要

日本列島と朝鮮半島との間には長い交流の歴史があるが、豊臣秀吉が朝鮮半島を侵略した文禄・慶長の役（壬辰・丁酉倭乱、一五九二―九八年）は、その関係を一時断絶させた不幸な出来事であった。佐賀県立名護屋城博物館は、この戦争の反省の上に立って、「日本列島と朝鮮半島との交流史」を調査・研究・展示紹介し、今後の友好・交流の推進拠点となることを目指して活動している（図1）。博物館に隣接する名護屋城跡並びに陣跡は、文禄・慶長の役に際し、朝鮮侵略の基地として豊臣秀吉が築いた名護屋城跡と全国の諸大名が長期滞在を強いられて作った百三十余の陣跡群からなる。名護屋城跡を中心に半径三キロメートルの圏内に陣跡群が集中し、現在、名護屋城跡と徳川家康陣跡・前田利家陣跡など二三陣跡が特別史跡に指定されている。豊臣秀吉は、慶長三（一五九八）年八月一八日に亡くなるが、名護屋城も秀吉の死とともにその役割を終え、江戸時代初期、島原の乱直後に城の破却が行われ、現在まで破却そのままの状況が良好に保存されてきている。

佐賀県立の博物館は、平成二四（二〇一二）年度以降、県教育委員会から知事部局に移管された。これまで博物館に関心が薄かった人を「どうやって、博物館に来ていただくか」。大きな問題が課せられた。(2) そこで名護屋城博物館では、特別史跡「名護屋城跡」に隣接している強みを活かし、博物館と特別史跡を相互に活用することを検討した。いわば、城跡を取り込んだ「野外博物館」としての活用である（図2）。

博物館と特別史跡「名護屋城跡並びに陣跡」を取り巻く現状と課題

名護屋城跡への来訪者はこれまで年間約四万人であり、名護屋城博物館の入館者八―九万人の半数程度に留まっている。博物館や名護屋城跡周辺での滞在時間が概ね一時間程度であり、城跡まで十分見学されず、天守台からの良好な景観を楽しむことなく、秀吉時代の石垣や破却された石垣の迫力など本物の城の魅力を知らずに帰られる方も多い[3]。

図1　城と城下町模型（名護屋城博物館常設展示）

図2　名護屋城跡と名護屋城博物館を望む（南から）

これまで、県教育委員会では、危険箇所の保存修理や遺構の平面修景が主であった。発掘調査で検出された遺構を平面表示だけでは限界があり、よりビジュアルでわかりやすい説明の工夫が必要とされてきた。

また、史跡については、その保存方法についての蓄積は重ねられてきたが、史跡や文化財の活用についての経験の少なさが課題であった。

三　バーチャル名護屋城の概要と成果

バーチャル名護屋城とは

バーチャル名護屋城は、博物館と名護屋城跡や陣跡・城下町を結び付け、これらを楽しく見学できるシステムを構築することで、地域全体の魅力をアップさせ、博物館の入館者増と地域振興につなげるのが狙いである。そして、子供から年配の方まで、また歴史や城郭、博物館などへの関心の薄い方などをターゲットとして、幅広い層の開拓につなげたいと考えた。特に、タブレット端末の利用習熟の一助となるとともに、歴史や文化を「楽しく」学ぶ企画を提供できることから、小中学生、高校生のほか、これまで来館機会が比較的少なかった、ICTの習熟度が高い若年・青年層にも呼びかけを考え、さらに多くの県民の方を対象に多様な文化に親しむ機会を提供し、来館者の満足度を高めたいと考えた。今回、城や陣屋、城下町のVR（バーチャルリアリティ、仮想現実）やAR（拡張現実）の作成を新たに行い、スマートフォンやタブレットを利用して、いわば再現された名護屋城、陣屋等を体感しながら巡り、歴史・文化への理解を深められるような内容とした。

「バーチャル名護屋城」は、名護屋城一帯と大名の陣屋二カ所（堀秀治、豊臣秀保）、当時の城下町の一部で運用されている。城内は現在、石垣のみで建物はないが、CGでは天守閣や本丸御殿や、門、櫓など現存していない建造物を再現した。バーチャル体験は、博物館が貸し出すタブレット端末＝iPad mini を利用するか、スマートフォンなど自分の携帯端末に博物館が開発した専用アプリ「VR名護屋城」（無料）をダウンロードして行う。体験に際しては、博物館の受付にてチェックインの手続きが必要である。城内五八カ所に見学ポイントを設定している。タブレット端末を水平にすると地図の画面となり、現在地や見学ポイントが表示される。また、端末を掲げると、GPSと連動して、自分がどのポイントにいるかを瞬時に判断して、当時の城景観が三六〇度にわたりタブレット端末画面に表示される仕組みである。

また、天守閣など建物のCG再現のほか、当時の豊臣秀吉が見たであろう天守閣からの眺めを体感するバーチャル再現なども行っている。今は現存しない天守閣の地上六階（最上階）から見た当時の城内や城下町、陣屋さらに遠方にある玄界灘の島々の眺望を疑似体験できる。さらに当時大坂城から名護屋城本丸に運んだ組み立て式のいわゆる「黄金の茶室」や山里丸にあったとされる「草庵茶室」の建物内部もCGで再現している。一方、博物館内では高精細CGによる映像「幻の巨城　肥前名護屋城」（約一〇分）も上映しており、また、イベント時にはホールやミニシアターで自由操作盤を活用し、来館者は「天下人の城」の壮大さを改めて体感できる。

歴史考証

現在、建物が残っていない城の天守閣をどうやって復元したのか。大きな疑問を抱かれるであろう。以下の①—⑤の根拠となる資料を統合し、検討を行ない進められた。①発掘調査の成果（天守の位置・規模・方位・穴蔵の有無など）、②肥前名護屋城図屏風（立体的な姿を知る唯一のもの。図3）、③文献資料（例えば、菊亭春季の「天守以下聚楽ニ劣ル事ナシ」、『日本往還日記』の「五層楼」とある）、④類例天守（現存一二天守閣や熊本城宇土櫓の検討）、⑤天守に関する従来の研究成果——特に屏風の描写を参考に絵画史料としての限界を念頭において復元したのが図4である。

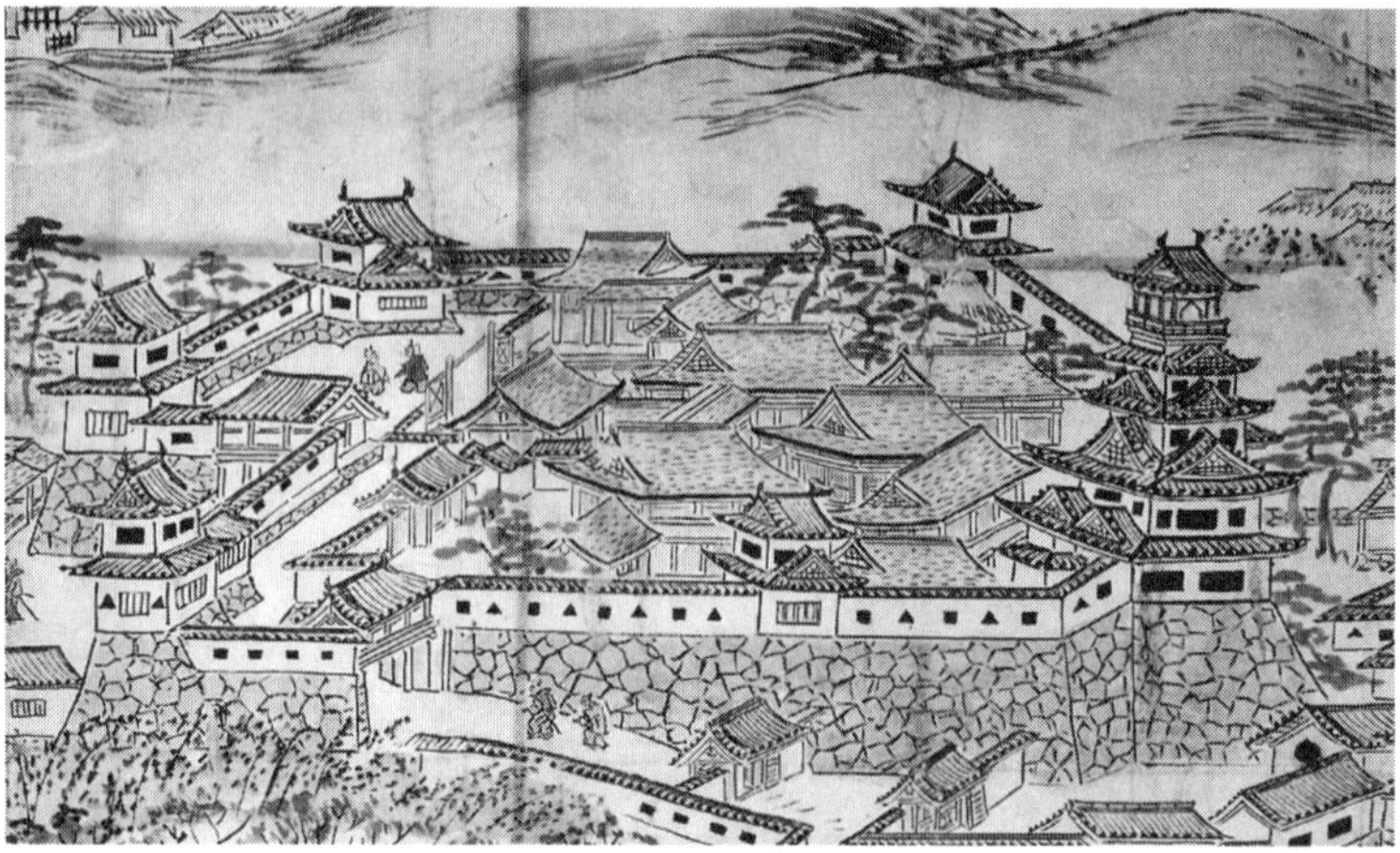

図 3　肥前名護屋城図屛風（佐賀県重要文化財：部分，佐賀県立名護屋城博物館蔵）

図 4　肥前名護屋城本丸御殿と天守閣 CG（東から）

©西和夫・アルセッド建築研究所

ちなみに、本丸御殿については、発掘調査の成果を基に建物配置（屋根伏せ）を設定し、「対面所」（秀吉と諸大名の謁見の場所）や「台所」と推定される建物の設計・監修が行われた。建築史の専門家・西和夫神奈川大学名誉教授は豊臣秀吉の大坂城に関する中井家所蔵の図を参考に、名護屋城の建物配置を検討し、大坂城の図を東西反転することで、本丸御殿の建物の性格や配置を検討した。さらに、名護屋城では南側が「表」、北側（天守に近い側）が「奥」の機能を持っていたと考えた。また、現存する二条城の二ノ丸御殿や瑞巌寺の庫裏などを参考に設計図を作成した。以上の歴史考証を経て設計図と、それを基にCGが作成され、監修を重ねて仕上がったのが図5・図6である。

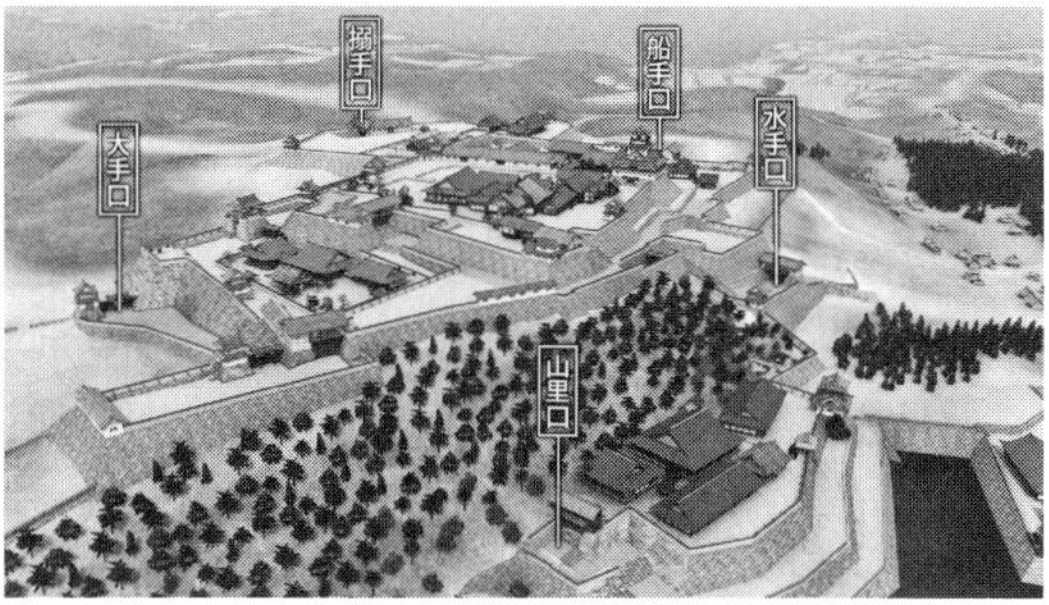

図5　名護屋城CG（虎口）

図6「幻の巨城　肥前名護屋城」タイトル

図7　タブレット端末に映る本丸大手門CG

天守閣についても、西教授・アルセッド建築研究所が新たに設計図面を作成し、これを基にCGが作成されている。いわば、最新の学術成果を活用し、歴史考証を経て、天守閣・本丸御殿の建物をCGとして作成するための監修が行われたのである。

タブレットなど情報端末用アプリの開発と活用――リアルタイムレンダリング

公益財団法人京都高度技術研究所（ASTEM）によれば、従来のアプリはスマートデバイスに内蔵されたGPSを使って、現在位置を把握し、その場所の風景を端末上にCGで再現する（図7）。「VR名護屋城」の画期的な改変点は、従来のプリレンダリング機能に加え、新たにリアルタイムレンダリング機能を付加し、利用者が移動しながら当時の名護屋の姿を動く画像として見ることができるようにしたところである。予め用意された一枚のCG画像を端末に読み込ませるプリレンダリングとは異なり、リアルタイムレンダリングでは、端末内で直接プログラムを実行しリアルタイムにCGを描画する。これにより、GPSで現在位置を把握しながら利用者の移動に合せて刻々とCGを変えていくことで、あたかも当時の名護屋城内を歩くようにCGを見ていくことが可能となった。……これほど広範囲にわたるリアルタイムレンダリングゾーンと数多くのパノラマビューポイントを設けた高精度のVR名護屋城は、全国でも例を見ないとされる〔澤田・池上 二〇一五、七頁〕。

四　史跡の保存と活用の取り組み――具体的な活用事例について

平成二七（二〇一五）年四月一日から、名護屋城博物館では、この復元された天守をはじめとする城CGが公開されている。公開開始して以来、六七台準備しているタブレットの無料貸出しは、順調に推移して、平成二九年一月一〇日までに、延べ一万八一〇六台にのぼっており、また、個人のスマートフォンやタブレットへのダウンロードも六五三四件ある。利用は個人・家族連れが主体であるが、学校や団体客によるまとまった数の利用もある。

なお、平成二八年五月四日には一日当たり最多の、延べ二〇二台のタブレットを貸し出している。平成二七年五月からは地元の「肥前名護屋城歴史ツーリズム協議会」によるタブレットを活用した「バーチャル名護屋城ガイドツアー」などの募集も始まっており、今後これらの周知化が進めば、さらに利用が広がるものと期待される。利用者からは大変好評をいただいており、アンケートでも「CG画像の質の高さに驚いた」「分かりやすかったのでまた子供と来たい」などの声が寄せられている。

五　史跡の活用についての課題

PRを意識し過ぎるあまり、作りすぎがないか、あるいはCG作成には二—三年の十分な時間をかけて行うべきで、拙速すぎないかなど、色々な意見があったのも事実である。博物館が作る以上は歴史考証が何より大切であった。発掘調査の成果と名護屋城図屏風や文献資料を基に建物の配置を決め、松江城など現存する天守を参考に設計図を作成した。そして、航空レーザー測量で地形や土台の現状を把握し、活用した。つまり、これまでのさまざまな三〇年にわたる調査研究の蓄積があってこそのもので、それらが今回、いたるところで連携し実を結んだ。

さらにその航空レーザー測量による地形データを一般に公開して、活用のアイデアを出してもらうワークショップやオープンデータの試みも行った。実際に「バーチャル名護屋城」を体験した多くの人からは、「予想以上に楽しい」との反響がある。また、「ヴァーチャルな画像を現場で見ることができる試みは、たんに一般の観光の方へのサービスということにとどまらず、考古学・建築学・歴史学などの研究成果を総合しなければできない成果であり、また、残された遺跡や遺物、史料に、残されていない部分をどのように補っていくかという点でも、研究上の方法論としても重要な提起を行われていると思いました。韓国・中国の留学生の院生も刺激を受けておりました」（京都大学大学院教授・横田冬彦）といった感想など、バーチャル名護屋城事業の評価について、さまざまな観点から見ていただいていることは今後のVRやARを史跡で活用を行う上で、大変参考になっている。今後、文化財の調査、研究の観点から、また史跡の活用の観点からもこれらバーチャルな画像の活用の可能性に取り組んでいきたいと考えている。

六　史跡の価値を理解するために

平成二七年からバーチャル名護屋城の供用を始め、七―八月の夏休み期間には、「バーチャル名護屋城の世界展」を開催し、現地での利用促進を図った。また、アンケート調査を実施し、利用者の実態や利用状況の把握にも努めた。土曜日・日曜日・祝祭日に貸出数が伸びる一方、博物館の受付や貸出体制が十分取れずに来館者を待たせる事態に対して、貸し出す方法の改善など、運用を始めて明らかとなった課題が次第に浮き彫りになってきている。音声ガイドによる説明の追加や復元建物の外観のみだけではなく、建物内部のCGをつくってほしいというような要望も挙がっている。

これまで特別史跡名護屋城跡の保存整備にあたっては、現地での立体復元を行わない姿勢をとってきたため、史跡の歴史的・文化的価値をいかに発信し、地域住民に史跡の価値をより理解してもらうかが課題となっている。今後もより多くの方のご意見や気付きに耳を傾け、史跡の保存・活用と博物館のおもてなし感（ホスピス）の向上に努めていきたい。

（1）このアプリは iPhone 端末の方は「App Store」から、Android 端末の方は「Google Play」から、それぞれダウンロードできる。〈佐賀県立名護屋城博物館ウェブサイト〉http://saga-museum.jp/nagoya/nagoya-castle/virtual.html

（2）〈佐賀県 二〇一一〉では、名護屋城跡の佐賀県の取り組みとして、以下のことを謳い、活用を念頭においている。

［主な具体的取組］吉野ヶ里遺跡や名護屋城跡等の特別史跡の調査・研究及び保存整備・活用

（1）多彩な文化の振興と伝統文化の継承 【目指す姿】県民が、多彩な文化・歴史に触れ、これを楽しんでいる。また、佐賀県の文化的・歴史的資産が適切に保存・活用されている。【取組方針】文化財や歴史の調査・研究及び適切な管理・保存を行うとともに、必要な整備を行い、公開・活用します。

（3）平成二六年度の名護屋城跡の入場者数は、六万三六六七人と前年比約二万人の増であった。平成二六年はＮＨＫ大河ドラマ「軍師　官兵衛」のＰＲ効果や「九州オルレ唐津コース」の利用者増が要因と考えられる。

参考文献

佐賀県　二〇一一「佐賀県総合計画二〇一一〈佐賀県政策カタログ二〇一一〉」
佐賀県　二〇一五「佐賀県知事記者会見資料（平成一五年四月一日）」
佐賀県教育委員会　二〇一三「特別史跡「名護屋城跡並びに陣跡」第4期保存整備計画」
澤田沙織・池上周作　二〇一五「事業活動報告①」『ASTEM NEWS』七三、公益財団法人京都高度技術研究所
名護屋城博物館　二〇一四「バーチャル名護屋城」
名護屋城博物館　二〇一五「博物館の概要」『名護屋城博物館年報』
奈良文化財研究所　二〇一五「平成二七年度遺跡整備・活用研究集会会議資料」
西和夫　二〇一四「バーチャル名護屋城事業復原設計に関するメモ」
西和夫・アルセッド建築研究所　二〇一五『バーチャル名護屋城事業報告書』
松尾法博　二〇一五ａ「九州博物館協議会研修会会議資料　「バーチャル名護屋城」と博物館の活性化——特別史跡名護屋城跡の保存と活用の試み」
松尾法博　二〇一五ｂ「肥前名護屋城ＣＧで復元」『佐賀新聞』平成二五年三月二一日
松尾法博　二〇一五ｃ「肥前名護屋城復元ＣＧの制作とその活用——バーチャル名護屋城事業と博物館の活性化」『研究紀要』

第二二集、佐賀県立名護屋城博物館
松尾法博　二〇一六「デジタルコンテンツを利用した特別史跡名護屋城跡の活用——デジタルコンテンツを用いた遺跡の活用」『平成二七年度遺跡整備・活用研究集会報告書』奈良文化財研究所
吉木正彦　二〇一五「この人　遺跡を活用する　松尾法博」『佐賀新聞』平成二五年九月一三日

2　旅に出て歩いて学ぶ歴史の現場
——『観光コースでない』シリーズの誕生

飯塚　直

一　『観光コースでない沖縄』はこうして生まれた

高文研では、今までに『観光コースでない』というシリーズ本を一八地域・国にわたって出版してきた。一八地域・国としたのは、出版から時がたつにつれ改訂・新版などとしたものも少なくないからである。それらを含めると、出版した「本」は二五冊になる。現在流通している本は一六冊、三点が改訂中である。

どのように生まれたのか

そもそも『観光コースでない』というタイトル本は、最初からシリーズとして企画されたものではなかった。そのあたりのことを『観光コースでない沖縄』〔第四版〕の「本書『観光コースでない沖縄』の〝履歴〟について」（編集担当者梅田）に見てみたい。

本書の初版を発行したのは一九八三年、今からちょうど四半世紀前になる。その間、本書は二回の改訂を行い、今回が三回目、それも殆どの著者を交代しての全面改訂となった。

この二五年間の間に三回も改訂したということは、沖縄をめぐる状況がそれほど変わりつづけたということだ。その変化を確かめる一つの手がかりとして、本書がどのような経過をたどったかについて述べることを、初版に付した「編集者あとがき」の転載を含めてお恕しいただきたい。

そもそものきっかけは、本書第Ⅰ章の著者である沖縄現代史の研究者、新崎盛暉《あらさきもりてる》・沖縄大学理事長（前学長）と私の出会いにあった。一九六四年、当時ある出版社で高校生向けの月刊誌を編集していた私が、新崎さんに原稿執筆を依頼したのである。新崎さんは東京都庁に勤務しながら、故中野好夫氏の主催する「沖縄資料センター」で沖縄の関連資料を収集し、沖縄の動向を追っていた。いわゆる沖縄問題が広く関心を呼ぶ前のことであり、私たちはまだ共に二〇代だった。

その後、新崎氏は一九七四年に都庁を辞め、父祖の地である沖縄に帰り、沖縄大学に勤務することになり一九七二年梅田は、勤務していた出版社を辞め高文研の前身である高校生文化研究会を設立する。そして、一九八〇年再会した二人によって企画された「沖縄セミナー」（子どもと青年の人格形成を考える教育実践セミナー）が那覇で、沖縄大学と高文研の共催で翌年に開かれる。

一九八二年、第二回セミナーが開かれ、名前を「沖縄で学び、沖縄を学ぶ・八二教育実践セミナー」とした。このセミナーの三日目に、バスを使っての基地・戦跡のフィールドワークが設定された。

再び、先の引用に戻る。

参加者一二〇名、バス二台をつらね、一日で沖縄本土の中部から南部を駆けぬけるというきついスケジュールであったが、この基地・戦跡フィールドは、参加者に強い衝撃を与えた。

私自身は、五年前、沖縄へ取材に来たとき、高校の先生お二人に案内されて、同じ中部から南部を歩いていた。ガラビ壕の入り口も見ていた。しかし今回、講師にみちびかれてその洞窟の奥深く入り込み、全員が明かりを消して数分間、地下水のしたたる漆黒の闇の中にたたずんでいると、ある名伏しがたい思いが全身をしめつけてくるのだった。

夕暮れ、那覇へ戻り、そのあと新崎氏のほかに南部戦跡を案内していただいた大城将保《おおしろまさやす》、真栄里泰山《まえざとたいざん》氏らと、沖縄産オリオン・ビールで疲れをいやしながら総括を行った。

そこで、この本の企画の話が出たのである。

沖縄にはいま、年間二〇〇万人近い観光客が訪れる。しかし、その人々が観光バスで案内されていくのは、摩《ま》文仁《ぶに》の丘であり、詣でるのは、そこに建てられている各県ごとの出身兵士の霊をまつる慰霊の塔であり、また牛島司令官をまつった黎明の塔である。この〝観光コース〟からは、沖縄戦の最大の犠牲者だった沖縄住民がものの見事に切り落とされている。

摩文仁の丘の下には、沖縄県立平和祈念資料館が建っている。私たちの戦跡調査でも、参加者が最も重い衝撃を受けたのが、そこで読んだ沖縄戦生存者の証言だった。しかし、観光バスは、この資料館を黙殺する。

大城、真栄里の両氏は、いずれも沖縄戦の真実を明らかにするために、生存者の証言を聞き取り、戦跡を発掘・調査し、その保全に力を尽くしている人たちである。両氏は、観光化の大波に葬られつつある戦跡の現状を、怒りを押しころした声で語った。

ではせめて、私たちは、観光用でない沖縄の素顔を一人でも多くの人に知ってもらうために、一冊の本を作ろう。『観光コースでない沖縄』は、こうして生まれた。（後略）（一九八三・四・五）

引用が長くなった。しかし、この引用からもわかるようにこの後シリーズになるとは編集者も考えていなかっただろうし、社内でも合意はなかった。なかなかタイトルが決まらず、苦し紛れに決めたものだった。ただ、沖縄戦と沖縄の基地の実態を伝えなければならないという思いだけがあった。

この本の基本的構成と果たした役割

さらなる引用をお許しいただきたい。

セミナーは、八三年の第三回からは、基地・戦跡フィールドワークそのものが目的となった（九〇年まで通算一〇回開催）。そのコースは、本書の構成がそうであるように、戦跡と基地を同じ比重でとらえ、かつ統一的に見る、というものだった。

それまでは沖縄でも、沖縄戦については研究者や教師を中心に取り組み、基地については労組や住民運動が主体となって反対運動に取り組むという構図になっていた。つまり、運動の面でも意識の面でも、沖縄戦と基地問題は別々になっていた。それに対し私たちのセミナーで設定されたフィールドワークのコースは、沖縄戦と基地問題を歴史的に連続したものととらえて構成されていた。そしてその最適のガイドブックが、この『観光コースでない沖縄』となったわけである。

このように、今では当たり前となった基地・戦跡フィールドワークのコースは、沖縄大学・高文研のセミナーで練り上げられ、本書によって定着したといえる。

このように、現代の問題と歴史的な問題を統一的にとらえ、考えるというこの本の構成の特徴は、このシリーズの基本的特徴となっていくのだが、それはそれを同時にできる書き手がなかなか見つからないというジレンマにつながっていった。

最後に、『沖縄』の書店での反応に触れておきたい。苦労して生まれた一冊だったが、書店での反応はあまり芳しいものではなかった。

首都圏の書店を営業して歩いたが、ある書店の社会問題のコーナーでは「沖縄問題は一九七二年の返還で終わりました」と言われた。またある書店ではガイドブックのところで「『観光コースでない』なんて変でしょう。ここは、観光ガイドの棚ですよ」とそっけなかった。社会問題では沖縄は終わっており、ガイドブックでは観光コースだけが幅を利かせていた。このときこの本を平積みにしてくれたのは、高田馬場の芳林堂書店の人文書の担当者と新宿の紀伊国屋書店のガイドブックコーナーだけだった。

二　一一年を経て生まれた『韓国』

一一年の空白

幸いこの『沖縄』は思いのほか売れ、『観光コースでない』というタイトルは徐々に定着していったが、高文研では続編、シリーズにしようという企画はなかった。

『沖縄』を出版して一〇年近くがたったころ知り合いの版元から「あの本はシリーズにならないの？　もし、ならないのだったらうちで使わせてもらっていいかな」という問い合わせがあった。これは大変、次を作らなくてはとなったのはこの時からだった。

私は一九八六年のソウルアジア大会のあとにソウルを訪ねていた。格安ツアーで、空港からホテルの間何軒ものお土産物屋やら免税店に連れていかれた。とある免税店の後、道路を横断する際そこに大きな銅像が立っていた。しかし、ガイドはその像には一言も触れずに私たちを道の反対側に誘導していった。私は気にはなったもののの初めてのソウルではあるし、夕暮れ時だったこともあり、その時は何も聞けずにその場を通り過ぎていった。

翌日、私を韓国へと導いてくれた同行の友人に同じ像の横であれは誰だ、と尋ねた。「李《イ》舜臣《スンシン》ですよ、秀吉の軍隊を破った」。友人は当たり前のように答えてくれたが、昨夕、同じバスに乗っていた日本人旅行客は誰一人としてこの像を気にしていなかったように思えた。

李舜臣の銅像が立っている場所は、韓国の中心街、光化門から道を下った角、まさにソウルのど真ん中という位置だった。私は、帰りのバスの中で、同じガイドに「なぜ、李将軍の像のことを紹介しないんですか」と訪ねた。ガイドは、日本の方に観光に来ていただいているのに気分を悪くさせたくないといった。以前、別の抗日の英雄を紹介して「そんなことを聞きに来たんじゃない」と怒られたことがあったといった。

この旅で、抗日・独立運動に参加した人々を拷問、処刑した西大門の刑務所跡博物館を訪ね、ハルビン駅頭で伊藤博文を射殺した安重根義士記念館を訪ねたりと衝撃の旅となった。たくさんの日本人がソウルに来ているのに、私たちはほとんど日本人に会わない旅をしていたのだった。『韓国』を作ろう」と思った。

著者探し

著者がいなくては本は成立しない。韓国に残る日本時代（日本支配下）の遺跡を訪ね歩きながら、日本と韓国の歴史を考えるというものだった。私が訪ね見てきた史跡や博物館などは当時書店に並んでいたガイドブックには紹介されていないか、ほんの数行ふれられているだけだった。意識して、韓国に関する新聞記事や雑誌記事を見続けた。ある日、朝日新聞にソウル発のコラムを見つけた。この人にお願いしたい、私は、直接ソウルに会いに行くことにした。

この時朝日新聞ソウル支局でお会いしたのが、元ソウル支局長で当時アエラのスタッフライターだった小林慶二さんだった。小林さんは、ソウル支局長を四年間務めており、そのあとも繰り返し韓国のことを取材・報道してきていた。お会いしたとき小林さんは快諾してくださった。しかし、歴史をその現場から伝えるということはとても大変な作業になった。『韓国』のあとがきから見てみよう。

高文研の梅田さんから「日韓の歴史に関する旅行案内を書きませんか」と相談を受けたのは昨年（一九九三

年）暮れ、東亜日報とアエラの共同取材でソウルに滞在中のことだった。私も、自分を含め日本人がいかに日韓の歴史に無知かを痛感していたので、「たいへん良い企画と思います。考えてみます」と気軽に答えてしまった。特派員時代とそれ以降も、韓国はほぼ隅から隅まで回ったし、歴史についてもそれなりに学びなおしたから、そんなに難しいことではない、との思いもあった。

ところがいざ書き出してみると、とても記憶をたどっては書けないことに気づかされた。少なくとも、歴史の現場はもう一度踏んでみなければ書けそうにない、何回か聞いた歴史上の話も、真実かどうか調べなおす必要がある。

結局この後、小林さんには取材旅行を三回していただいた。

この本はあくまで歴史を知るための旅行案内である。時間不足は言い訳にならないが、率直に言って間違った記述もあるかもしれない。旅行に行かれる方は、自らの目で確かめ、自分の歴史観を育ててほしいと願っている。それに少しでも役立つ本になればというのが著者の願いである。

観光旅行に行ったついででもいい。ちょっとわき道にそれ、歴史の現場に立ち、その時あったであろうことに思いをはせ自分なりの歴史観を育む。『観光コースでない』シリーズの基本的性格ができていった。

三　日本の戦争を追ってアジアの歴史を旅する

アジア各地に残る、日本の戦争の後を追う

一九九四年、『韓国』を出版した後、シリーズの方向性は形作られていった。日本が植民地にした国、戦争で一時的にでも支配していた国に残る日本時代の建造物、遺跡、史跡を訪ねアジアと日本の歴史を知り、そのうえでこれからの関係を考えようというものになったのだ。

日本での戦争の記憶は、空襲や食糧不足など「被害者」的なものが多い。広島、長崎への原爆の投下、東京大空襲などがそれだろう。そのことをきちんと伝えていくこともちろん必要だが、日本が海外で行った戦争による加害のことも知らなくてはいけないという問題意識があった。そこをしっかりと通り抜けないとアジアの人たちとの本当の信頼関係はできないと考える。それには、理論的に学ぶことも大切だが、ふらりと旅に出て旅行のついでに学んでくる。そんな学びがあっても良いのではないか。このシリーズの一つの目的だった。

例えば、シンガポールの真ん中、ラッフルズホテルの真ん前に「血債の塔」はある。四本の高い塔が建っている公園だ。この塔はシンガポールに暮らす四つの民族を現していて、血債とはまさに血であがなったということだ。シンガポール占領後、日本軍によって殺された人たちを悼んで作られた。しかし、ここは観光コースではない。多くの旅行客は素通りしていく。

また、シンガポールの観光地、セントーサ島に戦争博物館があった。日本軍による占領と降伏の歴史が展示されていたが、その最後の部屋に入った時は愕然としてしまった。壁一面にきのこ雲の写真が描かれ、そこに「Now We are Free」と書かれていたのだ。二〇万人が一瞬にして亡くなった原爆も、ここから見ると日本軍の圧政からの解放の一コマだったのか。原爆の日本への投下はアジアの人々には歓迎すべきものだったのか。考えさせられた。

もちろん、いつもいつもこうしたところばかりを訪ねていては、せっかくの旅行も楽しくはない。でも、ちょっとだけ立ち寄ってあの戦争に思いをはせてほしい、そんな本をアジア各地版で作ろうとしていた。あの戦争で日本軍が占領した範囲はとてつもなく広かった。中国、フィリピン、ベトナム、シンガポール、マレーシア、内南洋と言われたマーシャル諸島やパラオ。企画への思いは広がっていった。

アジアでの戦争とシリーズの本

アジアでの戦争を追う方向で本が作られていった。現地の今に詳しく、さらに歴史にも造詣が深い。さらに、このシリーズは学術書ではなく観光ガイド的に読んでほしいので平易な文章でなくてはいけない。おのずから筆者は決まっていった。新聞社の特派員か元記者だった方、あるいは現地に長く住むジャーナリスト。『マレーシア・シンガポール』『香港』『ベトナム』『フィリピン』『台湾』『満州』『グアム・サイパン』がこうして生まれていった。

シリーズが揃い始めると、次の本がほしくなる。そうしないと、書店の棚が確保できないのだ。アジア各国を訪ね歩くシリーズは、旅行ガイドというよりは各国事情の棚に定着していった。ガイドブックとしては「文字ばっかり」というのが、書店の担当の方たちの一様の反応だった。このシリーズは、私たちの本としては異例の一冊当たり一〇〇―一五〇枚の写真が入っているのだが〝字ばっかりの本〟という印象なのだった。「読むガイドブックなんです。旅のエッセイのコーナーにおいてください」書店を一軒一軒頼み歩いて少しずつおいてもらえるようになっていった。

（1）日本国内の戦争

前に述べた通り日本の戦争は確かに侵略戦争で、その加害責任を考えようという趣旨ではあったが「被害者」という側面もある。そのことも伝えなければならない。こうして『東京』『広島』が生まれた。帝都・東京であり、広島は加害と被害の現場だ。

（2）欧州での記憶

ヨーロッパでも多くの被害があったのは当然のことで、そのことを考えなくてはいけない、というようにつながっていった。「サウンド・オブ・ミュージック」の主人公はナチスに追われて、アルプスを越えるが、あの一家もオーストロファシストの軍人一家だった。ウイーンの街角には、這いつくばって道路をブラシで掃除するユダヤ人の銅像がある。日本にはあるのか。そんなことも考えさせられたし、知って日本の今を考えようと思った。こうして『ウイーン』『ベルリン』『ロンドン』が生まれた。

（3）時代の今を追って

シリーズは二二年をかけて一八点が生まれていた。年に一冊以下しかできない企画シリーズだが、数が重なってくるとありがたいことに持ち込みの企画も来るようになってきていた。もちろん、「これは『観光コースでない』でどうだろう」社内の企画会議でもいつも論議を続けてきた。観光地として有名だがそれは一面に過ぎない『ハワイ』、民主化へと進んだ『ミャンマー』などが生まれていった。

このシリーズが始まった一九九〇年代からずっと海外旅行も一般的になり、「地球の歩き方」シリーズ以外にも各国の細かなところまでを伝えるガイドブック、ムックはそれこそ花盛りだ。でも、歴史を、それも日本とその国との関係史を旅する本はそんなに多くはないのではないか。

確かに、以前よりは簡単に出かけられるようになった海外旅行だが、そう簡単にどこへでも出かけられるというわけでもない。せっかくの旅なのだから楽しい旅にしたい。堅苦しいことは考えたくない。でも、ちょっとだけでも考えてほしい。そんな思いでシリーズを続けていきたい。

3 「歴史コンテンツ」と東アジア

堀内淳一

一 「歴史コンテンツ」とは何か

二〇一六年度歴史学研究会大会では、特設部会「歴史研究の成果を社会にどう伝えるか——「社会的要請」と歴史学」が開催された。趣旨文では「巷間に溢れる出版物やインターネット空間には、真摯な歴史研究の成果を反映しているとは言い難いものも数多くあり、社会の幅広い層に大きな影響力を持っている」とあり、社会の幅広い層に影響力を持つが、歴史研究の成果を反映していないものへの危惧が述べられている。

その具体例であるドラマ、アニメ、映画など個別のメディアについては、本書ではそれぞれ専論があるため、本章ではそれら全部を含めた「コンテンツ」という観点から、この問題を取り上げることにしたい。

「コンテンツ」という語に耳慣れない方も多いだろう。あるいは、コンテンツという語から商業性、娯楽性を感じ、銅臭を嫌う研究者も少なくないかもしれない。本来、コンテンツ（Contents）という英語は、媒体（Media）に対する「内容」という意味であった。しかし、日本語で「コンテンツ」という用語が広く使われるようになったのは一九九〇年代以降、英語本来の「内容」という意味だけでなく、商品的価値、経済的な売り物という意義まで付与した独自の用法が一般化している（中川 二〇一一）。もちろん、日本でコンテンツの語が普及する一九九〇年代以前から、歴史を扱った娯楽は一般に普及していた。六〇年代、七〇年代には、歴史小説、時代劇は国民に共通の娯楽として認識されていた（春日 二〇一四、五六―六三頁）。

「歴史コンテンツ」を理解する上で、最も代表的な例として、まず「三国志」を挙げたい。周知のように日本で「三国志」と呼ばれているものには二種類あり、一つは正史『三国志』であり、もう一つは前者を元に作られた小説『三国志演義』（以下『演義』）である。『三国志』は三世紀末に晋の陳寿が編纂した歴史書であり、『演義』は一四世紀後半に羅貫中が、それまでに語り継がれてきた『三国志』を題材とする講談を下敷きに、さらに独自の歴史解釈を加え、白話小説として完成させたものであるとされる。『演義』は、正史『三国志』を元にした虚構（フィクション）であり、それが元・明代の民衆に広く受け入れられた（井口 二〇一六、一三一―一八二頁）。

小説である『演義』の成立後には、「虎牢関」「空城計」など演劇の代表的な演目に取り入れられ、また評書（日本の講談に近いもの）の演題としても、ポピュラーなものとなっていた。現代においてもテレビドラマ「三国演義」（中国中央電視台 一九九四）や、映画「レッドクリフ」（呉宇林監督、二〇〇八、〇九）が作られている。

日本でも江戸時代には『演義』が国内で読まれていた。明治時代に入ってからも、数多くの邦訳が作られていたが、現代に直接つながるものとしては、戦中に連載された吉川英治の小説（中外商業新報連載、一九三九―四三）が挙げられる。戦後、この小説が単行本化されて以降、同作を原作とした横山光輝の漫画（連載一九七一―八六）は三国志の定番として、広く読まれるようになった。一方、戦後の邦訳としては立間祥介の訳書（平凡社、一九五八）が広く読まれ、NHKで放送された人形劇（一九八二―八四）の原作となった。現在は光栄（現コーエーテクモゲームス）のゲーム「三國志」（一九八五―）、「真・三國無双」（二〇〇〇―）や李學仁原案、王欣太漫画『蒼天航路』（一九九四―二〇〇五、講談社）に代表されるゲーム、マンガ、アニメでも広く人口に膾炙している。

以上、日本と中国での『演義』の受容について見てきたが、演劇、小説、ドラマ、漫画、ゲームなど、異なる表現手段で取り上げられているにもかかわらず、いずれもが「三国志」であると認識されている。「勢力が三つある」「英雄の下に武将が集まっている」「武将の一騎打ちがある」など、共通する要素をいくつか挙げられるが、それらの要素が各々の作品にすべて含まれているわけではない。「これが『三国志』をモチーフにした作品の条件である」という定義はできないにもかかわらず、その作品が「三国志」であるとカテゴライズされる。この「どのような媒体で表現されても共通して認識されるが、定義できないもの」を説明する言葉として本章では「コンテンツ」という語を用いることとしたい。

上述のように、歴史コンテンツに当てはまる作品は、コンテンツの語が使われはじめる九〇年代以前から存在した。ただし、九〇年代以前は歴史小説と時代劇が主であり、現在のように、アニメ、ゲーム、マンガなど、多様なメディアを横断した作品は少なかった。いわゆるマルチメディアの普及により、創作表現の幅が広がったことと、広がった市場を充たすため、題材として歴史を取り上げられることが増えたことが、「歴史コンテンツ」の出現を要請したといえる。

二　「歴史コンテンツ」と歴史学の接点

歴史コンテンツを通じて人々に定着したイメージは、あくまで虚構であり、史実そのものではない。『演義』を論拠として三国時代の中国社会を論じるようなことがあれば、歴史研究者にとって噴飯ものであろう。しかし、多くの人々にとって「古代中国」のイメージ形成に寄与しているのは、歴史研究者の専門書ではなく、マンガやアニメのような歴史コンテンツなのである。

表1 歴史に関心を持ったきっかけ

	2010年	割合	2013年	割合
実写ドラマ・映画など	54	33.5%	23	15.6%
小説	19	11.8%	18	12.2%
マンガ	19	11.8%	16	10.9%
アニメ・ゲーム	21	13.0%	24	16.3%
家族・友人の影響	16	9.9%	15	10.2%
学校の授業・行事	24	14.9%	34	23.1%
その他	8	5.0%	17	11.6%
合計	161		147	

（日野市立新選組のふるさと歴史館『企画展　描かれた新選組』p. 22を元に作成）

人々の歴史に対するイメージと、実際に研究者が明らかにした歴史像の間に乖離があることは、長い間歴史研究者が指摘し続けてきた。だが、それによって人々の歴史イメージが劇的に変化してはいない。歴史研究者による市民の歴史に対するイメージに働きかける活動は、主に学校教科書の問題を中心に進められてきており、日中韓で共通の歴史教材を作成する試みなど、すでに一定の成果を上げつつある。しかし、歴史に関心を持ち、自発的に知識を得ようとする人々のきっかけとなるのは、教科書だけなのであろうか。

筆者は二〇一〇年と二〇一三年に、幕末に活躍した新選組についての歴史イメージについて、日野市立新選組のふるさと歴史館の協力のもとアンケート調査を行った。その中に、歴史に関心を持ったきっかけについての項目もあった。その結果をまとめたのが表1である。

二回の調査で平均して全体の一八・八%が学校の授業・行事によって歴史に関心を持つようになったと回答している。この数字は新選組の史料館を訪れた人を対象とした調査であるため、もともと歴史、特に幕末の歴史に関心を持っている人のみが対象になっており、男女比は二回とも男一対女三の割合で、特に二十代、三十代の女性――いわゆる「歴女」――が多いというバイアスがあることを考慮する必要がある。なお、「歴女」とは、歴史コンテンツの中でも、特にアニメ・ゲームなどに関心を持ち、グッズ購入や史跡探訪などの消費活動を行う女性を指す言葉として、二〇〇六年ごろから見られる語である。ただし、この「歴女」については（他の文化・娯楽と同様に）歴史コンテンツの持つ性差の問題と深く関わるので、紙幅の関係上、概略を述べるにとどめる。しかし、この結果は、学校の授業・行事が歴史に関心を持つための経路の一つであり、他の経路も合わせて考える必要があることを示している。学校教育以外では、ドラマ（特にNHKの大河ドラマ）が二五・〇％、アニメ・ゲームが一四・六％と、それぞれ強い影響を与えていることが見て取れる。例えば『三国志』の英雄である関羽や、新選組で活躍した沖田総司の名は、多くの日本人の知る所ではあるが、学校教育では触れられない人物であり、人々はドラマや小説から知識を得ているとしか考えられない。

このように「歴史コンテンツ」を視聴する人々は、虚構の世界で提示される情報を楽しんでいるのであって、そのことと歴史研究によって明らかにされた史実とは無関係だという考え方もあるだろう。しかし、先に見た新選組のふるさと歴史館の訪問者の多くは、虚構から新選組に関心を持ち、その後、歴史館を訪れている。また、毎年、大河ドラマの舞台となることで、地方に大きな経済効果が見込まれることがニュースとなっているように、歴史コンテンツは観光客の増加と直結している。二〇一六年のNHK大河ドラマ「真田丸」について、日本銀行松本支店は、過去の大河ドラマの観光客増加の事例から類推して、平均三・七％の観光客増加を見込んでいる（「BOJ Report Papers」日本銀行松本支店、二〇一六年六月）。

同時に、歴史コンテンツが誘導する歴史への関心は、単に観光・娯楽にとどまるものではない。実在する刀剣を擬人化したブラウザゲーム（コンピューターのブラウザ上で遊べるゲーム）『刀剣乱舞』（DMMゲームズ、二〇一五―）が先に挙げた「歴女」の人気を得た結果、作中で擬人化された刀剣を展示している各地の博物館で来館者が軒並み増加したことが報じられた。徳川美術館や倉敷刀剣美術館などで、観覧者の増加があったとされ（『朝日新聞』二〇一五年五月一日）、福岡市立博物館の国宝「圧切長谷部」の展示には、例年の四倍の観覧者が訪れたとある（『朝日新聞』二〇一六年一月八日夕刊）。

こうしてみると、歴史コンテンツの消費者は、同時に史実に対しても関心を抱いているかに見える。少なくとも、歴史コンテンツの普及が、史料を展示している博物館への来訪者を増やす役に立ちうることは見て取れよう。現在の日本で、きっかけさえあれば博物館に史料を見学に行く層は少なからず存在しており、決して、市民の中から歴史への関心が失われているわけではない。

それならばなぜ、歴史研究の成果が市民に届かない、という感覚が研究者の中に生まれるのであろうか。そのことを考えるため、もう一つ別の角度から歴史コンテンツを見てみたい。

三　東アジアにおける日本の歴史コンテンツ

ここまでは中国史を扱った作品を中心に、歴史コンテンツが日本国内でどう受け止められているかを論じてきたが、逆に日本の歴史を扱ったコンテンツは、海外でどのように受け止められているのであろうか。

日本の歴史コンテンツを海外のものと比較した研究として、金文京は日本の「水戸黄門」と、韓国の「春香伝」、中国の「包公案」との類似性を指摘し、それが東アジアに共通する独裁君主による中央集権的官僚体制に起因するものだと述べている〔金 二〇一二、三五四頁〕。また、映画評論家の四方田犬彦は、日本における『忠臣蔵』『婦系図』『伊豆の踊子』、韓国における『春香伝』、中国語圏における『梁山伯と祝英台』『黄飛鴻』、タイにおける『メー・ナーク・プラカノン』、マレーシアにおける『ポンティアナック』などを列挙し、これらが、「既知の物語と伝統的価値観を確認できたことの満足感に浸りながら、自分たちがそのフィルムを媒体として、一つの共同体に帰属していることをあらためて確認する」物語として、各国に存在していることを述べている。四方田はこのような国民の歴史認識を補強し、継承されていく物語を「国民的ローカル映画」と呼び、世代を超えて共通の歴史認識を再生産する仕組みが存在することを論じた〔四方田 二〇〇三、一四―一五頁〕。

金と四方田はともに、歴史コンテンツ自体が各国に普遍的に存在しているものの、それらが国外では知られることが少ないと述べている。ところが、近年の歴史コンテンツを取り巻く環境の変化によって、このような「国民的ローカル」な状態は急速に変化しつつある。

日本国内では、二〇〇四年以降、いわゆる「韓流ブーム」とともに、韓国の歴史ドラマが大量に放送された。「チャングムの誓い」（MBC、二〇〇三）、「イ・サン」（MBC、二〇〇七）、「太陽を抱く月」（MBC、二〇一二）などがNHKで放送され、朝鮮前近代史、特に朝鮮王朝時代の歴史イメージ形成が急速に進んだ。中国史についての歴史ドラマも、「蘭陵王」（上海上影英皇文化発展有限公司・北京東王文化発展有限公司、二〇一三）や「賢后　衛子夫」（華策影視、二〇一四）などが、日本語吹き替えでDVD化されているなど、東アジアの歴史ドラマを視聴するためのハードルが下がってきている。

逆に海外では、日本の大河ドラマや歴史ゲームが中国の都市部で視聴されている。著者が二〇一四年に行った調査では、北京・上海の大学生が、大河ドラマ「軍師官兵衛」や「チャングムの誓い」をインターネット経由で視聴していた。PCゲーム「三国志」「信長の野望」シリーズ（ともにコーエーテクモゲームス）も、同様にインターネット経由で入手して遊んでいる。もちろん、いずれも違法ダウンロードである。二〇〇〇年以降、中国の都市部で急速に進んだPCの普及とインターネット環境の整備、および著作権保護政策の欠如は、現在の中国で東アジアのあらゆるコンテンツが容易に視聴できる環境を形成している。

これら、より容易に、より多くのコンテンツに国境を越えてアクセスできる近十年来の変化は、四方田や金が東アジアの歴史コンテンツを論じた時代には予想できなかったものである。現在では、日本で作られた歴史コンテンツが、国内の人々に影響を与えるのみならず、海外の人々にも受容され、影響を与えうる状況となっているのである。

この問題の顕著な例として、ブラウザゲーム「艦隊これくしょん」（以下「艦これ」）（開発・角川ゲームス、運営・DMM、二〇一三―）の台湾における受容の問題について取り上げたい。「艦これ」は第二次世界大戦時の日本海軍を中心とした艦艇を女性キャラクターに擬人化し、集め、強化し、戦闘に勝つことを目的とするゲームである。特に、このゲームの特色としてキャラクターのデザインやアイテム、ゲーム内での状況などに、第二次世界大戦中の史実を反映させている点があり、歴史コンテンツの中でも、人々の歴史イメージ形成に大きな影響力を持っている作品の一つといえる。角川書店グループが全面的にメディア展開を推進しているため、二〇一五年一—三月にテレビアニメーション化され、二〇一六年一一月に劇場アニメ化されるなど、メディアでの露出が多く、ブラウザゲームの中でも特に認知度が高い。

角川書店は一九九九年に子会社である台湾国際角川書店を設立しており、「艦これ」をはじめとした角川グループのコンテンツを展開している。そのため、台湾での知名度も高く、二〇一五年一〇月には高雄・中山大学で、二〇一六年二月には台北・台湾大学でゲームに関連するイベントが開催されている。

このような台湾における「艦これ」の受容を示す最も良い事例は、「自由時報」二〇一六年一月三一日の記事に載った「事件」に見える。二〇一六年一月一六日の台湾の総統選挙で新総統に選ばれた蔡英文が、一月三〇日に台北で開催されたアニメ・マンガのイベント「開拓動漫祭」を視察したという記事であるが、その中で、イベント参加者が蔡英文を「霧島」という愛称で呼び、蔡英文はそれに手を振って応えた、とある（「自由時報　電子版二〇一六年一月三〇日」）[1]。この「霧島」とは「艦これ」に登場する、旧日本海軍の戦艦・霧島を擬人化したキャラクターのことで、蔡英文がこのキャラクターと似ていることから、支持者が「霧島」と呼びかけたのである。このことは、呼びかけられた蔡英文も理解しており、同日の蔡英文のフェイスブックには、「聽到有朋友大聲喊著「霧島」、現在我知道那指的是什麼了（友人たちが大声で「霧島」と盛り上がるのを聞きましたが、今では私もそれが何のことだか知っています）」と書いている（蔡英文の公式フェイスブック記事二〇一六年一月三〇日）[2]。かつて植民地支配していた国の戦艦の名を、そうであると知りながら、自国の元首への呼びかけに用い、呼ばれた側もそれに応えている。このことをどう理解すればよいのだろうか。

四　歴史研究者と歴史コンテンツ

これまで見てきたように、国内外を問わず、「歴史コンテンツ」に興味関心を持つ人々は決して少なくない。そして、彼らは史実に関しても無関心ではない。にもかかわらず、歴史研究の意義や必要性が理解されにくくなりつつあるとされる。

歴史コンテンツを楽しみ、博物館にも足を運ぶ人々は、新しい知識を得ることで、より歴史コンテンツを深く楽しめることを期待している。史実を知ることで、創作物の伏線や登場人物の関係性、背景設定を深く読み込むことができ、さらに史実を元に二次創作物を創ることも行われている。すなわち、彼らにとって史実は緻密でリアリティのあるバックストーリーとして機能しているといえる。

先に見た台湾の例でも、彼らは実際に過去の歴史的事実をよく知っており、さらにそれを元にした虚構を楽しんでいる。しかし、そのような過去の歴史はあくまで「物語」としてとらえられており、それゆえ、屈託なく総統への呼びかけに旧日本海軍の軍艦の名を用いるのである。

ところが、歴史研究は過去のことを扱っていても、現代的な問題関心から出発している。歴史コンテンツを楽しむ人々と、専門的な歴史研究との間の断絶は、史実をフィクションを補強する物語の一部ととらえるか、あるいは現代的な問題と関連付けて理解しようとするかの差にある。

このような断絶は、現在に特有のものではない。歴史コンテンツといえるものは、戦前から存在しており、その当時でもやはり「ちゃんとした」歴史学と、歴史コンテンツの間には断絶は存在していたが、一九七〇年代末までは、学術出版が研究者以外の人々にも読まれる環境があり、両者の橋渡しがある程度機能していた。しかし、現在では、かつてと比べて詳細で専門性の高い学術論文が量産され、同時に歴史コンテンツも多様化し、作品数も大幅に増加している。歴史研究者は最新の研究を追うことに精一杯で、歴史コンテンツまで把握することは困難であり、一方で歴史コンテンツを楽しむ人たちにとって、学術出版は敷居の高いものとなった。歴史学と市民社会を個人が繋ぐには、歴史学も歴史コンテンツも大きくなりすぎたのである。

今後、歴史研究者のコミュニティが、歴史に関心を持つ市民との接点を維持しようとするのであれば、従来のように個々人の努力に任せるのではなく、安定的に情報を発信できるような枠組みを作る必要が出てくるのであろう。それは、自然科学における科学ジャーナリストの育成と同じような、インタープリターの養成や、個々の研究者の啓蒙的著述を評価するシステムの作成や、世に氾濫する歴史解説の文章に対する学術的オーソライズなどが考えられるが、いずれもすぐに実行できるものではない。すぐにできることは、多くの人々が楽しんでいる歴史コンテンツを、くだらないと切り捨てるのではなく、研究者や教員が忙しい中でも若干の関心を払うことであろうか。

（1）　http://news.ltn.com.tw/news/politics/breakingnews/1589471
（2）　https://www.facebook.com/tsaiingwen/posts/10153148534701065

参考文献

井口千雪　二〇一六『三国志演義成立史の研究』汲古書院
春日太一　二〇一四『なぜ時代劇は滅びるのか』新潮社
金文京　二〇一二『水戸黄門「漫遊」考』講談社（初出、一九九九、金海南名義、人物往来社）
中川譲　二〇一一「日本における「コンテンツ」の成立過程」『多摩大学グローバルスタディーズ学部グローバルスタディーズ学科紀要』三
四方田犬彦　二〇〇三『アジア映画の大衆的想像力』青土社

コラム ❶

日韓関係の歴史と観光スポット――景福宮・閔妃殺害現場をめぐって

木村直也

筆者が初めて韓国を訪れたのは、大学院生時代の一九八三年九月のことであった。その直前に大韓航空機がサハリン上空でソ連軍の戦闘機によって撃墜され、韓国内はそのニュースで騒然としていた。筆者は同じ大学の日本史専攻の大学院生たちとともに釜山《プサン》から入国し、史跡や博物館を見学・調査しながら北上し、ソウルに入った。

ソウルに入った翌日、旅行社のベテラン女性ガイドとともに景福宮《キョンボックン》に向かった。景福宮は朝鮮王朝の祖である李《イ》成桂《ソンゲ》が創建し、豊臣秀吉の侵略の際に焼かれ、一八六〇年代に国王高宗《コジョン》の実父大院君《テウォングン》が政権を握っていたなかで再建された歴史をもち、今でもソウルを訪れた観光客の多くが訪れる代表的な観光スポットである。日帝時代（日本が朝鮮を植民地にした時代）にも多くの建物が失われ、我々が来訪した当時の光化門《クァンファムン》（宮殿南端の門）は、一九六八年に鉄筋コンクリート造りで、本来の位置から若干ずれた位置に再建されたものであった（その後二〇一〇年にもとの形に復元）。また、その光化門のすぐ北には、日帝時代の一九二〇年代に建てられた旧朝鮮総督府の立派な庁舎が、威圧するかのように建っていた。そのときは韓国政府庁舎として使用されていたが、その後、国立中央博物館として使われたのち、韓国人にとって歴史的屈辱の遺物だとして一九九五年から解体・撤去された。

我々は、旧朝鮮総督府の建物を迂回して宮殿内部に入った。国王が百官を前に儀礼をおこなった勤政殿《クンジョンジョン》（正殿）、風光明媚な池に囲まれた中で宴会をおこなった慶会楼《キョンフェル》などを見学した。ここまでが景福宮の敷地の南半分である。ベテランのガイドはそこで見学を終えようとした。一般的には、これらメインの施設を見たところで見学が終わるようであった。しかし筆者は彼女に「閔妃《ミンビ》が殺害された現場に案内してほしい」と頼んだ。そのときに彼女は一瞬「エッ」というような表情を見せたが、落ち着いて「みなさんは歴史を勉強されているのでお連れしましょう。ふつう日本人の方はお連れしません。気を悪くされますから」と言って、我々を景福宮最北部まで案内してくれた。

閔妃（明成皇后《ミョンソンファンフ》、一八五一―九五）は閔氏一族から出て高宗の王妃となり、大院君失脚後の閔氏政権において政治的影響力を発揮した人物である。日清戦争終結後、閔氏政権が親日派を放逐してロシア寄りの姿勢を示したことから、ソウルに駐在していた三浦《みうら》梧楼《ごろう》公使らが主導して組んだ日本の軍人や壮士らの一団が、一八九五年一〇月八日の早朝に景福宮に乱入して閔妃を殺害した。王妃の顔を知らなかった暗殺者たちは、それらしい年齢の女性三人を斬殺し、王妃を特定して遺体を辱め、東隣りの丘の麓で石油をかけて遺体を焼いた。この事件は日本側・朝鮮側の諸資料、あるいは宮殿内で事件を目撃したアメリカ人・ロシア人の証言などから明らかにされている。

さて我々がその場所に行ってみると、要望した筆者の〝期待〟に違わず、日本人の極悪非道をアピールする大々的な展示がそこにはあった。事件を訴える大きなパネルで事件の非道さを示し、王妃を斬りつける場面と、遺体を焼く場面の二枚の絵を掲げながら事件の顚末を詳しく説明してあった。日本の高校日本史の教科書では閔妃殺害事件はほんのわずかしか説明されておらず（山川出版社『詳説日本史B』でも脚注で概要説明があるだけ）、日本人の大半はこのような信じがたく残酷な事件が日本人の手によってなされたことは知らないから、この展示を見ればショックを受け、たしかに「気を悪く」するであろう。

我々が訪問した一九八三年は、軍事独裁政権として民主化運動を弾圧し、国防強化と反共ナショナリズムの鼓吹に邁進した朴正熙《パクチョンヒ》大統領が一九七九年に暗殺され、一時的混乱ののちに、やはり軍事独裁政権として権力を握った全《チョン》斗煥《ドゥファン》大統領の時代であった。ソウル市街の主要交差点には銃を持った軍人が立ってにらみをきかせ、ホテルの上階からは市街の写真撮影は禁止され、北朝鮮との軍事境界線に近い江華島《カンファド》とつながる橋での軍人による検問は厳しいものであった。軍事独裁政権下では、国民の民族意識と国防意識を高めて政権への求心力を維持する目的もあって、前述のような歴史展示がおこなわれていたのであろう。筆者はここで、韓国における日本に対する歴史認識の厳しさを再認識した。

さて次に筆者がこの場所を訪れたのは、二〇〇三年六月のことである。すでに一九九〇年代になると景福宮全体の復元計画が進められており、そのため、景福宮最北部にあった大がかりで強烈な印象の展示はすでに撤去されていたが、小さな建造物の中に暗殺場面の絵が二枚と解説文が掲げられていた。この地には、国王・王妃らが日常的に生活していた乾清宮《コンチョングン》が復元されていくので、周囲はすべて更地になっていた。

乾清宮の復元は、二〇〇七年に完成・一般公開された。その情報を得た筆者が現地に行ったのは、二〇〇九年五月であった。その内部には、閔妃殺害事件のときに国王がいた長安堂《チャンアンダン》、閔妃が殺されて遺体が置かれた玉壺楼《オゴル》なども丁寧に復元されていた。筆者は、事件の少し後に写された玉壺楼の写真と同じ角度から撮影してみたが、たしかにそっくりである。さてこのとき、あることに気がついた。そのあたりには閔妃殺害事件を示す説明文がどこにもないのである。一九八〇年代に大仰な展示があったのを思えば、意外な感がした。乾清宮の中を数度回ってみたが、見当たらない。乾清宮を出るとき、入口脇の案内板（ハングルと英語）を見直してみたら、一二行の文章中に一行分だけ説明があった。「一八九五年、乙未事変《ウルミサビョン》のとき明成皇后が玉壺楼で日本人刺客に殺害された歴史の現場でもある」。韓国文化財庁の景福宮ホームページにおける乾清宮の説明文にも、ほぼ同趣旨の一文があるだけである。二〇一一年八月の訪問時も同様であった。かつての強烈な展示がなくなった理由としては、何と言っても「復元」という目的に忠実に従ったことが第一であろう。さらに二〇〇二年のサッカー・ワールドカップの日韓共同開催、二〇〇四年以降の韓流ブームなどの流れのなかで、多くの観光客が訪れる主要な観光スポットである景福宮に、強烈な「反日」をアピールするかのような展示を置くことを避ける配慮もあったのではないかと推察される。

さて、二〇一七年三月に訪れてみると、また変化が起きていた。前述の乾清宮入口の案内板に日本語・中国語訳も付け加わっていたほか、乾清宮の入口や内部に「明成皇后を偲ぶ」とハングルで書かれた幟《のぼり》がいくつか掲げられ、玉壺楼の復元建物には同じ言葉が書かれたやや大きめの表示があり、建物の中に入れるようになっていた。靴を脱いで上がってみると、さほど広くない屋内には、閔妃の生活ぶりを示すような調度品が置かれ、奥には閔妃の肖像画が掲げられている。そして設置されたディスプレイでは、閔妃殺害事件を説明するビデオが流れていた。このビデオは字幕で英語・中国語の訳文が付けられているものの、日本語はないようだ。一九八〇年代の強烈な展示に比べればずっと抑制的ではあるが、閔妃殺害事件の展示が復活していた。景福宮管理所の職員に聞けば、幹部が交代して方針が変わったことにより、数カ月前からこの展示をおこなっているという。

観光スポットでどのような歴史展示をするか、それは政治・社会の情勢に影響される。ましてや、このような二国間の関係史におけるシビアな事象に関する展示は、両国関係のありようが反映されるのだろう。その意味では、二〇一二年以降の竹島（独島《トクド》）問題や第二次安倍内閣成立をきっかけにした日韓関係の悪化、最近の慰安婦問題をめぐる熾烈な対立などが、歴史展示に影響を与えたのかもしれない。しかし両国民が冷静に、かつしっかりと相互の歴史を踏まえつつ、さかんに往来して観光を楽しむときには、両国関係が破綻する事態までには至らないはずである。

参考文献

金文子《キムムンジャ》　二〇〇九『朝鮮王妃殺害と日本人——誰が仕組んで、誰が実行したのか』高文研

木村幹　二〇〇七『高宗・閔妃』ミネルヴァ書房

角田房子　一九八八『閔妃暗殺——朝鮮王朝末期の国母』新潮社

山辺健太郎　一九六六『日本の韓国併合』太平出版社

韓国文化財庁・景福宮ウェブサイト　http://www.royalpalace.go.kr:8080/

4　アニメで読み、絵画で見る歴史

藤川隆男

一　ハイジ

大学からの帰りの阪急電車で、阪急電車を愛し、スイス史を専攻する大学院生の森本君に言いがかりをつけた。「スイスと聞いたら何を連想する。それはハイジやろ。アルプスの少女ハイジの歴史に決まりやな」と研究テーマを押し付ける。そこから話が広がり、「アルプスの少女ハイジ」プロジェクトが始まり、世界名作劇場と呼ばれるアニメ群を対象とする『アニメで読む世界史』（山川出版社、二〇一一年）へと発展していった。仮題は『アルプスの少女ハイジの社会史』で、初期の論考を集めたフォルダーの名は「ハイジ」であった。大学院生や若手の研究者（年齢的には私以上の社会人も含む）とは、『パスポートの発明』（法政大学出版局、二〇〇八年）の翻訳などで、いっしょに仕事をしたことがあるが、個々の論考を多数に任せるのは初めてだった。章の枚数、アニメの紹介の仕方、歴史的説明の内容の割り振りなど枠組みをきっちり決め、統一的なテーマを明示し、選択したアニメにできるだけ関係の深い西洋史の大学院生を選び、執筆の意向を確認した。さらに、論考を編者と執筆者が相互批判しながらブラッシュアップするプロセスを決め、同時に出版してくれそうな出版社と交渉に入った。軽そうな本ではあるが、作っていくプロセスに必要な労力は研究書以上だったかもしれない。

『アニメで読む世界史2』（山川出版社、二〇一五年）の始まりは、二〇一三年四月に大阪大学歴史研究会に招かれて、『アニメで読む世界史』の報告をした後の飲み会でのことである。ウルトラマンを愛する日本史の後藤君に出会い、初代ウルトラマンを愛する者に悪人はいないと、編者の一人になってもらい、研究会の東洋史と日本史のメンバーに声をかけてもらって、真に世界史的な地理的範囲と時代の広がりを持つ歴史を作ろうということで始まった。すでにノウハウが蓄積されていたので、これは出版まで一直線だった。残念なことに、最初の本の出版を機会に出演した『ビーバップ！　ハイヒール』に再度出演し、ＳＮＳで拡散したカツラ疑惑を晴らすという、真の目的は達成されてはいないが。

こうしたアニメを素材とした歴史叙述を生み出すことは、歴史をアニメ化するという直接的なアニメの利用とは異なる次元で、大衆的なアニメ文化と学問的な歴史研究を接続する試みとして考えている。アニメの背景となった歴史、アニメの歴史的解釈を通じて、既存のアニメ文化と歴史研究を少しでも架橋することができればと考えた。多くのチャンネルの一つと思えば、こうした試みも悪くはなかろう。他方で、自分の専門的研究を苦しそうにしている若手の研究者が、楽しそうに歴史について語るのも見たかった。歴史はやっぱり楽しくないと。頭の体操をしてみるのもいいのではないかと。

『アニメ』の2を作成しているとき、「平成狸合戦ぽんぽこ」の章に関して、年号の問題から王の存在を考察した部分を、推測で事実に基づいていないという理由で、大幅に削除するようにという要請が出版社のほうからあった。理由はわからないでもなかったが、私は残すように主張した。歴史的な想像力を発揮しているところは、珠玉だと。歴史の楽しいところだと思うからである。

二　バニヤップ

二〇一三年八月には、もう一つの出会いがあった。研究のために訪れたというか、とくに何もなくても時々訪問する、オーストラリアのヴィクトリア州のジロングにある羊毛博物館の地下で、地域の子供たちが描いたバニヤップ画の展示が行われていた。「これだ」と思った。一〇年以上前にバニヤップの研究書を手に入れていたが、おそらく小学生たちの描いたバニヤップの姿があまりにも印象的だったから、そう感じたのだろう。

バニヤップとは、一般にオーストラリアの内陸の川や湖に棲むとされる水陸両生の先住民の伝説上の怪物で、鳥とワニの特徴を併せ持つとされている。先住民はこの怪物が実際にいると思って、地域によっていろいろな姿で想像するだけでなく、さまざまな名前で呼んだ。白人の入植者たちは、このバニヤップを童話のキャラとして受け継ぎ、多くの児童文学が生み出されている。他方で、バニヤップを新種の動物だと思い込んだ入植者は、その証拠として示された骨が偽物だとされると、バニヤップという言葉は偽物やまがいもの、ペテン師、詐称者、ほらふきという意味で使われるようになり、「バニヤップ貴族制」という表現も誕生した。

バニヤップという怪物または妖怪あるいは生物（私はこれを妖獣と呼ぶ）は、アニメではないのだが、『アニメで読む世界史』のアニメと同じように利用することができると考えた。日本ではすでに妖怪研究に世界に誇れる蓄積があるが、そうした研究や、よく日本人が知っている妖怪と比較・対照することで、理解もしやすいだろうとも思った。ただし、アニメが少数の作者が作り上げた文化的構築物であるのに対し、バニヤップは先住民と入植者という、極端に異なる文化の狭間にある文化的構築物であるだけでなく、時とともに大きく変化し、不特定多数の人々による合作物、あるいは合作物でさえないのかもしれないものである。もちろん、同じではないのは承知なのだが、アニメの代わりに、妖獣バニヤップを通して歴史的背景やコンテクストを読み解き、日本人にとっては他者である文化の深みに読者を導けるのではないかと思ったのである。

世界名作劇場のようなアニメは、現代の映像文化が生んだ所産であり、この点に議論の余地はない。もちろん映像文化自体を俎上に載せることはできるが、それは嗜好の問題である。これに対してバニヤップは、伝統的な先住民社会の共同幻想であり、博物学や動物学の求める新種の生物であり、偽物やまがいものの比喩であり、童話のキャラであり、映像文化の所産でもある。そうした性質が渾然一体となったものである。まったく違うと言えば、違うが、道具立てとしては同じように思えた。ただし、このものを一体として扱う理屈、あるいは根拠は必要だと考えた。そうでなければ、定義したりしなかったりしながら、あらゆる意味で使われるジェンダーみたいになりかねない。

雑多なものの合成物には、雑多なものを手当てするしかない。「グーグル・Nグラム・ビューワー」を使って調べると、三〇〇弱くらいのバニヤップ bunyip という単語を使った文献が現れる。ジロングで一八四五年にバニヤップが初めて現れたという博物館の展示を裏付けるように、それ以前の出現頻度はゼロである。三〇〇例は、しかしながら、あまりにも少なすぎる。そこでトローブ Trove、オーストラリア国立図書館の新聞データベースの登場である。ここでは、一九五五年以前の主要新聞と多数の地方新聞を網羅的に調べることができる。バニヤップのヒット数は、十三万件余り、新聞記事だけでも六万件を超える。バニヤップの初出は一八四五年。ここでも博物館の説明の正しさは確認できた。六万件あれば、妖獣をねじ伏せるのに十分だと思われたので、ケンキュGOである。バニヤップをゲットだぜ。口語的過ぎて、学術書にはふさわしくないとの意見があれば、Bunyips! Gotta catch 'em all! の訳だと言っておこう。

三　画家さんたちとのコラボ

ただし、『妖獣バニヤップの歴史』（刀水書房、二〇一六年）は、単に研究内容をわかりやすく伝える。歴史研究の内容を読者に理解してもらうためだけのものではない。研究成果を伝えるだけならば、デジタル化して公開するほうが、あるいは電子書籍のほうが優れているだろう。数年前、大学で請われて、教科書の電子書籍の実証実験に参加したことがあるが、新提案はすべて退けられ、本当にありきたりのことをやっていた。こうした時代を予期して（そう言っておこう）、オーストラリア辞典と年表のデータベースをネット上で運営してきたが[1]、それとの接続の試みなどはまったく受け付けられなかった。補助金目当てのプロジェクトだったのであろう。アメリカに圧倒されるはずだ。

研究をデジタル化せず、紙の本として出すとしたら、そこにどういう意味（知的なわくわく感）があるのだろうか。それは研究以上のもの、紙の本としての「作品」であるべきだと、私は考えた。単純な思考ではあるが、研究を紙にモノ化する意味が問われる時代だと思う。作品としての本の一つの答えが画家さんたちとのコラボであった。先住民はバニヤップを恐れ、あまり具体的な画像を残してこなかった。また、現在の先住民の絵画は圧倒的にドットアートと呼ばれるアクリル画が主流であり、伝統的なオーカー（岩を砕き、獣脂や血液と混ぜたもの）で描かれたものは少ない。そこで、強行ではあるが岩を使った絵具繋がりで、若手の日本画家たちにバニヤップを描いてもらい、表紙や挿絵とすることを思いついた。

問題は誰に描いてもらうかだ。最初の一人はすぐに決まった。服部しほりである。当時、少しずつ知られるようになっていた画家で、現在の日本画家に誰一人類似する者がいない、その独特の画風にほれ込んでいた。また、彼女が描いてきた対象は、十分にバニヤップを描いてもらうのにふさわしいと感じた。画廊さんを通じてコンタクトを取り、二年後までに表紙絵を描いてもらう約束を取り付けた。その後の服部しほりの活躍は予想以上である。例えば、京都市立美術館で二〇一六年の初めに開かれた「琳派降臨――近世・近代・現代の「琳派コード」を巡って」では、名和晃平などと並んで現代を締めくくる最後に、最年少で作品を出品している。

頼んだときには本の影も形もなかったので、その後、遠野物語との比較をテーマとして、バニヤップと河童が相撲をとる作品、九十九神（九九節）の理論の部分を象徴する絵もお願いした。相撲の絵は、『月刊アートコレクターズ』（二〇一六年八月号）にも掲載されている。この他に、爬虫類を得意にする是永麻貴に写実的なモハ・モハ（バニヤップの一種）を、モノカラーで鳥や魚を描く湊智瑛にエミュー・タイプのバニヤップを、吉田哲也に童話に出てくるバニヤップを依頼した。吉田は洋画家ではあるが、このタイプの作品を頼むのにはこれ以上適任の人はいないと感じていた。他に松平莉奈ともう一人にも依頼したが、もう一人は作品を仕上げてくれなかった（彼は後に、続「京都日本画新展」で大賞を取った）。

その代わり、松平莉奈には、いくつもの挿絵を依頼することになった。先住民ベニロングとクックの合成画、先住民が蘇った先祖だと思ったイギリス人兵士（ジョージ・グレイ）、ミンカ鳥（悪魔の鳥）、バニヤップ選挙区（風刺画）、本のコンセプトを表す切断されたゴアナである。松平は、勉強家であり、また多彩な絵画の技術を持つ画家だったので、こうした多様な作品を描けたのだと思う。画家さんには、途中まで書いた原稿、関連する各種の画像などの資料も送った。松平には、いくつかの絵の構図についても、こちらの意向を伝えた。

一つだけ残念なことがあるとすれば、松平に依頼したバンクシア（クックの探検のパトロンのジョゼフ・バンクスに由来）の絵を使って、目次に代わる木次を作る試みが挫折したことだ。木次とは、バンクシアの葉の一枚一枚に節の項目を書いて、目次に代わるようにした絵のことである。松平には一〇〇の節をちょうど書けるように、一〇〇枚の葉を配置してもらったが、目次の必要性を強調する出版社の要請に負けて（けっこう流されやすい）、普通の目次になり、バンクシアの絵は本の表と裏の見返しと目次の下部を飾ることになった。最後に鳥彦の版画 mimic を京都の個展で発見し、まさしくバニヤップの姿（作者によると鳥）だと感じ、親しい画廊だったので、これも画廊を通じて冒頭の章に掲載することを承諾してもらった。

二〇一六年五月に出版し、同時に本に掲載した作品の展示会を京都で開き、そこでブック・ロンチを行い、他方で、東京アートフェアの服部しほりのブースで本を売るという戦略を考えていたが、出版の遅れで、これらは不発に終わった。マスコミへの情報一斉配信なども含めた戦略であったが、日程を守れないとこうしたことは不可能になる。新しい試みと、こうした戦略を両立させるのは難しい。とくに、著者自身が作品としての本への思い入れが強いとなおさらだ。こうした企画の修正にまで手が回らなくなる。

次は、画家の作品への関与をさらに強めた、本当の意味でのコラボを構想している。パートナー探しを始めたい。なお絵画作品については人類学者の松山利夫から、アボリジナルの人々が植民史に題材を求めたいわゆる「歴史画」にそっくりだとの評を受けた。失敗ではなかったのだろう。

四　「歴史の家」

私の勤務する大阪大学大学院文学研究科の西洋史研究室は、『パブリック・ヒストリー』という雑誌を二〇〇四年から刊行している。中身は、アカデミックな歴史の枠組みをあまり超えるものではないが、パブリック・ヒストリーという認識の重要性を確認するために、この名称を採用したことは間違いではなかったと思う。この名称は、スタッフと大学院生の投票によって選ばれたので、一〇年以上前にそうした意見を共有する意識もすでにあったのだろう。(2)

しかし、日本でアカデミックな歴史を追究する（それで金を稼いでいる）人々の認識は大きく変わってきたようには思われない。研究で生み出された正しい（正確な、事実に基づいた）歴史認識を、歴史という名の下で行われるさまざまな文化活動に普及させなければならないという啓蒙主義的な意識が、公然と述べられたり、見え隠れしたりする。こうした意識は、オーストラリアの歴史学会で主流となり（少なくとも表面的には）、私自身が承認する多元的な歴史観（歴史認識・歴史感覚）とは相いれないし、現実とも乖離してきているように思われる。オーストラリアでは、ポール・アシュトンとポーラ・ハミルトンが、「歴史の家」という比喩を用いて、歴史学の社会的な位置づけを行っている。

最も広い意味での歴史は、多くの部屋がある家に喩えることができよう。さまざまな集団がいろいろな場所を占拠している。地方やコミュニティの歴史家、系図学者、博物館の専門家、歴史的映像の制作者、パブリックな歴史家などもここにはいる。なかには一つ以上の部屋に住む人もいるが、多くは家の他の部屋を時折訪れるだけだ。さらに、すべての部屋がその中でさらに分割されている。ところが、一部の居住者、とりわけアカデミックな歴史家たちは、自分たちこそ最も重要な部屋にいると思っている。実際、歴史学界の多くの人びとが、歴史の家を所有していると主張している。しかし、歴史家の一部は少し落ち着きを失っている。近年、政治家やイデオローグが入り込み、家の一部に一連の規則を制定しようと熱心に活動し、一向に去ろうとする気配がない。専門的な歴史研究と「民衆」の歴史あるいは「日常世界」の歴史の分離状態は、専門的な歴史家の唱道者としての役割や、いつも消えることのない「誰が過去を所有するのか?」という問いなど、多数の問題を生み出す。……歴史の家では、批判的歴史家の部屋は少し寒々としていると感じられるかもしれない。また、文化戦争で傷ついた戦士たちのうめき声が一部の人を遠ざけているかもしれない。しかし、こうした声は、家の多くの場所ではかすかに聞こえるだけで、居住者たちは他のことに取り組んでいる。パブリックな歴史家たちは、学界以外の広い文化領域、コミュニティの歴史、文化遺産、博物館、先住民権原などで活動しており、多くの人が、学界と民衆の他の歴史的実践の橋渡しをしようと努めている。地方の歴史家は、調査、著述、出版に忙しく……主要な出版社は、ますます地方、家族、コミュニティの歴史への関心を強め、系図学は主要な娯楽活動になっている。各地域の景観には、記念碑や地方の博物館が満ち溢れ、記念日や祝典は重要な公的な関心事となり、歴史は新聞や他のメディアでも人気を博している〔Ashton and Hamilton 2010: 8–9〕。

この比喩は、オーストラリアの歴史とアカデミックな歴史家の状況を厳しめに描写していると思われる。オーストラリアでは、大学の歴史家と社会の他の職種の間の流動性は日本よりも大きく、歴史の部屋の壁は日本ほど厚くはない。また、パブリック・ヒストリーも大学で推進されている。

アカデミックな歴史家が歴史の家の所有者だという観念を捨て去る時期に来ているのだと思う。各部屋の活動は、歴史家がいなくても続いていくし、発展していく。協力はできても、指導することはできない。歴史自体に関心も興味もない政治家が、この家の規則を制定しようとしたとき、歴史家たちが声を荒らげても、他の部屋の住人に聞いてもらえないのでは、その影響力はたかがしれている。

五　歴史学の役割

多元的な歴史観がオーストラリアでとりわけ尊重されるのは、アボリジナルへの差別の問題があったからである。アカデミックな研究は、先住民の観点を無視し、差別的な制度の構築と維持に手を貸してきた。歴史学の手法とは根本的に異なる、先住民のドリーミングと呼ばれる神話や個々人の記憶、先住民たちの世界観に基づくもう一つの歴史が、アカデミックな歴史と等価なものとして尊重されなければならないのである。こうした原則は、他のさまざまな歴史観や歴史意識にも、論理的には当然ながら適用できる。さまざまな党派、とりわけ保守的な政治家が歴史の問題に介入する根拠となる。

歴史学は、客観的な事実の確認によって、先住民の先住民による歴史や歴史観を否定することはできない。それは同時に、特定の目的を掲げた政治家の押し付けも退けることが難しくなることを意味する。結果的に、多様な歴史認識が、現実との参照関係を十分に持つことなく併存することになる。というよりも、併存していることに対して、異議を唱えることが困難になる。

日本でも大きく状況が異なるとは思えない。アカデミックな歴史、とりわけ西洋史は、マンタリテ、ディスクール、記憶、グローバリゼーションと、呆れるほどに流行を追ってきた。それはファッションあるいは美学の問題としか思われないが、他の部屋の所有権を主張するのにはマイナスでしかない。関心のありようが違うのである。

それでは歴史学は何をすべきか？　本来すべきことをすればよいのだと思う。大学のポストの削減は別の話だが、おおよそ誰からも、おそらく歴史家を除いて、歴史学自体が不要だという主張は聞かない。歴史家は自分の部屋で、自己矛盾のない論理・理論、広範な史料との整合性、コンテクストとの整合性（時間的・構造的）、オリジナリティなどを同時に追求すれば、それでよいのだと思う。よい歴史研究は美しい。ただしその方法は無数にある。皆が同じ方法に従い、それが部屋の所有権の証だと考えるところに誤りがある。

歴史の家の他室の住人や広く社会の人々に、歴史学の成果を共有してもらうには工夫が必要だ。アニメで読み、絵画で見る歴史はそうした工夫の一つだし、データベースを公開するのも一つの工夫だ。その方法は無数にあると思うが、大多数の人が先人の踏み固めた道を進み、お互いに冷たい部屋で褒めあっていると、新しい道は見つかるはずもない。そこかしこに道はあるので、ちょっと別の道を進む勇気さえあれば、違う世界が開けるだろう。歴史学を社会に活かすのは簡単だ。失敗することもよくあるが。

（1）　BUN45オーストラリア辞典（http://bun45.sakura.ne.jp/）。少し放置していたが、大阪大学大学院情報科学研究科の石尾隆氏の協力で、データベースを外部サーバーに移管し、新しい検索ソフトを導入した。バニヤップのTwitter（https://twitter.com/morethanbunyips）も参照。

（2）　大阪大学文学部・西洋史研究室（http://www.let.osaka-u.ac.jp/seiyousi/info-1-3.html）。

参考文献

Ashton, Paul and Paula Hamilton 2010. *History at the Crossroads: Australians and the Past*, Ultimo NSW: Halstead Press.

コラム ❷

「暗黒時代」の娯楽――中世ヨーロッパの人々と巡礼

原田晶子

閑話（コーヒーブレイク）！　一八六〇年に出版されたスイス人美術史家ブルクハルトの名著『イタリア・ルネサンスの文化』のお蔭で、二一世紀に入ってもなお「中世のヨーロッパは暗黒時代だった」と思う人々が多いようである。大学での講義や公開講座で「中世ヨーロッパは決して暗黒時代ではありませんでした！」と声を大にして訴えていると、まるで自分が布教活動でも行っているかのような気分に陥ることさえある。ブルクハルトの著作が今日においても感銘を与える名著であることは誰もが否定しえない。だが、彼がルネサンスを「光」と称賛したとき、その前時代である中世を「闇」とみなす二項対立を用いたことには大いに問題があった。ブルクハルトは膨大な史料を緻密に分析し、芸術的な文章によって明快な論理を提示することに成功したが、しかしながら同時代人たちが自分たちは昔あった輝かしい時代を再生させているのだという自己イメージを、あまりにも額面通りに受け取ってしまい、さらにそこに「近代性」という定義を与えてしまった。

すでに一九一九年にはオランダ人の歴史家ホイジンガが『中世の秋』で、「ルネサンス人」の行動様式や理念は、芸術作品からわれわれが考える以上に伝統的で、「中世人」に過ぎなかったことを明らかにしている。そして今日までに多くの中世史家たちが、一四―一六世紀のルネサンスが実際には同時代人たちが糾弾した「中世」に多くを負っていたことを学術的に実証してきた。現在では、ルネサンスの影響は学術的、芸術的領域に留まり、社会全体を変革することはなかったとの見方が主流である。またハスキンズの『一二世紀ルネサンス』（一九二七年）に代表されるように、中世においても幾度となくルネサンス（＝文芸復興運動）が生じていたことが指摘されている。このように西洋中世史の現場ではブルクハルトの主張はほぼ全面的に修正され、ルネサンスは中世末期の思想運動という位置づけが通説となっているのだが、いまだ高校の世界史の教科書にはルネサンスは「近代のはじまり」と記述されており、そのためであろうか、「中世は暗黒時代」という世間一般の根強い固定観念をいまだ中世史家たちは覆せずにいるといわざるを得ないのが現状であろう。

このコラムでは、「暗黒時代」と思われている時代にも娯楽が存在していたことを示すことにより、中世ヨーロッパが本当に「暗黒時代」だったか考えていきたい。中世の市井の人々も、普段の生活の中で様々な娯楽を享受していた。例えばサイコロやトランプゲーム、五目並べのような盤上ゲームや、インドに起源を有するチェスも中世ヨーロッパで発展したゲームである。スポーツとしてはボールを用いた様々な種類の球技も興じられていた。しかしこのような日常的な娯楽だけでなく、「脱日常」を味わうことのできる娯楽も存在した。年市にやってくるのは商人だけではなかった。旅芸人や大道芸人もやってきて人々を楽しませた。そして旅行ともいえる巡礼である。もちろん巡礼は一義的には宗教的行為である。中世ヨーロッパの一般信徒にとって巡礼とは、聖人の遺骸に触れることにより現世での直接的な「ご利益」を得ることであったが、後述する三大聖地のような遠方への巡礼は、死後確実に天国へ行くための贖罪行為でもあった。交通手段が未発達だった時代においては、多くの人々にとって遠方への巡礼は、費用の面からも生涯に一度の大旅行であったことは容易に想像できよう。しかし必ずしも金銭的に余裕のある者だけが巡礼に赴いたわけではなかった。巡礼路にある修道院は、巡礼者に一夜の寝床と食事を提供する施療院を併設していた。施療院とはホスピタルのことであるが、西洋中世史の文脈においては治療行為を目的とした施設ではないので、病院と訳さず、施療院と呼んでいる。現代でも格安旅行の手段が存在するように、中世ヨーロッパにおいても施療院や安宿を利用し、徒歩で聖地に向かえば、さほど裕福ではない者でも遠距離の巡礼は可能であったのだ。

中世ヨーロッパの人々にとって三大巡礼地とされていたのは、（第一位）イエスゆかりの地である聖地イェルサレム、（第二位）聖ペテロと聖パウロが殉教したローマ、そして（第三位）レコンキスタ時代に聖ヤコブの墓が「発見」されたスペインのサンティアゴ・デ・コンポステーラである。ここではサンティアゴ・デ・コンポステーラへの巡礼案内から、中世の巡礼のあり方について考えてみよう。サンティアゴは後発ゆえに熱心に行われた宣伝活動、つまり数々の「ねつ造」された奇跡譚が功を奏し、イェルサレムやローマが「聖職者の巡礼地」と目されていたのに対して、「民衆的な巡礼地」として人気を博した聖地である。最盛期であり、一二世紀には年間五〇万人もの巡礼者を集めた。

中世ヨーロッパでもっとも有名な「ガイドブック」といえるのは、一二世紀半ばに編纂された『サンティアゴ巡礼案内』であろう。これは全五章からなる『聖ヤコブの書』の第五章に当たる。『サンティアゴ巡礼案内』は全一一章で構成され、各章の見出しは次の通りである。第一章「サンティアゴ・デ・コンポステーラへの道」、第二章「サンティアゴ巡礼路の旅程」、第三章「サンティアゴ巡礼路の諸都市の名称」、第四章「世界の三大施療院」、第五章「一部のサンティアゴ巡礼路再建者の名前」、第六章「サンティアゴ巡礼路の良い川と悪い川」、第七章「サンティアゴ巡礼路沿いの諸地域と住民の特色」、第八章「サンティアゴ巡礼路に安置された巡礼者が訪ねるべき諸聖人の遺骸」、第九章「都市サンティアゴ・デ・コンポステーラの特色とガリシア地方における使徒聖ヤコブの教会」、第一〇章「サンティアゴ教会の聖堂参事会会員数」、第一一章「サンティアゴ巡礼者に供されるべき歓待」。現代のガイドブックの基本構成要素とほぼ変わらないことは明らかだ。

中世ヨーロッパの巡礼者たちが求めていた情報も、現地への行き方、宿泊施設、食べ物や飲み物、安全の確保、立ち寄るべき観光名所の案内、現地の情報などであった。もちろん同書は中世の写本であるため、現代の旅行者のように各巡礼者が同書を携帯したとは考えられない。また同書はラテン語で書かれており、直接の読者は聖職者であったと推定される。しかし上記の通り、同書にはまさにその土地に不案内な旅行者が必要とする情報が満載されており、おそらく巡礼者たちは聖職者たちから読み聞かされた内容を頭にインプットし、旅の情報として活用したのであろう。「暗黒時代」の旅行者たちも、現代の「ガイドブック」に書かれている情報と類似の情報を得て、目的地に向かっていたのである。

最後に多くの人々が移動した巡礼の隆盛と現代経済との関連を指摘して、本コラムの結びにかえたい。いつの時代も全旅程に必要な現金を持ち歩くことは危険な行為である。そのため、元々は年市での取引のために生み出された為替手形が、巡礼者たちの間でも普及したのだった。とりわけイェルサレムに向かう巡礼者が用いていたようである。十字軍といえば、兵士による軍事遠征を思い浮かべるであろうが、一説によると一一世紀末—一三世紀末の二〇〇年間の間に約十万人もの一般の人々が、巡礼者として聖地イェルサレムを目指したともいわれている。中世ヨーロッパにおける大規模な人の移動は、近代の銀行システム誕生へとつながったのである。

参考文献

池上俊一　二〇〇三『遊びの中世史』ちくま学術文庫

関哲行　二〇〇六『スペイン巡礼史——「地の果ての聖地」を辿る』講談社現代新書

関哲行　二〇〇九『旅する人々（ヨーロッパの中世4）』岩波書店（本コラムの巡礼に関する記述は主に同書の第一章と第二章に拠った）

渡邊昌美　一九八〇『巡礼の道——西南ヨーロッパの歴史景観』中公新書

柳宗玄　二〇〇五『サンティヤーゴの巡礼路（柳宗玄著作選6）』八坂書房（『サンティアゴ巡礼案内』の全訳が収められている）

グリーン、E　一九九四『図説　銀行の歴史』（石川通達監訳、関哲行・長谷川哲嘉・松田英・安田淳訳）原書房、第一章

バーク、P　二〇〇五『ルネサンス（ヨーロッパ史入門シリーズ）』（亀長洋子訳）岩波書店

5　娯楽の自粛について考える

――ある観光系学科の講義から

平山　昇

一　歴史を身近に考えるために

筆者の専攻は日本近代史であるが、現在教員として所属しているのは「観光産業学科」である。着任して今年で五年目となるが、歴史に興味がある学生がほとんどいないこの学科での教育にどうすれば歴史学の知見を活かすことができるのか、ということを考えながら試行錯誤してきた。一つの試みとして、修学旅行、トイレ、おみやげといった学生目線で身近に感じられるトピックを観光・レジャーの歴史のなかに位置づけて考察するということを実践してみたところ、幸いにも多くの受講生たちが興味を示してくれた。

なかでも受講生たちから（意外にも）大きな反響を得たテーマが、「自粛」である。自粛ムードが社会を覆って観光を含む娯楽が委縮する状況について考えてみたのだが、受講生たちは二〇一一年の東日本大震災後の自粛ムードを体感した世代であるということもあって、このトピックへの関心の高さには目を見張るものがあった。

以下、その講義を「再現」してみたいと思うが、実際には複数回に分けて行われた講義をまとめなおし、また、講義終了時のリアクション・ペーパーに記入されたコメントを途中に挿入するなどの再構成や修正を行っているため、忠実な「再現」というわけではなく、あくまでも一つの講義例としてお読みいただきたい。

「歴史を学ぶことに何の意味があるの？」と思いがちな学生たちに、現実の社会において、歴史から得られる知見が困難な状況を打開する手がかりになりうるということを示すのが、筆者の目指したところである。

二　イントロダクション

平山　今日のテーマは「自粛」です。なぜ自粛について考えるのか？　皆さん思い出してください。二〇一一年の東日本大震災。皆さんは高校生か中学生でしたね。あのとき、「被災者に申し訳ない」といったムードが社会を覆って、観光など娯楽的な行為を人々が自粛する状況が生じました。被災地から遠く離れていた皆さん（注─本学の在学生のほとんどは九州・山口出身）もその雰囲気は感じたのではないでしょうか。誰か、自身の体験談を話してくれませんか？

受講生A　春休みに家族旅行をする予定でしたが、親が「自分たちだけ旅行を楽しむ場合ではない。被災者に申し訳ない」と言ってとりやめました。

受講生B　所属していた吹奏楽部のみんなで九州新幹線の全線開業記念のセレモニーで演奏するために一生懸命練習していましたが、自粛で中止になってしまいました。

平山　どういう気持ちでしたか？

受講生B　悲しくて悔しくて泣いちゃったけど、でも、「仕方ない」と思いました。

三　繰り返されてきた娯楽の自粛

平山　実は、ここ一〇〇年ほどの歴史をさかのぼってみると、社会がこのような自粛ムードに覆われるというのは、何度も繰り返し生じてきたことがわかります。たとえば、一九九五年の阪神・淡路大震災のあとも自粛ムードが生じました。大災害以外の要因で自粛が生じたこともあります。それは何でしょうか？

受講生C　戦争ですか？

平山　その通り！　国民が力をあわせて戦争に協力しなければならず、多くの戦死者もでる非常時には、「娯楽どころではない！」となるわけですね。実際、一九三七年に日中戦争がはじまると、娯楽の自粛が叫ばれるようになりました。当時の新聞では、自粛で息苦しくなった東京をぬけだして温泉旅行をする人々が「自粛の帝都から逃避する不心得者」と非難されています（『東京日日新聞』一九四〇年一月六日）。

　ただし、過去のすべての戦争でこのようになったわけではありません。国民の総力を結集し、社会のあらゆる領域を戦争のために動員することを総力戦といいますが、日本社会が本格的に総力戦体制に染まっていくのは日中戦争以降のことで、それ以前の戦争はずいぶん雰囲気が違っていました。面白い資料があります。図1は、日露戦争中に掲載された雑誌広告ですが、大きな文字で「戦争ハ戦争事業ハ事業」と書いています。ロシアとの戦争中だけど、自分たちの商売は普段通りやるぞ、と言っているんですね。昭和の戦争中にこんな広告を出したらただではすまなかったでしょうね。

　ところで、大災害にしても戦争にしても、多くの犠牲者が出るという点では共通しています。ところが、たった一人が重態になったり亡くなったりすることで自粛ムードになったことがあります。誰のことかわかりますか？

受講生D　エグザイルのアキラさんが亡くなったら、私は遊ぶ気にはなれません。

平山　なるほど……。過去にも、尾崎豊さんや元Xジャパンのヒデさんが亡くなったときは多くの熱狂的なファンが悲嘆にくれました。しかし、社会全体が自粛ムードになるほどではありませんでした。それでは、ほかの意見は？

受講生E　天皇ですか？

平山　正解！　一九八八年九月に昭和天皇が吐血したという報道が出て、またたく間に自粛ムードが広がりました。お祭りなどの各種イベントが次々と中止されたのは皆さんも想像がつくでしょう。でも、日本サンタクロースクラブという団体が毎年クリスマスに子供たちへ送る「サンタクロースのメッセージ」を中止したというのはどうでしょうか？　実は、「赤」はめでたいことを連想させるということで赤飯や赤色ネクタイの販売が自粛されました。赤色で印刷された「サンタクロースのメッセージ」も同じ理由で自粛されたのです〔朝日新聞社会部　一九八九、五三―五五頁〕。このときの自粛ムードは翌年一月七日に天皇が死去した後もしばらく続きました。

楽しみにしていた行事の中止というのは、子供たちにとっては大きなショックです。当時の新聞には次のような小学生の投書が掲載されました。

今年、残念だったのは秋の区民祭りの中止です。私たち六年生はこれで最後、とパレードの鼓笛隊に出るのをとても楽しみにしていました。……自しゅくのためにがっかりしたり悲しんだりし

図1　『鉄道時報』1904年12月31日

た人が何人、出たでしょうか。……天皇陛下のことは、みんなが個人個人心配すればよいことだと思います〔同、一四六頁〕。

さきほどBさんが吹奏楽部で演奏するイベントが自粛で中止になって悲しかったと話してくれましたが、Bさん、この投書を読んでどう思いますか？

受講生B　自分とまったく同じ思いをした子供が、自分が生まれる前の時代にもいたと知って、とても驚きました。他人事とは思えません……

平山　「自分と同じ思いをした人がいたんだ……」という共感は、歴史だけでなく文学に関心をもつときにも重要なきっかけとなることがあります。そのような感覚はぜひこれからも大切にしてください。

四　なぜ自粛が生じるのか？

平山　さて、このように、自粛は繰り返し生じてきたことがわかります。それでは、なぜ自粛が生じるのでしょうか？　二つの要因に着目してみたいと思います。

まず一つ目。さきほど、戦争も大災害も数多くの人々が犠牲になるという点では共通していると言いましたが、ある条件をわざと省いて説明しました。それは何でしょうか？

一九九四年、アフリカのルワンダで、民族間の対立が原因となって数十万から一〇〇万人もの人々が虐殺されるという悲劇が起こりました。しかし、同時期の日本では自粛はまったく起こりませんでした。

受講生F　それはアフリカだったからではないですか？　アフリカの人たちには気の毒ですが、私たちはアフリカには関心がないです。日本と関係が深い国のことであれば日本人も敏感に反応したのでは？

平山　なるほど。ただ、二〇〇一年九月のアメリカ同時多発テロ事件のとき、日本でも大きな衝撃がはしりましたが、自粛ムードにはなりませんでした。私は当時大学生でしたが、その年の一一月の学園祭は例年通りの盛況だったのを覚えています。

もうわかりましたね？　さきほど省いた重要な条件というのは「同じ国のなかで」です。どれほど犠牲者の数が多くても、それが日本のことでなければ、日本社会は決して自粛ムードにはなりません。ここには、同じ国の人々は「我々」、それ以外の人々は「他者」として区別する意識がはたらいています。このような意識を何と言うかわかる人はいますか？

受講生G　ナショナリズム！

平山　その通り！　というわけで、自粛の大きな要因の一つは、ナショナリズムです。自分と親しい関係の人が亡くなったら娯楽などする気にならないというのは古今東西で普遍的なことでしょうが、東日本大震災の際、被災者に直接の知り合いがいない九州の人たちのあいだでも自粛が生じたように、「同じ日本人」という意識がはたらくことで、国レベルでの自粛が生じます。

そして、犠牲者が多数の場合だけでなく、天皇という一人の人間の容態によって自粛ムードが生じたのも、天皇が日本のナショナリズムのあり方と深く関わっているためだと言えます。天皇が重態になると、日本人の多くが「他人事」ではなく「我々」日本人に関わることと感じたのです。

ちなみに、天皇、国王、皇帝といったように民主的に選ばれたわけではない世襲の人が国の元首や象徴として存在する制度のことを君主制といいますが、世界的には二〇世紀前半までに多くの国で君主制が終焉を迎えました。今この教室には中国と韓国からの留学生がいますが、どちらの国も約一〇〇年ほど前までは皇帝や国王がいましたね。現在、アジアで君主制が存続している少数派の国同士として、日本の皇室とタイの王室は親密な関係にありますが、最近、長期にわたって在位したプミポン国王が死去し、タイ政府は一定期間の娯楽の自粛を国民に呼びかけました（『朝日新聞』二〇一六年一〇月一八日「タイ　黒服の波」）。

次に二つ目の要因について考えてみます。突然ですが、皆さんは、社会の現実をすべて自分の目で見ることはできませんよね？　でも、芸能人がどうしたとか、スポーツ選手がどういうプレーをしたとか、私たちは世の中の様々な出来事を知ることができます。それは、現実世界と私たちとの「間」に、いろいろな出来事をピックアップして私たちに知らせてくれるものがあるからです。さて、それは何でしょうか？　ヒントは、この「間」という言葉です。

受講生H　メディアですね。

平山　その通りです。media は medium の複数形ですが、この単語は、もともと「中間」を意味します。ステーキの焼き方をいうときに、「ウェルダン」と「レア」の「中間」が「ミディアム」ですよね。私たち人間と現実世界の「間」にあるメディアが、私たちに様々な情報を伝えてくれます。

東日本大震災の津波や原発事故にともなう避難を直接体験した人は、皆さんのなかにはいませんよね。でも、皆さんも、メディアを通じてあの大災害の状況を知ることで、家族旅行やイベントなどを自粛したわけです。

ということは、戦争や災害でどれほど多数の犠牲者が出たとしても、メディアが社会に広く知らせなければ、自粛も起こりえないことになります。ルワンダの悲劇も、日本を含む世界のメディアの関心が低く、世界から「黙殺」されたとすら言われていますが（伊藤　一九九四）、同じ日本国内で大地震によって数千人もの犠牲者が出たにもかかわらず、ある事情によってメディアがまったく報じずに隠蔽されたこともあります。

受講生I　メディア業界で一斉ストライキが起こった？

平山　正解ではないですが、面白い予想ですね！　たしかに、もしそんなことが起こったら、どんな大きな出来事も国民は知ることができませんね。ほかの意見は？

受講生Ｊ　戦争中だったから？

平山　そうです！　一九四四年一二月と翌年一月、中部地方で立て続けに震度七の大地震が発生しました。東南海地震・三河地震といいますが、数千人の犠牲者がでたにもかかわらず、戦時中だったために報道統制によって意図的に隠蔽されました〔木村　二〇一四〕。当然のことながら、この地震による自粛も起こりませんでした。

このように、メディアが大きく報じることが自粛ムード発生の重要な前提条件となります。ここで注意すべきなのは、メディアというものは、ただ単に事実をありのままに伝えるだけにとどまらず、メディアのあり方が現実に影響を与える、もっと言えば現実をつくりあげてしまうという側面があるということです。

たとえば、昭和天皇の重態の際は、病状がなかなか改善せず、いつまで自粛が続くかわからない状況となりました。テレビでは、明るく楽しい内容を含む番組が次々と別の番組に差し替えられ、国民に「これはただ事ではない」という強烈な印象を与えました。「ついにその日を迎えました」「コロリ」といった言葉まで自粛の対象になったほどです。ことさらにセンセーショナルに書きたてる過熱報道も生じて、社会の自粛ムードをエスカレートさせてしまいました〔亀ヶ谷　一九九三〕。このようなメディアのあり方にウンザリする人も当然いたわけで、行き過ぎた自粛を問題視して取材したある新聞記者は、取材相手から「新聞があれだけ書きたてれば、だれだって、これは大変な事態なんだと驚くんですよ。さんざん自粛するようにあおっといて、今度は自粛がいけないというのは、あんまりですよ」とブチ切れられたそうです〔朝日新聞社会部　一九八九、一九八頁〕。

ちなみに、こういう話をすると、「マスゴミは嘘ばかりですよね！」といった感想を書く人が必ずでてきます。マスコミの情報をうのみにしてはいけないというのは同意しますが、そういうことを威勢よく言う人にかぎって、ネット上のいいかげんな情報に飛びついて一方的な認識で凝り固まってしまうことが多いようです。出典をきちんと示す、誰が書いたのか明記する、といった責任ある情報発信をするということが大切なのであって、「マスゴミ！」とレッテルをはって自分が偉くなったかのように錯覚するのは、ずいぶんおかしなことだと私は思います。

五　娯楽産業は自粛にどう対処すればよいか?

平山　さて、自粛は、観光産業を直撃します。実際、東日本大震災後の自粛ムードによる宴会や旅行のキャンセルによって、被災地から遠く離れた愛知県のホテルが倒産した事例もあります（『朝日新聞』二〇一一年六月九日「蒲郡・三谷温泉　2ホテルが倒産」）。観光産業への就職を目指す皆さんにとって他人事ではないですよね。

ここからは、娯楽産業は、自粛ムードが生じたときにどうすれば生き残りをはかれるのか、あるいは影響を抑えられるのか、ということについて、さきほどみた自粛の歴史をふまえながら考えていきたいと思います。

匿名性

まず、昨年度のある受講生のコメントを手がかりにしましょう。

自粛と言いながら、実は、「こんなときに不謹慎だ!」と世間から非難されるのが怖くて、仕方なく遠慮しているだけではないか。純粋に自分の意志で自粛する人は少ないと思う。

これは自粛ムードの本質をついていると思います。実は、そのことを示す歴史的な事実があります。

私はこれまで初詣の歴史について研究してきたので〔平山 二〇一五〕、戦前の正月の行楽・レジャーの状況について調べてみたことがあります。すると、日中戦争以前にも正月の行楽が自粛されたことが三回あることがわかりました。明治天皇が亡くなった翌年の一九一三年、関東大震災が起こった翌年の一九二四年、そして大正天皇が亡くなった翌年の一九二七年、この三回です。絶対的な存在であった天皇の死去、あるいは大災害による多数の犠牲をうけて国全体で喪に服すことになり、例年通りの楽しいお正月ではなくなったのです。ところが、せっかくの正月休みに自宅でじっとしていられる人ばかりではありません。面白いことに、この三回の正月は、都会の盛り場と、郊外の神社仏閣での初詣が、例年にない異様な賑わいをみせました（『大阪朝日新聞』一九二三年一月一日「元旦の市中」、『東京日日新聞』一九二四年一月二日「初詣客で大賑ひ」、同一九二七年一月四日「ホク〳〵の鉄道　初まうでに温泉行に　近年にない景気」）。これはつまり、自宅周辺では「平山さんはこんなときに羽目を外して不謹慎！」などという噂がたつおそれがあるので、どこの誰だかわからなくなる匿名性の高い群衆のなかへ娯楽を求める人々が殺到したということです。

匿名性と言えば、昭和天皇が死去したあとにも興味深いことが起こりました。日本全国が喪に服す期間となって、あらためて社会全体が自粛ムードに包まれたのですが、一方で、普段ではありえないほどにお客が殺到したお店がありました。お父さんやお母さんなどから聞いたことがある人はいませんか？

受講生K　父に聞きましたが、レンタルビデオ店に客が殺到して、在庫がほとんど空っぽになったそうです。

平山　そうなんです。どのチャンネルも似たような内容の特別番組ばかりになって、退屈した人々が他のコンテンツを求めたという面もあったでしょう。でも、テレビに飽きたのなら、外に遊びに行ったってよいはずです。でも、多くの人々がそうしなかった。それは、もし外に遊びに出かけると、どうしても人目についてしまいます。それよりは、ビデオを借りて自宅で人目にふれずに楽しむ方が、はるかに無難ですよね。これもやはり自粛ムードのなかで娯楽への欲求が匿名性でカムフラージュされた事例と考えてよいと思います。

バッシング回避の名目づけ

ところが、困ったことに、皆さんが就職を目指す観光産業というのは、人々が自宅の外に出なければ成り立ちません。たとえ人目にふれたとしても非難されないための工夫は何かできないものでしょうか？　何かアイデアはありませんか？

受講生L　戦争や災害では、多数の犠牲者が出ます。その人たちのための「祈り」を目的としたツアーはどうでしょうか？

平山　良い発想ですね！　実は、これには歴史上の実例があります。日中戦争後、戦地で亡くなった人々が祀られる靖国神社に全国各地から参拝しに行く人が増えました。旅行業界はこの動向を活用して、靖国神社参拝ツアーを行いました。ただし、靖国参拝が目的とは言いながらも、せっかく東京に行くのだからということで「〔参拝の〕翌日は自由行動、御親戚のお宅へお立寄りなさるなり百貨店で買物なさるなり各自のプランを遂行なさつて」くださいと、旅行気分を楽しむ時間もしっかりと設定されていました（『旅』一五—一、一九三八年一月、五頁）。

ちなみに、「祈り」ということで言えば、戦争のときは、戦地で亡くなった人々の慰霊とは別に、とても重要な「祈り」の名目が生まれますよね？

受講生M　戦争に勝つこと！

平山　そうです。国が勝つことを願う「戦勝祈願」、自分の家族や知人が戦地で活躍することを祈る「武運長久」といった言葉が使われましたが、こういった名目の旅行であれば、非難されるどころか、むしろ殊勝であると称賛すらされます。実際、日中戦争の自粛ムードのなかでむしろ参拝者が激増した神社もあります。三重県にあるとても有名な神社なのですが、わかる人はいますか？

受講生N　伊勢神宮でしょうか？

平山　その通りです。戦後撤去されましたが、伊勢神宮は境内に日清・日露戦争の戦利品を展示するなど、戦勝祈願と深く結びついた神社でした。皆さんは「聖地」という言葉を知っていますよね。これはもともと「イスラム教の聖地メッカ」のように宗教的な意味でしたが、最近ではアニメやゲームの舞台となった場所をめぐる「聖地」巡礼が注目をあつめています。でも、戦争中の日本では、伊勢神宮のように皇室とゆかりが深い神社を「聖地」と呼んで、この「聖地」に「戦勝」や「武運長久」を祈願しに行くことを名目にすれば、堂々と旅行することができました（高岡 一九九三、平山 二〇一六）。図2は、伊勢にアクセスする私鉄が化粧品メーカーとコラボして伊勢神宮への「武運長久祈願」を呼びかけている広告です。

このほかにも、戦争とマッチした名目づけに成功して、観光客がむしろ増加した場所があります。ここで意外な歴史を一つ教えておきます。国民全員の健康増進を主な目的として、一九三八年、ある新しい省が誕生しました。省庁再編によって今は別の名前もくっついていますが、何省だかわかりますか？

受講生○　厚生省！

平山　正解！　現在は厚生労働省となっていますね。さて、国民の健康増進を目指すというのはとても良いことのように見えますが、この厚生省の設置を提唱したのは、実は……陸軍なんです（注—例年この瞬間に受講生たちの「食いつき」が全講義回のなかでもっとも強くなる）。総力戦体制の確立を目指す陸軍が、少しでも多くの国民が健康な体で戦争に貢献できるようにするために、厚生省の設置を必要と考えたのです。初代厚生大臣は「（国民の）自己の身体は自分だけのものでなく国家のものである」と言っています（藤野 二〇〇〇、二一—二六頁）。数年前、ある飲料のCMで、幼稚園生くらいの息子が木梨憲武さんが演じる父親に向かって「パパひとりの身体じゃないんですから〜」と言っていました。これは家族愛が感じられて微笑ましいのですけど、国家が「おまえだけの体ではないのだ」と言い始めると、ずいぶんと印象が違ってきますね。

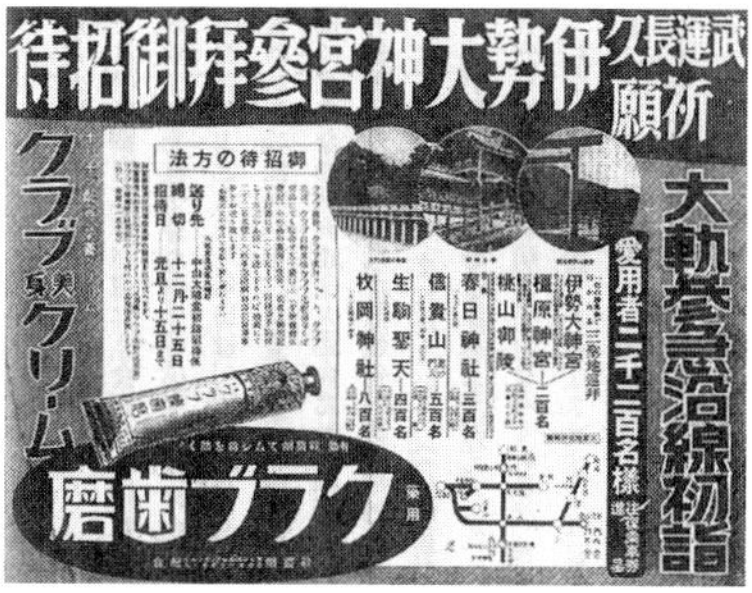

図2　大阪電気軌道・参宮急行電鉄（現・近鉄）と中山太陽堂のコラボ広告（『大阪朝日新聞』昭和12年12月21日）

この厚生省の設置とともに、全国で国民の健康増進のための「厚生運動」が展開されるようになりますが、そこでさかんに活用されたのが「鍛錬」という言葉です。単なる旅行ではなくハイキングや登山のような運動を含めることで、「遊びではない。鍛錬なんだ！」と正当化できたわけですね。たとえば有名な北アルプスは、この時流にのって、戦時中にもかかわらずむしろ登山客が激増しました（高岡 一九九三）。

さて、戦争の話はこのくらいできりあげて、次は、災害や天皇の重態・死去のときに、世間から非難されずに観光集客を継続する工夫について考えましょう。何かアイデアがある人は？

受講生P　災害であれば、ボランティア活動を組み込んだツアーはどうでしょうか？

平山　なるほど。ボランティア活動は、一九九五年の阪神・淡路大震災で注目されるようになったことから、この年は「ボランティア元年」と言われています。東日本大震災やつい最近の熊本地震でも大勢の人々がボランティア活動に携わりましたね。ただ楽しむだけの旅行ではなく、無理のない範囲でボランティア活動に参加する内容を組み込んだツアーであれば、自粛ムードでも心理的な負担はかなり軽減できますよね。実際、観光とボランティアを組み合わせたツアーはすでに実施例があります（『朝日新聞』山梨版二〇一一年八月八日「震災ボランティアと観光、二泊三日のツアーいかが」）。

ところで、全国各地の観光では、花火大会のようなイベントが集客に重要な役割を果します。華やかさをともなうイベントは、自粛ムードの際にはどうしてもやりにくくなるものですが、これはどうにかならないでしょうか？　何かアイデアはありませんか？

受講生Q　見た目は華やかだけど、実は慰霊の気持ちをこめているということはないでしょうか？　私は長崎出身ですが、精霊流しやお盆のお墓参りは爆竹をたくさん鳴らしてとても賑やかです。でも、ふざけているのではなく、亡くなった御先祖さまたちのために賑やかにやっているつもりです。

平山　とても良い指摘をしてくれました。そうです、そもそも「慰霊は厳粛に」というのが一つの思い込みかもしれないのです。たとえば、花火と言えば東京の隅田川花火大会が有名ですが、もともとは江戸時代に飢饉や疫病で亡くなった人々の慰霊のために始められたものです。同じように、盆踊りにも慰霊の意味がこめられています。

実は、これに関連してとても意外な歴史的事実があります。毎年八月になると各地で厳粛な雰囲気の戦没者慰霊行事が行われます。私もQさんと同じ長崎出身なのですが、小学校では八月九日は夏休み中だけど登校日で、体育館で全校児童が原爆投下時刻の一一時二分に黙禱をさせられたのを覚えています。ところが、最近ある論文を読んで衝撃を受けました。なんと、戦後まもない頃の長崎の八月九日前後は、花火大会、仮装提灯行列、のど自慢大会など賑やかなイベントが目白押しで、同時期の広島の八月六日も同様だったというのです〔福間 二〇一二〕。どうやら、慰霊のときこそむしろ賑やかに……という江戸時代から続く感覚が、戦後しばらくはあったようなのです。これにかぎらず、高度経済成長の頃までは、現代の我々からは想像できないような「異世界」が日本中のいたるところに残っていたようです。それについては、宮本常一『忘れられた日本人』という名著がありますから、是非読んでみてください。

話を戻しますと、今の話は「伝統」を掘り起こして自粛回避のために活用するというアイデアにつながると思います。賑やかなイベントが「不謹慎だ！」と批判された場合に、「いや、ふざけているのではない。賑やかに慰霊を行うことこそ、日本の「伝統」なのだ」と正当化するというわけです。

このように、その時々の情勢に応じて、単なる娯楽ではない正当化の名目づけをすることによって、匿名性でカムフラージュすることができない娯楽産業でもバッシングを回避することができるのではないでしょうか。「伝統」のほかにも、消費をして経済を活性化させることが被災地にもプラスになるという意味をこめた「応援消費」という言葉が東日本大震災後に登場しました。ほかにもまだまだアイデアはあると思いますので、皆さん自身でも考えたり調べたりしてみてください。

当事者の声――新しいメディアの活用

平山　さて、自粛ムードの際は「〇〇に申し訳ない（と思わないのか！）」という声が多く聞かれるようになります。冒頭で家族旅行が中止になった体験をAさんが話してくれましたが、そのときのお父さんの言葉も「被災者に申し訳ない」でしたね。これに関連して、昨年度の受講生のコメントを紹介します。

震災後に「被災者に申し訳ない」と言って自粛が相次いだが、被災者の皆さんは、本当に自粛を望んでいたのだろうか。自分がもし被災者だったら、自分たちのせいでイベントが中止になったら、逆に申し訳ない気分になると思う。

つまり、「〇〇に申し訳ない」と人々が言うとき、肝心の「〇〇」さん本人の気持ちは、実は置きざりにされているのではないか、という問題提起ですね。

このことについて考える手がかりとなる事例があります。東日本大震災は三月に発生しましたが、そのすぐ後が春の花見シーズンでした。当時東京都知事だった石原慎太郎さんは、「桜が咲いたからって一杯飲んで歓談するような状況じゃないと思いますよ。少なくとも夜間、明かりをつけての花見なんて自粛すべきだと思っております」（『朝日新聞』二〇一一年三月三一日夕刊「お花見、都内自粛モード」）とかなり強いニュアンスで花見の自粛を主張しました。

ところが、その後まもなくしてユーチューブで公開されたある動画が、大きな反響を呼びました。これは、震災で被害を受けた東北の酒蔵の関係者たちが次々と登場して、自粛によって酒の消費量が減ってしまえば経済的な二次被害になってしまうから、ぜひ花見をしてお酒を飲んでほしいと主張する内容でした（『朝日新聞』二〇一一年四月六日「東日本大震災被災地・岩手の蔵元「遠慮せず花見して」ユーチューブに投稿」）。名指しはしていませんが、石原さんに対する痛烈な反論であったことは間違いありません。この動画が一つのきっかけとなって、「むしろ東北のお酒を飲んで花見をしよう！」というある種の「応援消費」のようなムーブメントが起こり、花見自粛に一定の歯止めをかけることができました。

ちなみに、昭和天皇の重態によって自粛ムードになったときも、「皇太子殿下がＮＨＫのテレビにお出になって、一言、自粛の行きすぎを中止するようおっしゃったらたちどころに解決するのではないでしょうか」〔朝日新聞社会部一九八九、一二四頁〕という新聞投書がありました。天皇の代理である皇太子の声を直接国民に届けることで、自粛ムードの高まりを抑制できるのに……ということですね。

このように、「〇〇に申し訳ない」という声が高まるとき、それを沈静化させるために、「当事者の声」を発してもらうというのは、一つの切り札になるかもしれません。自粛はテレビなどのマス・メディアによって過熱しがちですが、現在では動画サイトやＳＮＳといった誰でも発信できる新しいメディアが普及しているので、これをうまく活用すれば、自粛のスパイラルに一定の歯止めをかけることができるのではないでしょうか。

時期を区切る

平山　最後のアイデアにいきましょう。昨年度受講生のコメントを紹介します。

自粛は「いつまで続くかわからない」というのがいちばん困ると思う。災害で犠牲者がでた場合に国民が喪に服すために一定の期間自粛するのはわかるが、ズルズルと先行きが不透明なままで自粛をするべきではない。

本当にその通りだと私も思います。天皇死去の場合は服喪期間が政府から公表されますが、それ以外の自粛は、なかなか終わりが見えない場合が多く、娯楽産業で生計をたてている人々にとってはこれがもっとも厄介な問題となります。たとえば大災害の発生後であれば、「自粛は期間を決めて、心をこめて」といった方針を政府やメディアが社会に発信できれば、このような不安はずいぶん軽減されるでしょうね。

ただ、天皇の重態の場合はどうでしょうか？　明治天皇、大正天皇の場合は重態による自粛期間は比較的短かったのですが、昭和天皇はいつ亡くなるかわからない状態が長引いて自粛が異例の長期間になりました。こういう場合は「もはや仕方ない」と国民はあきらめるしかないのでしょうか？

受講生R　最近、天皇陛下の生前退位が議論されています。天皇がお元気なうちに生前退位が実現すれば自粛は起こらず、それどころか「天皇陛下お疲れ様でした！」と日本全国でお祝いムードになると思います。

受講生S　生前退位が実現したら、観光業界でも「御退位記念!!　天皇皇后両陛下の足跡をたどるツアー」のような企画ができるのではないでしょうか。

平山　お二人とも、最近のニュースをおさえたうえでの斬新なアイデアですね！　現在の天皇自身も、昭和天皇が危篤になったときのような状況が生じることへの懸念が、生前退位を望む一つの動機になっているようです〔『朝日新聞』二〇一六年八月九日「皇室制度と皇室典範　天皇陛下お気持ち表明」〕。皇室制度というものは観光産業の意向だけでどうこうできるものではありませんが、もし生前退位が実現すれば、天皇関連での自粛長期化というリスクはずいぶん軽減されて、経済の活性化すらもたらされそうです。観光産業の立場としてはぜひ実現してもらいたいですね。

さて、そろそろ時間です。皆さんが熱心に講義を聴いていろいろとコメントしてくれたおかげで、とても充実した講義になりました。ありがとうございます。「昔のことなんか学んで何か意味あるの？」なんて思っていた人も多いと思いますが、過去の歴史について知ることは、自分にとって身近なことについて考える手がかりになるのだとわかってもらえたら、とても嬉しいです。

それではまた来週にお会いしましょう。

〔付記〕　熱心に講義を聴き、講義中の発言やリアクション・ペーパーのコメントで講義の活性化に貢献してくれた、九州産業大学商学部観光産業学科の学生諸君に、心から感謝いたします。

参考文献

朝日新聞社会部　一九八九『ルポ自粛　東京の一五〇日』朝日新聞社
伊藤正孝　一九九四「ルワンダの悲劇　メディア、援助国が黙殺」『朝日新聞』一九九四年四月二〇日
亀ヶ谷雅彦　一九九三「自粛現象の社会心理」『学習院大学大学院政治学研究科政治学論集』六
木村玲欧　二〇一四『戦争に隠された「震度七」』吉川弘文館
高岡裕之　一九九三「観光・厚生・旅行――ファシズム期のツーリズム」赤澤史朗・北河賢三編『文化とファシズム』日本経済評論社
平山昇　二〇一五『初詣の社会史――鉄道が生んだ娯楽とナショナリズム』東京大学出版会
平山昇　二〇一六「「体験」と「気分」の共同体――戦間期の「聖地」ツーリズム」塩出浩之編『公論と交際の東アジア近代』東京大学出版会
福間良明　二〇一一「「広島」「長崎」の論争とローカル・メディア」『メディア史研究』二九
藤野豊　二〇〇〇『強制された健康』吉川弘文館
宮本常一　一九六〇（一九八四）『忘れられた日本人』岩波文庫

コラム 3

映画の歴史、映画と歴史

金山泰志

日本の娯楽を語る上で、映画は欠かすことのできない存在だ。映画が日本に到来してはや一二〇年が過ぎたが、その歴史をひもとくと日本上陸からわずか数十年で映画は娯楽の王者にのぼりつめたことになる。

戦前の映画には、ニュース映画や文化映画など様々なジャンルがあり、その多様さも映画の大きな魅力の一つであったが、主力商品はお笑い・活劇・恋愛・義理・人情などを扱った娯楽映画（劇映画）であった。人が生きていく上で、娯楽が重要であるのは今も昔も変わらない。政府による映画統制が始まった昭和戦時期においても、人びとは数少ない娯楽としての娯楽映画を支持し、「芸術的で高尚な」国策映画を好んで見ようとはしなかった（古川二〇〇三）。

戦後、テレビやビデオといったニューメディアが登場すると、日本映画は衰退の一途を辿ることになる。最近のネット文化の隆盛と娯楽の多様化も踏まえると、戦前のごとく映画を娯楽の王者と考える人はまずいないであろう。その一方で、日本の新たな国際商品「アニメ」の登場により、映画が再び注目されるに至っているのは興味深い。国民的アニメと称されるジブリ作品だけでなく、二〇一六年にヒットした「君の名は。」（新海誠監督、東宝）など、日本アニメの持つ力には目を見張るものがある。現在の映画もまた、ラジオなどと同じく娯楽メディアとしての機能が特化しつつあるのだろう（パーソナル化、サブカルチャー化）。娯楽としての映画は死んでいないのである。

娯楽を語る上で映画が欠かせないように、映画を語る上で欠かせないものといえば映画雑誌である。『キネマ旬報』（キネマ旬報社）や、『SCREEN』（近代映画社）といった有名な映画雑誌であれば、一度は耳にしたことがあるかもしれない。多くの人は、新作情報や公開作品の評判、映画スターのグラビア・インタビューなど、映画に関する様々な情報を欲して映画雑誌を手に取る。映画雑誌は同時代的には映画をより楽しむための補助的ツールである。しかし、そのような娯楽メディアとしての側面がある一方で、歴史を考える上で大変貴重な史料としての側面も映画雑誌は有している。

前述の『キネマ旬報』は、一九一九年に創刊され現在も刊行が続いている長い歴史と伝統を誇る映画雑誌である。戦前の誌面にも、洋画と邦画の荒筋紹介や批評、スティル写真などが掲載されており、日本の映画史を学ぶ上で重要な一次史料であることは言うまでもないだろう。特に日本の場合は、戦前・戦中の映画フィルムの多くが、関東大震災やアジア・太平洋戦争の惨禍の中で失われている〔板倉 二〇〇九〕。そのため、戦前の映画雑誌は映画フィルムが存在しない作品を知るための貴重な情報源となっている。

史料としての映画雑誌の有用性は、歴史学から映画にアプローチする際に特に顕著となる。前述の『キネマ旬報』を例にあげれば、誌面には個々の映画作品の紹介・批評だけでなく、映画に関する論説、映画館の近況記事、読者投稿文や広告など、多くの情報が掲載されている。映画の内容だけでなく、映画をとりまく周辺状況も誌面からうかがい知ることができるのである。歴史学として映画を扱う上で重要な論点となるのは、映画に光を当てることで何を明らかにできるか、という点にある。すなわち、個々の作品分析のみに留まらず、当時の社会状況との関連の中で映画を捉えることが重要となるのである。

試みに、一九一九年にアメリカで公開された「散り行く花」という無声映画を見てみよう。ロンドンの貧民窟を舞台に中国人青年と貧しい西洋人少女の儚い恋と死を描いた悲劇で、アメリカ映画の父といわれるD・W・グリフィスの名作である。日本でも一九二二年四月二日の有楽座で上映されており、四月一日号の『キネマ旬報』で荒筋が紹介されている。この作品は日本でも話題になり、映画雑誌でも当該作品にふれた記事が散見する。例えば、『キネマ旬報』一九二五年八月一一日号の森岩雄（映画評論家）の論説では、「散り行く花」が持つ「東洋的な香気、色合」が「世界人の興味をそそるに十分なものである」と述べられている。映画で味わえる異国情緒といったものが、テレビもネットもない当時において、大きな魅力の一つであったことがわかる。映画の魅力やヒット要因を探る上で大きな手掛かりとなる記事といえる。また、同誌一九二二年四月二一日号に寄せられた感想（「ブロークン・ブロッサムス私評」）には、登場人物の中国人青年について「ピストルを握りながら勝利の予感に気味の悪い微笑を見せる所等は最もよく支那人が性格を表現して居る」と述べられた箇所がある。つまり映画で描かれる中国人の姿には、当時の日本人の一般的な中国観が露骨に表れているのである。「散り行く花」以外にも中国人は洋画・邦画を問わず数多くの映画に登場する。これらを総体的に検証すれば、映画から近代日本の中国観を実証的に把握することも可能となるだろう〔金山 二〇一五〕。

以上のように、映画作品の分析のみを研究の主眼としない歴史学研究において映画雑誌の史料的価値は高い。戦前の映画雑誌の多くは『キネマ旬報』に代表されるように復刻版がでており、国会図書館などに行けば閲覧も可能である。研究者でなくとも、映画雑誌という一次史料を通して映画の歴史を楽しむことができるだろう。

この歴史を楽しむという視点から、最後に歴史映画についてふれておきたい。古代史から戦後史まで、日本の歴史を題材とした作品は数多く存在する（先の戦争をテーマに作られた「戦争映画」に関しては独立したジャンルとして捉える必要があるだろう）。

注目すべき作品は、奈良時代の大仏造立をテーマにした『大仏開眼』（衣笠貞之助、一九五二年）と、森鷗外の有名な原作小説を映画化した『山椒大夫』（溝口健二、一九五四年）である。前者では歴史研究者の北山茂夫が、後者では林家辰三郎が、映画の歴史考証に協力・助言を行っている。両作品が公開された一九五〇年代は、従来の歴史学研究のあり方が批判され、研究成果を広く一般に普及させる工夫が模索されていた時代であった。そのような状況の中で、映画というツールが注目されていたのである〔京楽 二〇一〇、二〇一四〕。

映画で歴史の全てが学べるわけではないという点には留意する必要があるが、歴史学の知見が活かされた映画を通じて、歴史を知り興味を抱くこともあるだろう。まさに歴史学が社会に活かされている好例ともいえる。「映画から歴史を学ぶ」⟷「歴史を深く知ることで映画がより楽しくなる」という双方向性に、映画と歴史学の協同の可能性を見出すことができるのである。

参考文献

板倉史明　二〇〇九「フィルム・アーカイブにおける映像資料の保存と復元――歴史学にとっての映画」『歴史評論』七一五
金山泰志　二〇一五「大正期の映画受容に見る日本の中国観――映画雑誌を素材に」『ヒストリア』二五一
京楽真帆子　二〇一〇「時代劇映画と歴史学研究の邂逅――溝口健二と林屋辰三郎」『人間文化』二六
京楽真帆子　二〇一四「歴史学と映画――『大仏開眼』と北山茂夫」『人間文化』三五
古川隆久　二〇〇三『戦時下の日本映画――人々は国策映画を観たか』吉川弘文館

6

I　楽しむ——カルチャーからエンターテインメントへ

文学・大河ドラマと歴史学

小川和也

一　歴史小説の読者は何者なのか?

わたしの研究庭園《フィールド》は、歴史学界《アカデミズム》の隅っこも隅っこ、俗界にちかい縁《へり》にある。いかにも素人《アマチュア》じみた、ちいさな庭園だが、そこがぎりぎりの、わたしが生きる小天地である。学界の端っこにある以上、この庭園、すでに体系的でない。もし、ここから何やらいうとすれば、たとえくだらなくとも、せめて地に足をつけて、個人的な原体験から出発するほかはない。

わたしの歴史研究の出発点ともいうべき修士論文の主題は、戊辰戦争における越後長岡藩の武装中立、それを画策した家老・河井継之助の思想であった。当時、おなじ専攻に所属する大学院生をあつめて、修士論文構想の合同発表会があった。わたしは参考文献に、河井を主人公とした司馬遼太郎の歴史小説『峠』をあげていた。河井継之助という人物像の造形に多大な影響をあたえたのは、なんといっても、『峠』である。「先行研究」としてではなく、この像《イメージ》を俎上に載せたかった。すると、それが問題視された。歴史研究に小説はよろしくない、ケシカラン、というわけである。

（なぜだ？　何がいけないのだ？……）

歴史学界《アカデミズム》と社会の間に分厚い壁があるのを感じた。

もともと学界には歴史小説や時代小説を低く見て、相手にしない風潮があるのではないか。で、相手にする場合は、小説にはロクなことが書いてないから批判して、読者を「正しい」歴史認識にみちびかねばならぬ、という使命感？があるような気がする。以下、話を司馬文学にしぼって論じてみよう。

司馬文学への批判は、たとえば、①英雄史観で、民衆、あるいは、階級が描けていない。②史実と異なる点、実証性にかんする疑義。③明治を「明るい時代」として描いている。④日露戦争を祖国防衛の「国民」戦争とし、一兵士の視点がない……などなど。

まず、こうした批判は、すべて「正しい」といわねばならぬ（たとえば、〔中村 二〇〇九〕）。問題は、それらが作品《テキスト》の内容からみちびきだされたもので、司馬文学が、どのように読まれているのかという、読書・読者の視点が欠落していることである。いったい、大衆小説の読者とは何者なのか？

戦後歴史学には、戦前の天皇制軍国主義を阻止できなかった反省から、反戦平和と民主主義の実践をめざす運動の側面がある。すなわち、「たたかう歴史学」。その運動の担い手は大衆にほかならない。大衆への信頼なくして、その担い手として期待することはできない。大衆文学の読者は大衆である。はたして、大衆は司馬文学を読むと「司馬史観」に染まるのだろうか？　たとえば、英雄史観にかんしては、斎藤駿の次のような鋭い指摘がある〔斎藤 一九七四〕。

個人をクローズアップする司馬史観は英雄崇拝主義であるという一方の側からの批判に対しては、英雄崇拝主義とうらはらのかたちで司馬文学の中にある、お前はいったい歴史にどう参加しているのかといった個々の主体性への問いかけを抽き出してきて対応させるべきだろう。そうすると、個人ではダメだ、階級だという主張の方にこそ、どことなく個人一人一人の歴史への主体性を解消してしまう気安さみたいなものがあり、そこからかえって自分の主体性を特定の個人にあずけてしまう個人崇拝主義が発生してきたりもする（傍点・傍線は引用者。以下同様）。

司馬文学の英雄は、『竜馬がゆく』のように、ただひとりで歴史を動かしてしまう。読者は、竜馬にあこがれる。それは、英雄崇拝を生むが、他方、自分も竜馬のように歴史を動かしてみたいという、歴史的意欲が引きだされるような読み方があるだろう、という指摘である。ここで目覚めた大衆の歴史的意欲は、戦後歴史学がめざしてきた、歴史創造の担い手たる主体性と異なるものなのだろうか。

二　歴史的時間と日常の時間をダブらせる

歴史的時間は繰りかえさない。人間の一生もまた。繰りかえさないから貴重なのだ。唯一、繰りかえす芸術があるとすれば、それは、映画・映像である。美学者の中井正一は、あるニュース・フィルムについて、次のようにのべている（中井 一九七五）。

フィルムが撮った一画面の中の、群衆の甏れている一人を私たちが見ている時、私が見ている一黒点は、その涯《はて》をたどるならば、現像、撮影、すなわち物質的手続きを貫いて、実はじかにその横たわっている一人の人間に私の眼は連続しているのである。

それは歴史的な聖なる一回性に、私は時を隔てて、再び連続していることを示すのである。

映画による「時間の再現」に、観客が「個人の時間をダブらせる」。歴史的な「聖なる一回性」と、個人の「聖なる一回性」が、あざなえる縄のごとくまじわる。このとき、人間の意識の奥にある切実な願い、「歴史感を撃発」される。それは、「この人間生活がはたして正しく導かれうるのか」という、苦悩に満ち満ちた歴史的嘆息である。歴史に参加せんとする主体的な欲求は、こんな嘆息を源泉にしているのではあるまいか。

実は、戦後の歴史小説でも、この時間の重なりに似た現象がある。そこで重要になってくるのが、「日常性」である。たとえば、司馬文学の『国盗り物語』『新史太閤記』などで豊臣秀吉が登場する。司馬は、どのようにして、秀吉像を創造したのだろうか。

日常性というのは人間の持っている万古不易のものですからね。たとえば秀吉も私たちも、同じようにご飯をたべている。晩年の秀吉は、多くの老人がそうであるように好物は少年のころのたべものでした。とくにおカキは大すきだったらしいですね。火鉢をひきよせて自分であぶりながら食べたのか、侍女かなにかに焼かせたのか、そこまではわかりませんが、……こういう事柄は、それによって歴史解釈に関係ができてくるわけではありませんが、秀吉という人物が、記録のなかから肉体感を帯びてあらわれてくることは確かです〔司馬 二〇〇七〕。

「日常性」は「万古不易」。つまり、時代が変わっても、人間の日常生活には共通性・普遍性がある。そこから過去の人物に親しみを感じ、「肉体感」が生まれる。この日常性は、たとえば、NHKの大河ドラマ作法にも共通する。

東海道新幹線は、東京五輪開催にあわせて、一九六四年一〇月一日に開通した。大河ドラマ第三作は《太閤記》(原作・吉川英治)である。放映開始は、翌年一月三日。視聴者をアッ！といわせたのは、その冒頭に、開通して間もない新幹線が登場したことである。東京駅から東海道を疾走する新幹線は、やがて京都へ至り、豊国神社、そして、緒形拳扮する豊臣秀吉につなぐ。

テレビ時代劇では、その時代に存在しない、送電線や飛行機などの映りこみはタブーであり、神経をとがらせる。そこを《太閤記》では逆手にとり、現在の日常性を新幹線ひかり号に満載して、過去につなぐ。日常性を歴史的時間につなぐ。つないだものは何か？　それは視聴者の意識である。

この手法は、当時「タイム・マシーン的方法」とよばれた。この手法を編みだしたのはチーフ演出家の吉田直哉であった。吉田は、今川義元役に三國一朗を起用し、つぎのように語っている〔吉田 一九六五〕。

　時代劇の人物だって、のべつ緊張していたわけじゃないでしょう。……日常生活というものはあったはずです。その「日常性」を歴史上の事件と同格におくわけです。……今川義元ってのはふつう悪役ですが、悪役ほど人間味を出そうというので、三國さんをもってきてユーモラスな味をねらったのです。

戦闘に明け暮れる戦国武将の「緊張」に「日常性」を対置する。そこに「人間味」「ユーモラスな味」が生まれるという。この喜劇性は、じつは、第二次世界大戦からの敗戦解放の大衆意識につながっている。

戦前・戦中の日本は、「大東亜共栄圏」と「現人神」という大虚構で覆われていた〔小川 二〇〇六〕。その虚構のなかでの英雄は、皇国史観に彩られた楠木正成や軍神である。この英雄は仰ぎ見られるべきもので、笑いを許さない。軍国主義の精神とは、けだし、硬直した精神にほかならない。敗戦により日本国民は、この虚構と硬直した精神、国家の呪縛から解き放たれた。喜劇性はここにつながっている。

三　時代考証と日常性

映画・映像における過去の視覚化において、欠くことができない作業は時代考証である。これは、近現代から遠い過去ほど、史料が少なくなり大変だ……と考えがちだが、そうではない。たとえば、ヒロシマ。原爆投下直後、詩人・原民喜は、超現実派の絵のように捩《ねじ》けた空間に、死屍《しし》累々《るいるい》たる街をさまよい歩き、

　アカクヤケタダレタ　ニンゲンノ死体ノ　キメウ《（奇妙）》ナリズム
　スベテアツタコトカ　アリエタコトナノカ

パツト剝ギトツテシマツタ　アトノセカイ

とうたった〔原 二〇一五〕。「パノラマノヤウニ」パッと剝ぎ取られたのは、そこに直前まで暮らしていた人々の日常である。二〇一六年一一月に封切られた映画《この世界の片隅に》は、戦時下の広島と呉を舞台にしている。原作も映画も、高く評価されたのは、原爆と空襲で剝ぎ取られた日常を忠実に復元し、視覚化したからである。

そもそも日常の再現がむずかしいのは、日常は空気のようなもので意識されないからである。たとえば、近代史研究者の石居人也は、足尾鉱毒事件を題材にした《足尾から来た女》（NHK、二〇一四年）の時代考証を担当した。その感想を、

「文献による歴史研究では気にならないことに気づかされた」

と語った〔石居 二〇一五〕。いったい、どんなことに気づかされたのか。それは、たとえば鉱毒で汚染された芋は、どんな具合か？　土に銅廃棄物が混ざると、どんな色になるのか？……など。もっとも印象的なのは、谷中村の日常である。よく知られる鉱毒事件の谷中村の写真は、政府が強制破壊したあとのもので、それ以前の村の姿、すなわち、日常を知る史料が乏しい……。それは、なぜだろうか？

西欧では戦前からアナール派が民衆の日常、生活文化を研究対象とし、戦後、ブローデルの金字塔『日常性の構造』を生むにいたる。また、ギンズブルグの『チーズとうじ虫』を筆頭に、日常生活を研究するミクロヒストリアの潮流もある。一方、日本では、「人民闘争」を掲げた戦後歴史学において、「人民」の日常性はながらく等閑視された。日常へ関心を示す文化史・社会史が盛んになるのは、いまやなつかしい「冷戦」終結後のことである。

戦後歴史学はマルクス主義の体系理論《グランドセオリー》により、歴史がどのように発展するのか、その法則性を明らかにすること、また生産関係と生産力の発展、国家・経済・政治・権力の構造を分析して、権力対人民の階級闘争の歴史を描いてきた。それを象徴するのが百姓一揆研究である。この研究潮流が、支配され忍従する百姓像から、たたかう百姓像を描

きだすことに成功し、大きな成果をあげたことはいうまでもない。研究が「闘争」に集中すれば、それは反面、民衆の日常性への関心を希薄にしていく過程ということになる。

生死をかえりみない勤皇の志士でもあればともかく、日々、闘争に血道をあげている民衆は少ないし、毎日が闘争では身がもたない。民衆とは、なによりもまず生活者である。大切なのは闘争か日常か、ではなく、その関係性にある。政治運動に持続性をもたせていくヒントもそこにあるだろう……ということに、戦後歴史学者が気づかなかったわけではない。

百姓一揆研究の旗手であった青木美智男は、戦後歴史学の史料分類について、敗戦直後の研究水準と問題意識、つまり「民主化」という課題意識が反映しているという。土地・経営・触書など政治経済に関する史料の分類・収集には熱心だが、民衆の日常に関する史料は重視されず、「雑」の項目に分類され、はねのけられてしまった、とする〔青木 一九九九〕。過去の遺産である史料はすべて平等の価値をもつ。「雑」という分類は、ある研究視角からのもので、本来は存在してはならない。青木は一揆研究と同時に「雑」にもとづく生活文化を追究し、化政期を中心とする庶民文化論を確立する。

四　歴史学の大衆化

「民衆闘争の思想」と同時に、「日常的な生活規範」、すなわち、勤勉、倹約、謙譲、孝行といった「通俗道徳」を追究したのは安丸良夫である〔安丸 一九九九〕。いまや安丸民衆史は不動の位置を占めるが、一九六〇年代の歴史学界の空気はそうではなかった。小澤浩によれば、「安丸は自分の物語を押しつけている」とか、「安丸の歴史学は文学的」だ、という批判があった〔小澤 二〇一六〕。歴史学の論文に、物語性や文学性があることは、フトドキ千万、批判の対象となるのである。この空気はいまも変わらないのではないか。

論文に虚構《フィクション》があってはならない。そのとおりだ。肝心なのは、文学は虚構の小説だけではないということ。たとえば中国では一三世紀にいたるまで、虚構文学は登場しない。歴史文学は伝記が主流である。西洋においても虚構文学が主流になるのは一九世紀以降である。中国や西洋では、歴史叙述は文学にふくまれる。

この点で、『明治文学全集』（筑摩書房）全一〇〇巻は画期的である。「文学」と銘打ちながら、小説は三分の一にすぎず、そのほかは明治史論集、福沢諭吉、中江兆民、田口卯吉、内村鑑三などの論説をふくむ。虚構の小説のみを文学とする狭義の定義は、私小説、文壇文学を「純文学」とよぶ日本独特のものである。『明治文学全集』のような広義の文学は言説の多様性であり、価値の多様性を意味するから、それは民主主義成立の条件である〔加藤 二〇一六〕。戦後においても、たとえば、虚構をふくまない中野好夫の『蘆花徳冨健次郎』も大岡昇平の『レイテ戦記』も文学なのである。

文学性のある論文もある。たとえば、丸山眞男の文章は、すぐれた政治学の論文であると同時に、劇的な文学性によって知的興奮をもたらす。またたとえば、内田義彦は、「作品としての社会科学」を提唱し、高度に隠語《ジャーゴン》化する術語をできるだけ排して、日常語を取り入れようとした。この「作品」は、文学性に通じるものだ。歴史学界の見当ちがいの文学批判は、つまるところ、ロクに文学を読んでいないことに由来するのではないか。

いや、虚構性じゃなくて、物語《ストーリー》性が問題なのだ、という意見もあるだろう。これに対しては、history と story は語源を同じくするという常識をだすまでもなく、そもそもなぜ、論文に物語《ストーリー》性があってはいけないのか。読者の目を意識すれば、あらゆる文章は物語性を帯びるはずである。

論文は、問題提起が半分である、という意味は、論文は謎解きであり、歴史学であれば、歴史上のどんな謎を解こうとしているのか、読者がわくわくする知的好奇心をそそられるような謎が提起されているか否か。その謎を史料で読み解き、解決していくのが歴史学の論文である。史料を証拠に置き換えれば、すぐれた歴史学論文は、すぐれた推理小説に近づくだろう。逆もまたしかり（なにをいってるかわからん、という人は、とりあえず、ウンベルト・エーコの『薔薇の名前』を読んでみてください）。

歴史学と社会との接点をさぐる。これは歴史学の大衆化の問題である。戦前、「人民統一戦線」模索のなかで、日常性の原理と歴史的時間の関係を追究した哲学者・戸坂潤は、「科学せんとする大衆がまず存在して、その上で科学の大衆化が必要となってくる」とのべている（戸坂 一九六六）。歴史学においても同様に、研究がまずあって、社会への還元やら、歴史学の大衆化が問題になると考えているとすれば、それは倒錯である。学問《アカデミズム》の権威か。いずれにせよ、歴史学せんとする大衆が存在しなければ、歴史学の大衆化・社会化などというものはない。大衆の自発的な意思を前提にしない大衆の組織化は、スターリン主義におちいる。

「日常性」は過去への扉であるとして、じゃあ、歴史小説や大河ドラマの「日常性」と、歴史学における「日常性」の探究はおなじなものなのか。これまでうっかりおなじように論じてしまったが、そこにはちがいがある。小説や大河のそれは、登場人物に親しみをおぼえて、感覚的に、ひょいっと時をとび越えてしまうような、魅力的だが危うさを秘めた「同化」作用がつよい。歴史学の場合はどうか。二節で引用した中井正一の文の傍線部に注目したい。そこには、「時を隔てて、再び連続している」とある。映画の場合、観客と映像のあいだに、カメラ、フィルム、現像、映写機という「物質的手続き」が介在している。歴史学の場合も、自分と過去のあいだに、史料という物質、モノが介在する。こいつ、研究者の思いどおりにならない以上、すでに「他者」である。「他者」認識をとおって過去へ接近することで、過去と現在の埋めがたい距離を意識し、「時を隔てて」連なっていることを自覚させずにはおかない。すなわち、こちらの過去への「同化」は、「異化」作用をともなうわけである。小説や大河と歴史学研究を、どう関連させていくか。もしかすると、このあたりに鍵《ヒント》がかくされているのかもしれない。

大衆文化とは娯楽である。だが、娯楽以上の何かがなければ、娯楽にすらならない。大衆文化は、学界と社会の間の壁にうがたれた窓と心得なければならぬ。たとえば、傑作大河ドラマ《真田丸》（作・三谷幸喜）で「負ける気がいたしませぬ」という真田信繁の顔。これこそ、歴史の見える眼と曇った眼を統一する見事な演技……。おや？ 迂闊にも、もはや紙幅の尽きんとするか。アカデミズムの「プロクルステースの寝台」に、アマチュアリズムの蟷螂《とうろう》の斧で挑んだものの、文学性のない文章とは、かくのごとく間尺にあわず、オチもないのである。

参考文献

青木美智男　一九九九『百姓一揆の時代』校倉書房（なお、この青木の「雑」史料論ともいうべき議論の原形は、一九七六「日本近世史研究と古文書」〈歴史科学協議会編『歴史科学への道』校倉書房所収〉である）

石居人也　二〇一五「時代考証学会　第五回サロン」（二月二一日、帝京大学霞ヶ関キャンパス）での報告

小川和也　二〇〇六『鞍馬天狗とは何者か』藤原書店

加藤周一　二〇一六「文学の役割」『夕陽妄語』1、筑摩書房

小澤浩　二〇一六「安丸良夫先生お別れの会」（五月二二日、一橋大学）での弔辞

斎藤駿　一九七四「司馬遼太郎の世界」『思想の科学』一一月号

司馬遼太郎　二〇〇七『手掘り日本史』集英社

戸坂潤　一九六六「科学の大衆性」『戸坂潤全集』第一巻、勁草書房、同「日常性の原理と歴史的時間」同全集第三巻

中井正一　一九七五『美学入門』朝日新聞社

中村政則　二〇〇九『『坂の上の雲』と司馬史観』岩波書店

原民喜　二〇一五「原爆小景」部分『原民喜全詩集』岩波書店

安丸良夫　一九九九『日本の近代化と民衆思想』平凡社

吉田直哉　一九六五「ばらえてい」『週刊朝日』三月一二日号

コラム ④

「聖地」化する史跡、文化財

植田真平

「歴女」ということばが、流行語大賞のトップテンに入ったのは二〇〇九年末のこと。今ではその響きはやや過去のものとなりつつあるが、かといって歴史ブームが退潮したわけではなく、むしろ性別にかかわらずライトな歴史ファンが社会に定着した感がある。

そうした動向を後押ししているのが、歴史を題材としたマンガやアニメ、ゲームなどの娯楽コンテンツであることは、周知のとおりである。「歴女」ブームの発端はアクションゲーム『戦国BASARA』（カプコン、二〇〇五年）にあったとされ、美形化された戦国武将たちが人気となったことで、歴史上の人物を中心に関心が高まった。近年では、『艦隊これくしょん―艦これ―』（DMM.com、二〇一三年）や『刀剣乱舞―ONLINE―』（通称とうらぶ、同前、二〇一五年）など、歴史上の兵器や武器を擬人化（美少女化・美男子化）したゲームも流行して、人物以外の歴史上の事物も多くの注目を集めている。これらは、アップデートやシリーズ後作の発売のほか、アニメ化やコミカライズ、そしてファンによる二次創作など多方面に展開しながら、いまなおその裾野を拡げている。

こうした歴史上の事象に仮託したファンタジー作品が、歴史ファン増加の一因となっている背景には、それらの作品が意外にも（といっては失礼だが、）歴史的事実を様々なかたちで作品に取り込み、設定やストーリーにちりばめている、ということがあろう。ファンタジーとのバランスは作品によりけりだが、作中にときおりのぞくそうした要素は、ファンの興味を歴史そのものの方へも向けているのである（なお、これらのコンテンツが有する歴史観などについては、本コラムでは言及しない)。

ファンと歴史とのかかわり方は様々だが、今回取り上げたいのは、ファンが作品所縁の地を巡る、いわゆる「聖地巡礼」だ。実在の場所が物語の舞台＝「聖地」としてファンを引き寄せるのは、娯楽コンテンツ全般にみられるが、歴史系コンテンツにおいても、現実の史跡、あるいはその他所縁の文化財までもがファンの間で「聖地」と化し、多くの「巡礼」者が現れている。その結果、自治体や地元観光協会によって、史跡や文化財は観光資源として見出され、あるいは見直されて、多分に後追い的ながら観光促進や地域振興の中核に位置づけられる。それにともなって史跡の整備が進むことも少なくない。

地域の資料館なども様々な取り組みを行ってファンの「巡礼」に応えている。なかでも、二〇一一年夏の備前長船刀剣博物館（岡山県瀬戸内市）の特別展「『戦国BASARA』HERO武器・武具列伝」と、二〇一三年春の土浦市立博物館（茨城県土浦市）の特別展「婆娑羅たちの武装――戦国を駆け抜けた武将達の甲冑と刀剣」は、いずれも『戦国BASARA』を発売したカプコンとの共催で、より直接的にファンをとらえにいったものといえよう。特に後者では、年間来館者数を更新したほか、館外でも市街地を中心に同作のスタンプラリーを連携企画し、市全体にファンを呼び込むことで地域振興の面でも成功を収めた〔國安 二〇一三〕。

『艦これ』や『とうらぶ』の流行後は、旧日本海軍の遺物等を展示する大和ミュージアム（呉市海事歴史科学館、広島県呉市）や、刀剣を出展した江戸東京博物館（東京都墨田区）の特別展（二〇一五年春の「大関ヶ原展」、昨冬の「戦国時代展――A Century of Dreams」など）がファンの間で人気を博している。また、徳川ミュージアム（茨城県水戸市）でも、『とうらぶ』で人気の刀剣「燭台切光忠」を期間限定で展示したところ、多くの『とうらぶ』ファンが訪れ、その後ファンからの寄付金で刀剣保存のための費用も集まったという（『産経新聞』二〇一五年七月二五日、『東京新聞』二〇一六年一月一一日）。館外活動の展開も大きなポイントで、同じく同作で人気の脇差「鯰尾藤四郎」などを所蔵する徳川美術館（愛知県名古屋市）は、昨年八月に『とうらぶ』と公式にコラボレーションして、大規模同人誌即売会コミックマーケットに初出展を果たしている。

このように、史跡や文化財は、歴史や文学史、美術史といったこれまでの文脈とは異なる文化活動のなかで、新たな価値を見出されてきている。歴史系コンテンツの流行にともない、歴史に対して興味を持つ人々が増え、これまでにない人や経済の動きが生まれたことで、結果的に文化財の修復や史跡の整備が進む。そうして、埋もれていた歴史が新たに注目、発見されるようになれば、歴史学の進展を促すことにもつながり得る。社会への還元という学問の責務を果たすのならば、こうした動向に応える新たな還元のしかたを考えていく必要もあるだろう。

しかし、こうした流れは、歴史学にとって諸刃の剣でもある。

石田三成の居城で知られる滋賀県彦根市の佐和山城跡は、「歴女」間での三成人気の高まりによって、「聖地」として注目されるようになったが、二〇一二年夏にはファンによる遭難事故も起きている。「聖地巡礼」が地元住民との摩擦などトラブルを生むことは、歴史系コンテンツに限ったことではないが、史跡やその他文化財には、私有地にあるものや個人所蔵のものが少なくない。それらの公開が、所蔵者の好意や利用者との信頼関係によっていることが忘れ去られれば、従来アクセスしてきた専門家や愛好家も、その手段を失ってしまいかねない。資料の非公開が学問に停滞をもたらすことは、いうまでもないだろう。

史跡が観光資源として消費されるリスクもある。兵庫県朝来市の竹田城跡は、歴史系コンテンツが発端ではないが、石垣が雲海に浮かぶ姿が一般に広く人気となり、多くの観光客を集めた。ところが、それによって城内にゴミのポイ捨てが増え、さらには遺構にテントのペグを打ち込む観光客も出て、問題となった。

問題は来訪者ばかりではない。同城跡は国史跡であるにもかかわらず、市が国に無許可で工事を行い、県教育委員会に中止を指示される事件も起きている（『神戸新聞』二〇一四年一一月一六日）。「文化財への理解が足らず……」という市担当者の話は、市が城跡を保護すべき文化財と見なしていなかったことを如実に表している。

文化財の損傷や損壊のリスクは、注目度に比例する。いたずらに秘匿すべきだとは思わないが、現代のファンだけでなく五百年後、千年後のファンも同じ文化財を楽しむことができるよう、専門家主導で利用や保護の指針を示していかねばならないだろう。

そしてもうひとつ、より歴史学に近い問題がある。というのも、ここまで歴史系コンテンツのファンと文化財とのかかわりについて縷々述べてきたが、「歴女」「歴男」（「歴女」の男性版、以下「歴女」に含む）の文化活動については、次のようなことが指摘されているのである。

「歴女」はスピリチュアリズムとの親和性が高く、彼／彼女らが歴史を学ぶのは、心を充足させ、人生の手本とするためであり、歴史的事実は必ずしも重要ではない。そして、「聖地巡礼」の目的は、歴史上の人物の存在を肌身で感じ、共感や一体感を得ることにあり、歴史に関する体系的な知識は必ずしも必要ではない、という〔今井 二〇一〇、三〇—三二頁、金武 二〇一一、八四頁、須川 二〇一一、五七—六一頁、佐藤 二〇一四a、八三頁〕。歴史に興味をもつ人が増えていながら、その背後では歴史学との乖離が進んでいるのである。

佐藤喜久一郎は、この「歴史の私事化」の行き着く先に、「歴女」と歴史学の対立を見ている〔佐藤 二〇一四b、一五九—一六一、一七二—一七九頁〕。「歴女」の描く自由な歴史像が歴史的事実に矛盾すると、それを生み出す歴史学の成果や蓄積は否定され、それらを生み出す研究者は、権威として攻撃の対象となるという。そして、佐藤は「研究者のなかには、「歴女」の登場で歴史研究の裾野が広がると楽観する見方があるものの、じっさいには、学問に無関心であったり、反発心を抱いたりする「歴女」が多い。そうした若者は善かれ悪しかれ、講壇的な歴史研究の権威を脅かす存在となる」と皮肉を交えて警鐘を鳴らす。

「科学的真理以外のどのような権威をも認めない」とは、歴史学研究会の綱領にも掲げられた科学のあるべき姿勢だ。だが、その歴史学が権威とされようとしている。この事実を、われわれはどう受けとめるべきであろうか。

参考文献

今井雅晴　二〇一〇「流行語「歴女」と「仏女」にみる現代社会の動き――大河ドラマ「天地人」「龍馬伝」から「阿修羅展」「親鸞展」まで」『親鸞の水脈』八
金武創　二〇一一「「歴女」の文化遺産観光」『京都橘大学研究紀要』三七
國安陽子　二〇一三「土浦市立博物館開館二五周年特別展「婆娑羅たちの武装――戦国を駆け抜けた武将達の甲冑と刀剣」」『筑波経済月報』二〇一三年八月号
佐藤喜久一郎　二〇一四a「歴女の聖地巡礼――歴女ブームにおける比喩の氾濫」『現代民俗学研究』六
佐藤喜久一郎　二〇一四b「博物館と新しい「歴史」ブーム」由谷裕哉・佐藤喜久一郎『サブカルチャー聖地巡礼――アニメ聖地と戦国史跡』岩田書院、一部〔佐藤二〇一四a〕に重複
須川亜紀子　二〇一一「「歴女」、聖地巡礼、ポップ・スピリチュアリズム――女性の戦国・幕末ブームを考える」『年報「少女」文化研究』『少女』文化の友』五
宮島智広　二〇一三「戦国時代ブームと戦国時代感のあり方」『信濃』六五―二

II　学ぶ——自ら考える教育の可能性

1 歴史教科書を学び捨てる

水村暁人

一 歴史教科書の現在

教科書採択をめぐって

歴史教科書の改訂があるたびに、新たにどのような内容が盛り込まれたのかをめぐり、国内外問わずさまざまな反応が起きる。教育現場に身を置く身でありながら、私はそれをどこか対岸の火事のようにとらえていた。

ところが二〇一五年、勤務校（私立中高）が「ある歴史教科書」を採択したことから、教科書問題を身近な事柄として引き受けざるを得なくなった。私学の教科書採択は、実際に接する生徒の姿を思い浮かべながら、あるいは自らの授業風景を想像しながら、生徒と教師にとって使い勝手の良い教科書を自らの手で選ぶことができるところに利点がある。今回も私は同僚と熟議を重ね、しかるべき手続きを経て教科書を採択した。

しかしこれに対し予想外の反応があった。学校外から反対の声が数多く寄せられたのである。採択した教科書が公表されてから、匿名のはがきや、記名はあるもののまったく同じ文面のはがきが大量に勤務校に届くようになった。どれも今回の我々の採択に異を唱える個人からの便りである。正直これらのはがきは、果たして我々の採択した教科書を読んだ上で書かれたものなのか疑わしいものばかりであり、現場として動じるほどのものではなかった[1]。しかしはがきの背後には、教科書採択を教師個人の思想信条によるものと断定する思考、あるいは生徒を教科書によって容易に教化される存在とみなす思考（生徒を教化の対象とする思考）が透けて見えた。それに対する違和感が本章の出発点である。

歴史教育の内省

歴史教科書問題といえば、二〇〇一年の扶桑社版『新しい歴史教科書』（以下、その後身である育鵬社版・自由社版教科書も含め「つくる会教科書」）をめぐる問題が記憶に新しい。当時、多くの歴史学・歴史教育関係者が危機感を強め、幅広い批判運動を展開した。結果、その年の「つくる会教科書」の採択は極限まで低く抑えられた（採択率〇・〇三九％）。

その後も歴史学・歴史教育関係者はあらゆる場で社会に警鐘を鳴らし続けてきた。しかしここ数年で「つくる会教科書」が確実に採択率を伸ばしてきている。「つくる会」の内紛により、現在は育鵬社と自由社の二社を版元とした教科書に分かれているが、このうち育鵬社版の中学歴史教科書の採択率は、二〇一一年度で三・八％、二〇一五年度に至っては六・三％となっている。我々がまず直視しなければならないのは、現在においてこの教科書が一定の支持を得つつあるという事実である。

もっとも二〇〇〇年代初頭と比べ「つくる会教科書」自体も変容してきている。特に育鵬社の教科書は、歴史学界からの内容批判を巧みに取り入れつつ、ある意味で年々マイルドな内容となり、読みやすくなってきている。修正を重ねるなかで、表面上は他の教科書と似てきた印象すらある。

そうしたなか、「つくる会」的な歴史観を正面から肯定しないまでも全否定はしないような空気が、生徒の間で色濃くなってきたことを現場において私自身も実感している。こうした状況に対し、「つくる会教科書のこの部分の記述がおかしい」という内容批判を繰り返すことはもはや意味をもたなくなりつつある。「つくる会」的な歴史叙述が一定数の人びとにとって魅力があると映るのはなぜかということを、中等教育現場の現状にそくして、真剣に考えなければならない段階にきているのである。

かかる現状認識のもと、本章では歴史教科書の内容ではなく、教育現場における使われ方――歴史教育と歴史教科書との関係性――に注目する。その際、「つくる会教科書」が支持を広げてきた背景には歴史教育の現場にそれを許す素地が存在していたという立場から内省的に論じてみたい。

すでに鳥越泰彦は、歴史教育のありかたと「つくる会教科書」との関係性を内省的に論じている。鳥越によれば、「つくる会教科書」支持の背景には、生徒を暗記に没頭させている歴史教育がある。そうした歴史教育のもとでは、何よりも流れや単語を効率的に覚えさせることに重きが置かれ、生徒自身による疑問や矛盾への気付きは邪魔なものとされていく。そして疑問をもたせない授業や教科書が良いものとされる傾向を生んでいく。結果、生徒はしぜんと疑問を生まない教科書、耳心地の良い物語を求めていくことになる。これが「つくる会教科書」を拡大させる背景の一つになったという〔鳥越 二〇〇二〕。

こうしたなかで今、我々が取り組むべきは、教科書の内容の吟味ではなく、耳心地の良い物語を求めていく生徒たちを再生産するに至っている歴史教育のありかた、あるいは歴史教育現場における教科書の使われ方を見直してみることなのではないだろうか。

二　歴史教科書をどのように用いるか

教科書は「主たる教材」か

では現在、歴史教科書は実際の歴史教育の現場でどのように使われているのか。

現場における教科書の使われ方を一般化するのは、実は非常に難しい。法的には、教科書とは「教科の主たる教材」と定義され、「全ての児童生徒は、教科書を用いて学習する必要」があるとされている（教科書の発行に関する臨時措置法第二条）。しかし実際の使い方については、「教科書を中心に、教員の創意工夫により適切な教材を活用しながら学習指導」すると述べているだけで、現場における教え方や教科書の使用方法にまではふみ込んでいない。検定を通過した教科書を使うかぎりにおいては、現場の「教員の創意工夫」が尊重されており、現場教師はこの定義を最大限幅広く解釈することで日々の授業を成り立たせているといえる。

歴史教育者の間では、教科書をどのように位置づけ用いるべきか、さまざまに議論が重ねられてきた。今野日出晴の整理によれば、概して教科書画一化・検定強化の政治的圧力に対抗するかたちで、教科書の個性化・多様化を重視する議論が鍛え上げられてきたといえる。そのなかで、「一つの教材」論に象徴される、教科書を数ある教材の一つに過ぎないとする見方が一般化し、さらに教科書「を」教える（目的としての教科書）のではなく、教科書「で」教える（方法としての教科書）という教科書観が定着するに至っている〔今野 二〇〇八〕。また九〇年代以降、教材として教科書をまったく使用しない対話型授業実践も多く生み出されてきた〔加藤 一九九一、一九九五、二〇〇七〕。

またこうした教科書論とは別次元で、生徒の情報手段の多様化が進む昨今、教科書の位置づけにさらなる変化が生じている。スマートフォン・ＰＣをはじめ、生徒が接する情報機器は多様化しており、歴史教育における教科書というメディアの相対的価値をますます押し下げる状況が生まれている。

すなわち法的な定義とは裏腹に、教育論的にも現場の実態的にも、歴史教科書はますます「主たる教材」たりえなくなってきているのが現状である。

歴史教育をめぐる近年の動向

歴史学習には、暗記型・知識偏重という批判がつきまとってきたことは周知のとおりである。近年では官民ともに、高大連携の歴史教育を模索する過程で、知識より方法やリテラシーを重視する方向が明確に示されつつある。二〇二二年に高校必修として導入予定の新科目「歴史総合」は、知識偏重型であった歴史学習のありかたに対し、「歴史的思考力」(2)の養成と、歴史リテラシーとでも呼びうる資料の理解・活用の方法論学習を目指している。そのカリキュラムや教材、また授業方法〔例えばアクティブ・ラーニング〕の確立に向けては未知の部分が多く、現場には不安視する声も少なくない。しかし、暗記型・知識偏重の歴史学習のありかたをどのように変えるのかという長年にわたる課題に対して、ようやく具体的な対案が出てきたという点は評価できる。

このような歴史学習のありかたをめぐる近年の劇的な変化の兆しに対し、歴史教科書の変化は低調であると言わざるを得ない。コラムや図版などで各社の工夫は目立つものの、本文の変化はそれほどでもなく、そこに現場の授業を変えうるほどのインパクトはない。

それどころか歴史教科書に盛り込まれる情報量〔暗記量〕は増加し続けている。歴史教科書の中に新しい研究成果を積極的に盛り込む動きもあるが、「脱ゆとり教育」という文脈の中で、それが単なる教育内容の増加という皮肉な事態を生んでしまっている〔桃木 二〇〇九〕(3)。

また特定の教科書による市場の独占化傾向はすすむ一方である。特に高校日本史B・世界史Bの教科書では、山川出版社が相変わらず圧倒的なシェアを有している。たとえ自分の学校が山川出版社を採択していなくても、書店などで各自その教科書を購入して受験に備えるということが、一部進学校の生徒の間では常識化している。あるいは受験のためという理由で教師が教科書を選ばざるを得ない本末転倒な状況すら生まれている。相変わらず大学受験という大きな枠に規定されざるを得ない歴史教育が、ますます生徒の歴史像を画一化し、暗記すべき内容を増やし続けている。

三　「学び舎教科書」を生徒たちはどう読んだか

教科書の「ヘンダナ」を探そう

そんな昨今の歴史教科書事情のもとで、二〇一五年の中学校歴史教科書採択において注目を集めたのが、『ともに学ぶ人間の歴史』（学び舎刊。以下「学び舎教科書」）である。ゴシックの太字がないこと、日本軍「慰安婦」についての記述を唯一行った中学歴史教科書であること、現場の教師たちが一から作った教科書であることなどがメディアでも取り上げられた（氏岡 二〇一五）。

この教科書を実際にみてみると、まず見開き二頁のテーマ形式での記述が目を引く。またテーマの立て方が独特で、「倭寇がもたらした火縄銃――鉄砲とキリスト教」「毛皮を求めて東へ――ロシアの進出と寛政の改革」「走れ、ぞう列車――戦後の子どもと教育」など、これまでにないテーマとそれに関連する大きな図版が掲載されている。本文は、他の中学歴史教科書に比して詳細な説明がつけられている部分もある一方で、これまでの教科書に比べて大胆に簡素化されている部分もあるというのが私の印象である。

安井俊夫による解説によれば、「学び舎教科書」は現場の教師たちが子どもの側に立って作った教科書であり、「問いや疑問がわいてくる」教科書を目指したという〔安井 二〇一五〕。鹿野政直は「教室で問いを発する教科書、現場を起点として歴史に迫る教科書が、初めて日の目を見たことになる」と最大限の評価を与えている〔鹿野 二〇一五〕。冒頭において示した「ある歴史教科書」とは、この「学び舎教科書」をさす。私は二〇一六年度よりこの教科書を中学生の歴史の授業で使用している。ここからは、歴史教育と歴史教科書との関係性を考える手がかりとして、「学び舎教科書」を生徒たちがどう読んだかを検討してみたい。

検討の糸口として、二〇一六年度一学期に行った実践を一つ紹介する。私は担当する生徒たちに対し、教科書から何らかの疑問・違和感、あるいは関心を抱いた箇所を具体的に抜き出すことを課題として提示した。これを「教科書のヘンダナ探し」と名付けた。「ヘンダナ」という言葉を文字通りの「変だなあ」という疑問だけに限らずより広く定義し、おもしろいと思った点、はじめて知ったことへの驚き、あるいはこれは誤りであるといった批判も含むとした。各自がそれらを発見したときにいつでもレポートとして提出してよいこととした。

この課題の意図を一言でいえば、生徒が教科書を「批判的に読む」「行間を読む」ことを促す点にある。私が「学び舎教科書」の見本を読んだとき、いい意味でも悪い意味でも「突っ込みどころ」の多い教科書であるという第一印象を抱いた。その後教材研究を進めるうち、それをあえて積極的に利用することは有意義ではないかと思うようになった。つまり生徒が「突っ込みどころ」を探しながら教科書を読むことで、教科書の示す事実が唯一絶対ではないことを発見したり、あるいは単なる暗記対象としての教科書観を覆したりする契機になるのではないかと考えたのである。

疑問を生み出す教科書

では生徒たちはどのような「ヘンダナ」を発見したか。レポートの傾向は主に二つに大別できる。一つは内容的な指摘（「○○と書いてあるがそれはなぜか」「小学校の時に○○と習ったがこの教科書に書いてあることと違う」など）、もう一つは叙述（表現）のありかたに関する指摘（「主語が不明確で読みにくい」「この文の意味がわかりにくい」など）である。本章では紙幅の関係上、内容的な指摘についてのみ取り上げてみたい。

例えば、古代の律令税制について述べた本文で、「九州南部の隼人とよばれる人びとは、八世紀後半まで庸・調を課せられませんでした」という記述がある。これに対して生徒からは「なぜ全国に課された庸や調が隼人には課せられなかったのか」というような疑問が寄せられた。本文の前後にはそれを説明する文章はない。疑問を抱いた生徒は、隼人の律令国家への服属過程について調べ、政権の妥協や隼人の抵抗などに思いをめぐらせる解答を寄せてくれた。

また縄文時代の頁に「ヒョウタンやマメなどが見つかり、このころすでに、植物の栽培がはじまっていたこともわかります」という記述がある。近年、縄文時代における栽培の開始を指摘する教科書は少なくないが、生徒は「なぜヒョウタンやマメからそのことがわかるのか」と疑問を抱き、ヒョウタンやマメの自生の難しさや出土状態からそれを説明するレポートを書いてくれた。

こうした事例が示すように、教科書の「ヘンダナ」を探しながら読んだ生徒は、時代の特徴や歴史学の実証性の問題につながりうる重要な論点に素朴に目を向けている。たとえ前提となる知識をさほど持たなくとも、論理的にすっきりと納得いかないところには、比較的敏感に反応している様子がうかがえる。「ヘンダナ探し」はどのような教科書でも実施可能であるが、生徒が一瞬立ち止まるような記述・図版が多いほうが、生徒による発見を促しやすい。今回の事例からも、生徒は新鮮な記述や表現に出会うことで、なぜだろうという思いをめぐらせていることがうかがわれる。

「学び舎教科書」は、答えのないものが好きなタイプ（探求型）の生徒にとっては興味をそそる教科書といえる。疑問や興味関心を引きやすい仕掛けがたくさんある教科書であり、あえて書きこみすぎない、解説しすぎない、答えを書かないことで生徒の好奇心を呼び起こしている。

一方で、唐突な文章や解答のない記述に対し、わかりにくいと批判するレポートもみられた。正解を求めるタイプの生徒にとっては、不安や混乱を生む教科書でもある。実際、叙述の唐突さは私も読んでいて感じた部分である。例えば日本列島への仏教伝来を述べた箇所で、「倭国で最初の仏教の指導者は女性でした」という記述が突如記されているが、本文中にそれに関する一切の補足説明はみられない。このように教師すらもどのように扱ったらよいか困惑するような箇所がみられる。

しかし学説が分かれるような記述こそ、教育現場における使い方次第で、正解主義・暗記一辺倒の生徒たちの歴史教育観に風穴を開ける可能性がある。答えのないことへの不安や混乱を、逆に好奇心のトリガーへと変えることができれば、生徒は自ら調べ、新たな知を自ら獲得しようと動き始めるのである。

四　歴史教科書との向き合い方

歴史教科書をどう評価するか

歴史教科書を評価する際、一般に記述内容の是非に注目が集まる。「学び舎教科書」も、まず日本軍「慰安婦」に関する記載の有無が取り沙汰され、〈学び舎教科書〉対〈つくる会教科書〉という単純な構図のなかでその内容の賛否が問われているふしがある。しかしそのような視点で歴史教科書を評価すること自体が変わらなければならない。

これまでみてきたように、「学び舎教科書」の最大の特徴は、生徒が疑問を持つ教科書であるという点にある。一般には、歴史学界で答えが出ていないものは教科書叙述としては削られる傾向にある。しかしこの教科書は、歴史学上新しい史実や賛否が問われている事柄をあえて意図的に掲載することで、答えではなく生徒からの問いを作り出すきっかけを数多く示している。

歴史教育現場と歴史教科書の関係性を考えたとき、何が書かれているかではなく、教師の側がどのようにそれを教材として扱うかに問題をシフトすべきことは明らかである。その際、「何が正しいか」ではなく「複数の考え方があってよい」「生徒が疑問を抱く教科書でよい」という姿勢で我々が教科書を評価していくことが重要となる。歴史教科書は唯一の正解を指し示すものではないことを前提として、教師も生徒も教科書と向き合っていく必要があるのである。

歴史教科書をどう活かすか

誤解を恐れずにいえば、たとえどのような教科書でも、生徒が自らの頭で考え判断する力を鍛えるという意味においては、歴史教育の素材になりうる。結局その素材を使って生徒自身の好奇心のトリガーをひく手伝いをするのが教師の役割であり、生徒自身がさまざまな疑問や違和感を教科書の行間から読み取り、自ら考えていく力＝教科書を「読む」力を鍛えていくことができれば、それが世界・社会を「読む」力にもつながっていくのである。

そのような方向性で教科書を活かそうとする場合、複数の歴史教科書を用いる方法がさしあたり有効であろう。他の教科書と比較してどのように叙述が異なっているのか。ある史実をめぐり論争があるならば、むしろそれこそが有効な教材となりうる。どのような教科書を用いようとも、「批判や指摘を教室内での教育実践とどう結びつけてゆくかということ」が重要なのである〔永原 二〇〇一、一六三頁〕。あらゆる立場の教科書が、一定の実証性（史料批判）を潜り抜けたうえで並存してよい。いわゆる「言語論的転回」を経た今、複数の立場や見方の教科書があることを前提としつつ、それが「誰にとっての」歴史を表したものなのかを考えることがむしろ重要となろう〔成田 二〇一六〕。

教科書に従順であることを求める歴史教育は、自らを規定する価値観に対し鈍感な生徒、他者の価値観に対し無理解・不寛容な生徒を生み出す。ゆえに教科書の記述に対する違和感や驚きを大切にしながら批判的に「読む」力を鍛えていくことが必要なのである。教科書を「読む」力を鍛えることで、自明化された知を疑い、自らを構築している価値観を相対化できる力を養うこと＝「歴史教科書を学び捨てる《アンラーニング》」態度こそが今、歴史教育現場に求められる教科書との向き合い方なのではないだろうか。

（1）筆者の勤務校において、学内の生徒・保護者からはまったくそのような反応はなかったことを強調しておきたい。
（2）「歴史的思考力」という言葉は「語る人によって、その意味するところはさまざま」であるが、その具体的実践例として〔鳥山・松本編 二〇一二〕が挙げられる。
（3）桃木至朗が指摘するように、近年の教科書改善がうまく教育効果と結びついていない要因の一つに、中等教育現場の側の「保守性」と「不勉強」があることは自戒も込めて認識すべきことである〔桃木 二〇〇九、一七頁〕。

参考文献

氏岡真弓　二〇一五「学び舎の問い――歴史教育はどうあるべきか」『世界』八七二
鹿野政直　二〇一五「「人びと」から拓く歴史――学び舎発行の『ともに学ぶ人間の歴史』について」『歴史学研究』九三九
加藤公明　一九九一『わくわく論争！　考える日本史授業』地歴社
加藤公明　一九九五『考える日本史授業　二』地歴社
加藤公明　二〇〇七『考える日本史授業　三』地歴社
今野日出晴　二〇〇八『歴史学と歴史教育の構図』東京大学出版会
鳥越泰彦　二〇〇一「教科書問題と歴史の記憶――歴史教育の立場から考える」『現代史研究』四七（後に『新しい世界史教育へ』飯田共同印刷、二〇一五年、所収）
鳥山孟郎・松本通孝編　二〇一二『歴史的思考力を伸ばす授業づくり』青木書店
永原慶二　二〇〇一『歴史教科書をどうつくるか』岩波書店

成田龍一　二〇一六「次世代に「知」を伝えるということ――歴史の「知」と歴史学の学知のあいだ」『自由民権』二九
桃木至朗　二〇〇九『わかる歴史　面白い歴史　役に立つ歴史――歴史学と歴史教育の再生をめざして』大阪大学出版会
安井俊夫　二〇一五「問いを生み出す歴史教科書へ」『学び舎　中学歴史教科書　ともに学ぶ人間の歴史』（市販本）学び舎

2　学習マンガと歴史学

松方冬子

一　学習マンガ　今むかし

私は、昨年（二〇一六年）秋に発売された集英社版『学習まんが日本の歴史』（全二〇巻）の近世部分四巻の監修を担当した。その経験のなかで考えたことを書きたいと思う。なお、監修者としての仕事は、全体構成についての助言、シナリオ・マンガラフ・ペン入れ各段階でのコメント、巻頭・巻末図版や見返しの地図についての助言などで、編集者の方々から学びながら、とても楽しく仕事をさせていただいた。

マンガ版の日本史学習書（以下、単に「学習マンガ」）は、「ビリギャル」（坪田 二〇一三）で大学受験にも使えると紹介されて以降、売れ行きは好調で、現在、数社が売り上げを競っている状況らしい(1)。各社版にはそれぞれ個性があり、少し前に発売された『角川まんが学習シリーズ日本の歴史』（全一五巻）が子供のお小遣いで買えるように冊数を抑え、子供向きの作画を心がけたのに対し、集英社版は受験にも使える学習書としての側面を強調し、親や祖父母が買うことを想定して、内容も装丁も重厚で充実した作りとなっている。

学習マンガというのは日本独自のものだと思われる。一つには、マンガ文化の質の高さ、層の厚さのなせるわざであり、もう一つは、教育課程における日本史教育の重さ、学習者の多さ、そしてもしかすると受験での暗記の必要性によるものである。

日本史学をビジネスとしてみた場合、歴史学界全体が高校までの日本史教育および受験勉強に依存している面があることは間違いないと思う。そのこと自体は悪くなく、初等中等教育で日本の歴史を学んだ人々が、のちに歴史学科で専門的に歴史を学ぶ、そうでなくても歴史愛好家になる。日本はおそらく世界有数の歴史愛好国である。一方で、無理やり覚えさせられる学校の歴史によって、歴史が嫌いになる人々も多く、功罪は相半ばしていると思われる。学習マンガは「功」を増やそうとしているわけである。

ちなみに、集英社版は、一九六七―六八年版（全一二巻を和歌森太郎が監修、世界初の歴史学習マンガ）、一九九八年版（全二三巻、近世部分は高埜利彦監修）に続く、三回目のリニューアルである。私も、子供のころ、和歌森太郎監修の版を愛読した。今考えても、この版は傑作だったと思う。正直に言って、今回の集英社版を含め最近発売されている学習マンガが歴史叙述として超えられているとは思えない。もちろん、編集者や私自身をはじめ関わった人々は誠意を尽くしたのだが、歴史の風に乗れていない、そういう気がしてならない。

最初の集英社版に先立ち、一九六二―六四年に、第二次『岩波講座日本歴史』が世に送り出され、一九六五年に中央公論社の『日本の歴史』が刊行された。中央公論社の『日本の歴史』は、各巻執筆者が高額納税者として名前を上げられるほど売り上げたと聞いている。「国民の歴史」が必要とされ、それを作ろうとする機運に乗じていたのだろう。今でこそ、広い読者を対象にした日本史のシリーズ物は何社も制作しているが、当時これは初めての企画だったのであり、時代の風を読める辣腕の編集者が背後にいたことを想像させる。『岩波講座日本歴史』は、その後、一九七〇年代、九〇年代、と出されて、二〇一〇年代に第五次が出版されたが、もはや守りに入っているように感じるのは私だけであろうか。

二　国家の語り

今回学習マンガの監修をしてみて、教科書が国家の語りなのだということをあらためて感じた。徳川政権は無能で民衆を苦しめ、明治政府（とその嫡流である現在の日本国）はすばらしい、という筋書からなかなか自由になれない。

これは学習マンガでなく新聞取材の経験だが、ペリー来航予告の意外性をテーマにしたいという。いわゆる予告情報は戦前から実証されていた（田保橋 一九三〇、四九七―五二一頁）ことで、今さら意外性でもないと思うが、実証と国家が必要とする「イメージ」との絶えざる綱引きが今も続いているということであろう。結果でき上がった記事の見出しに、「幕府は手打てず」とあって、嘆息した。(2)

国家の語りだというもう一つの理由は、あらためて認識したことだが、愕然とするほど江戸中心だということである。学習マンガも、舞台は江戸の町と江戸城を行ったり来たりしている。巻頭、巻末の図版は、できる限り江戸以外を扱ったものにしてもらったが焼け石に水の感がある。

印象深かったのは、ペン入れされた絵を見たら、床の間に掛け軸がかかっていなかったこと。「掛け軸をかけてください」とお願いしたら、「どういう軸でしょうか」という編集者からの御質問。先輩の研究者に伺ったら、ちゃんと史料的根拠をもって「鳥の絵」という返答を得た。日本史学の実証力は本当にすごい。

一方で、今やマンガ家さんにとって、床の間は遠い世界の話になったのだ、と実感する。ほかにも、人間に対して畳が大きすぎる絵、向こうに山並みが見えない江戸の町の絵、などには隔世の感を覚え、直していただいた。編集者には、「子供がこんな細かいことを覚えなくてはいけないのでしょうか」と言われたが、歴史は「覚える」ものではないと思う。受験の役には立たないかもしれないが、教科書に書いてある歴史と同じぐらい、床の間のある畳の部屋は大事な文化で、決して「細かいこと」ではないと考える。ここで引くわけにはいかない。手を抜いた仕事は子供にわかるだろう。監修料は安く、意図的ではないにしろ、監修者があまり働かないような仕組みになっている。ここは損得勘定抜きで、楽しく働いている大人を見せるしかない。ちょっと苦しいけれど。

そういうわけで、監修の仕事は、各工程で、できる限り丁寧に史料に基づきつつ楽しんでしたつもりである。結果の善し悪しは、読者諸氏に委ねるしかない。

三　世界のなかの私

この話をある院生さんにしたら、『乙嫁語り』（二〇一四年マンガ大賞受賞）というマンガを紹介された。これは学習マンガではないのだが、一九世紀中央アジアの遊牧民と定住民の生活を描いている。波瀾万丈のストーリーはなく、女性たちを主人公に、食事、刺繍、絨毯など普通の生活が綿密に描かれ、背景としてロシアとイギリスのグレート・ゲーム（中央アジアをめぐる覇権争い）も垣間見られる。主人公たちがどこの国に属しているのかは全く語られないが（ウイグル、カザフなど、設定は細かくされている）、遊牧民における血縁関係の強さ、見知らぬ土地を旅行するとき身を守るものは何か、など社会的な問題にも目配りがなされている。

読者としての私は、じつは現行の学習マンガより『乙嫁語り』にひかれる。それは、たぶん、私の目指している歴史学が、国家の語りではなく、このような人々の生活局面から世界史を見通せるようなものだからである。このマンガは、アシスタントをほとんど使わずマンガ家自身が、しかもデジタルではなく手描きで描いている。それができるのは、本人が好きで楽しく描いているからだろう。なお、作者は子供のころ、中央アジアにあこがれ、本を読んだり美術展に行ったりして、その蓄積がこのマンガのもとになっているという。地味に感じられる専門的な著作や美術展

図1　風説書の説明

柴田竜介（まんが）『学習まんが日本の歴史』集英社，2016年より

の仕事が数十年後にこのような形に実を結ぶこともあるのだ。ちなみに、『乙嫁語り』は、英語、フランス語、イタリア語、ドイツ語、インドネシア語、韓国語、中国語、タイ語に翻訳されて各国で出版されている。

マンガは、表現方法としては可能性が大きいと思われる。今回は、唯一風説書の説明のところで自分のやりたい記述をちょっとやってみた（図1）。人間にとって「わかる」ってどういうことだろう、と読者に考えてもらえたら嬉しい。歴史の「現場」が感じられるようなものができたら素晴らしいと思うし、歴史学の蓄積にはその材料がいくらでもある。国家を媒介にせず「世界のなかの私」を考えられるような歴史叙述は可能であると信じている。

四　図版と権利関係

一方、歴史上の場面の絵画史料等々は、現在ではインターネットのおかげでかなり簡単に手に入る。

今回の集英社版学習マンガでも、監修者が何も言わずとも編集者やマンガ家が絵画史料に基づいたうえで、独自の工夫をこらした部分も随所に見られた。研究者がネットを上手に利用して、素材となる研究成果を発信していくことがこれから求められるだろう。

今回の心残りは、巻頭・巻末の見返しに入れた地図である。西廻り航路、東回り航路、各地の産物など、わかりやすい地図が完備されているのも、日本の日本史のすばらしい点で、マンガ本編の記述に見られる東京中心史観を中和するための貴重な素材となりうる。しかし、教育現場の歴史地図は、影響力がある割にはぞんざいに作られているようだ。編集部は教科書をもとにして案を作るのだが、教科書もかならずしも信用できない。たとえば、朱印船航路の図にはいろいろ間違いがあることがわかっている〔蓮田 二〇一五〕。一度図が描かれると一人歩きし、著作権の問題があるため、少しずつ表現方法や縮尺を変えつつ写されていき、写す過程で誤記が発生するらしい。教科書本文は執筆者が丁寧にチェックするが、地図は執筆者の手を離れてから挿入される例が多いと聞く。

わかりやすい地図は、大人向けの一般書などでも作られているのだが、編集部でどの本にどのような図が載っているのか把握することは非常に難しい。然るべき図を探すのは、監修者の仕事となるが、いざとなるとなかなか短時間では見つけられない。あとで気が付いて歯嚙みすることもあった。この手の図の改訂や集積は、たとえば、歴史学研究会等で音頭を取り、一度皆で協力すれば良いものができるのではないだろうか。

難しいのは図版を中心とする権利関係で、インターネットの普及により、権利関係をめぐる意識や法制が大きく変わりつつあると思われるが、個々の歴史研究者はもちろんのこと出版社もかならずしも対応できていない。おそらく、ネット社会と権利関係の問題は、歴史学だけの問題ではなく、社会全体を揺るがせているが、誰も帰趨を知らない。権威ある学術機関がこのような問題に関心を払い、情報収集に乗り出してくれることを祈る。

編集者から聞いた話で記憶に残るのは、マンガ業界におけるアシスタントの消滅である。ベタ入れなどはクラウドソーシングで代替できるらしい。マンガの売れ行きも落ちているときにアシスタントを雇って生活全般の責任を負うより合理的、ということらしい。一方、アシスタントで食べていたような層のマンガ家は、普段別の仕事をしながら、クラウドの仕事でお小遣いを稼ぎ、自身のコミケで発表すれば、苦しい修行時代を経験しなくてもすむ。

おそらく、プロ志望の減少とピラミッド型の業界の相対化は、あらゆる業種で起きていると思われる。歴史学界も例外ではない。業界は、確かに新人を育て、その業界に生きる人々をはぐくんできた。しかし、それ自体が権力構造であり、業界に入れない多数を阻害してきたことも事実で、今その部分が挑戦にさらされているということだろう。日本史は、日本国という「想像の共同体」が共有する過去として機能してきた。それが揺らいで感じられるのは、国民国家の揺らぎの証である。

もちろん、歴史学と国家の綱引きは必要だし重要だが、批判でも国家に注意が向く一方で、グローバル化する世界は野放しになっていないだろうか（国家は「国際化」を提唱しているが、ニュアンスの違いを感じ取られたい）。歴史学は、国民国家を実証的に批判しつつ、一方でまさにその実証と批判によって国民国家を支えてきた。そのことは悪くないし、維持してもらわないと困るが、これからは、グローバル社会に目を向け適正な批判をすることでグローバル社会を制御し少しでも良い方向に作り上げていくことも必要なのではないだろうか。私たち一人一人が、ネットを使って暮らしている以上、グローバル化は止められない。しかし、弱者が切り捨てられることのないグローバル社会を目指していくことならできるだろう。現状では、国民国家以外に頼るものがないため、無理にでも国民国家に梃入れせね

五　これから

ばならず、それがいわゆる右傾化現象を引き起こしているのではないだろうか。

激烈な成功体験は、のちの自己変革を阻害するという。我々は、つぎの一歩を模索する時期に来ているのではなかろうか。教科書だけに頼らない、歴史学独自の力量が今問われているのではないだろうか。学習マンガが持っている限界は、現在の日本の歴史学が持っている限界である。現存の国民国家権力に揺らぎが出てきた今こそ、歴史学が、現状に対する批判的な目と、人間への信頼と、自由な討論空間を保ち続けられるかどうかが問われているであろう。

テレビを見ていたら、「新和食」を推進する山下春幸という人が「テクノロジーも、情報も、世界中のいいものが入るから、食も変わっていく。世界の反対側で、「これが私の田舎の食事です」と堂々と振る舞えるグローバルな人材を育てたい」と言っていた。この人は子供たちに、昆布と鰹を使っただしの取り方を教えているそうである。

私が思う、これからの日本史学は、これに似たものである。我々の固有文化を守っていくことと相反しないし、むしろそれに誇りを持ちたい。世界に冠たるマンガ文化も、世界に誇る日本史学の実証性も、すでに十分グローバルな価値を持っている。今までやってきたことに自信を持って、丁寧に続けていけばよいと思う。ただし、楽な道ではない。もはやそれは、権威を保証された輸入学問ではないからである。

（1）『朝日新聞』二〇一六年九月六日朝刊「歴史漫画が熱い　市場はいまや戦国時代」。
（2）『朝日新聞』二〇一六年一一月六日朝刊「異説あり　黒船来航」。

参考文献

田保橋潔　一九三〇『近代日本外国関係史』刀江書院
坪田信貴　二〇一三『学年ビリのギャルが一年で偏差値を四〇上げて慶應大学に現役合格した話』アスキー・メディアワークス、のち映画化『映画　ビリギャル』（土井裕泰監督、二〇一五年公開）

蓮田隆志　二〇一五「朱印船貿易・日本町関連書籍所載地図ベトナム部分の表記について」『資料学研究』一二
森薫　二〇〇九―二〇一六『乙嫁語り』ＫＡＤＯＫＡＷＡ、一―九巻（続刊中）
ウィキペディア「乙嫁語り」https://ja.wikipedia.org/wiki/乙嫁語り（二〇一七年一月八日閲覧）
コミックナタリー「乙嫁語り」http://natalie.mu/comic/pp/otoyomegatari（二〇一七年一月八日閲覧）

3 異次元の西洋史概説へ

森谷公俊

一 教養授業の組み直し

大学一年生対象の西洋史概説を担当して二十年余りになる。この授業の内容を紹介しながら、私が模索する教養教育のあり方について語りたい。

勤務先の帝京大学文学部史学科では、西洋史概説は一年生の選択必修科目で、受講生は毎年ほぼ九〇人程度である。学生は全員史学科の所属で、彼らは歴史を学びたくて入学したのだから勉学意欲はあり、他学部の学生をも含めた授業に比べれば確かにやりやすい。その反面で狭いおたく趣味に陥り、興味本位に授業を聴くだけという恐れもある。したがって、過去を学ぶことが現代に接続し、未来を生きるためにも不可欠であることをどう理解してもらうか、これが最大の眼目となる。

担当した当初から、ありきたりの概説にはしなかった。古典をじかに読んでもらうため、『旧約聖書』やホメロス、ヘロドトスの抜粋を長々とプリントして朗読したり、シェイクスピアの演説を実演したりした。あるいはマルクス『資本論』を解説し、サイードの『オリエンタリズム』を何枚もプリントするなど、これはと思った素材を集中的に取り上げた。学生の反応も良好で、こうした授業内容の有効性には十分な自信を持っていた（二〇〇七年までの実践についでは、〔森谷 二〇〇八〕）。

三・一一の震災と原発災害に直面し、私は授業方針を大幅に見直した。巨大地震、大津波、放射能汚染、原子力ムラ、放射性廃棄物。こうした言葉が氾濫するなかで、西洋史の枠をはるかに超え、地球の歴史をふまえた異次元の組み立てが必要だと考えるに至ったのである。震災から一か月後に迎えた新学期の授業では、地球の誕生から話を始め、翌年一月の最終授業を原発問題で締めくくった。放射能汚染は人類ばかりか地球自体をも傷つける。初回に語った放射能と生命との関係が、最終回の原発災害につながって完結するという構成である。また古代史を扱う前期には、文明・国家・戦争・政治・宗教といった最も基本的な概念を、その起源と成立にさかのぼって語ることにした。そのうえ従来通りの古典を読む授業も残すのだから、我ながら欲張りすぎる内容である。

二〇一六年度の授業ごとの主題は次のようである。

［前期］①オリエンテーション・歴史を学ぶ意味、②地球史のなかの人類、③文明の発生と自然条件、④国家と戦争の起源、⑤『創世記』――人間は世界の始まりをどう説明したか、⑥一神教の起源、⑦英雄叙事詩の誕生（ホメロス）、⑧歴史叙述の誕生（ヘロドトス）、⑨古代ギリシアの政治と戦争（トゥキュディデス）、⑩古代民主政と弁論術、⑪ローマの平和（アウグストゥスの「平和の祭壇」）、⑫ジェンダーから見る古代史（クレオパトラ）、⑬古代から中世へ、⑭キリスト教の中世、⑮期末試験。

［後期］①前期答案の返却とコメント、②ルネサンス、③宗教改革と情報革命、④大航海時代（ラス・カサスの闘い）、⑤市民革命と立憲主義、⑥国民国家の成立と伝統の創出、⑦資本主義と世界システム、⑧『資本論』を読む、⑨ジェンダーから見る近現代史、⑩二つの世界大戦、⑪ナチスとファシズム、⑫西洋とイスラム世界（オリエンタリズム）、⑬核の時代――原爆はなぜ投下されたか、⑭原発災害と歴史学の課題、⑮期末試験。

九月に高校での世界史履修についてアンケートしたところ、七四名の回答があった。一年次のみの履修が二五名、二年次のみが一二名、三年次のみが六名、三年間通して履修したのが一四名、一〜二年次が七名、二〜三年次が七名であった。つまり三割の学生は、高校一年生で世界史Aを履修しただけで世界史学習は終わっている。学習範囲は、フランス革命までが一二名に対し、第一次大戦までが三名、第二次大戦までが一二名、戦後史までが一九名で、二〇世紀まで学習した者が計三四名つまり半分近くを占める。これ自体は結構なことだが、入試が終われば細かな知識はとっくに消えているはず。要するに学生には予備知識がほとんどないことを前提に授業を組み立てねばならない。ついでに言うと、本学史学科の学生は受験で日本史を選択するのが六割以上だが、世界史選択は三割にとどまる。

次節では実際の授業内容をいくつか取り上げ、過去と現在をつなげる教養教育の模索の一端を紹介したい。

二　過去と現在をどうつなぐか

地球史のなかの人類

歴史の大前提は人類がこの世に存在することである。ではなぜ人類は、いや生命は、そもそも地球に存在できるのか。まず惑星としての地球が、太陽との位置関係も含めて、奇跡的とも言える条件を備えていることを説明する〔Newton 二〇一四〕。その上で鍵となるのは、地球と生命の共進化という概念だ。最初の生命は海底の熱水噴出孔の付近で誕生したが、その頃の地表には、宇宙線や太陽から発せられる太陽風が大量に降り注いでいた。これは放射線と同じものである。ところが地球奥深くの外核で液体の鉄が対流を始めると、地磁気が生じて地球全体が磁石の性質を帯びる。この磁場が太陽風を遮断する。すると海底にいた原初の生命は海面近くに上昇し、太陽光線を浴びて光合成を開始する。海中で飽和状態となった酸素は大気中に放出され、大気の構成を変える。酸素が十分に供給されると、さらにオゾンとなり、これが有害な紫外線を遮断する。こうして生命は海から陸に上がることができたのだった。このように生命の活動が地球環境を変え、それがまた生命の新たな進化を引き起こす。これが地球と生命の共進化であり、人類誕生の前提となる〔田近 二〇〇九〕。こうした過程が理解できれば、原発事故によって人間が放射能をまき散らすことが、地球に対する犯罪に等しいことも理解できるだろう。

原爆と原発

初回の地球史に対応するのが、後期の最後に取り上げる原爆と原発の授業である。原爆も原発も、ウラニウムの核分裂によるエネルギーを利用する点で変わりはない。核分裂を一気に起こせば爆弾となり、緩やかに起こせば発電に利用できる。そこで核分裂の連鎖反応からウラン濃縮までの仕組み、放射能とは何であり、なぜ危険なのかを、十分な時間をとって説明する〔山田 二〇〇四〕。これらは今や日本国民必須の教養であろう。原爆投下の理由としては、冷戦が始まろうとする状況下、ソ連に向けたアメリカの政治的デモンストレーションだったという説を中心に述べる。

最終回は、原爆を投下された日本人が原発を受け入れた経緯から始める。一九五四年に原子力予算を含めた予算が初めて成立、翌年から読売新聞社が東京と広島で原子力平和利用展覧会を開催して世論を作り、読売社主の正力松太郎が原子力担当国務大臣、次いで科学技術庁長官となって原発計画を推進した。さらに「平和利用」というスローガンを被曝者自身が支持したのである〔田中／カズニック 二〇一一〕。以上はプリントの年表を参照しながら説明する。次に政財官学＋マスコミが作り上げた原子力ムラの構造、電源三法による立地自治体へのバラまき、原発が毒まんじゅうと呼ばれる所以などを語る〔石橋編 二〇一一〕。最後にエネルギーの歴史を簡単に振り返り、石油と原子力の利用が大量生産・大量消費・大量廃棄の社会を作ったこと、エネルギーの選択が今後の社会のあり方に深く関わると述べて締めくくる。西洋史なのに、日本史の授業さながらである。

弁論術

弁論術は古代ギリシア・ローマで生まれた。これは人を説得するための技術であり、直接民主政下で政治家が成功するのに不可欠の技術として発達した。さらにローマ最大の弁論家キケロは、言葉こそが人間を野獣から分かち、文明を生み出すよりどころとなったと述べて、言葉と人間性の不可分のつながりを語っている。このキケロの傑作『カティリーナ弾劾』の一部をプリントし、その技法を具体的に示す。

もっともこれだけでは弁論術の効果は実感できないだろう。そこでシェイクスピア『ジュリアス・シーザー』から、暗殺者ブルータスと反対派のアントニウスの演説をプリントし、この私が役者さながらに実演してみせる。かつてカルチャーセンターの朗読講座に通い、この演説を素材にして指導を受けたことが大いに役立った。ブルータスの演説を聴いて、ローマ市民はシーザー暗殺が正当だったと一度は納得する。ところがアントニーの演説がそれをひっくり返し、市民は一斉にブルータスの家に火をつけに走るのだ。どうして言葉だけでこんなことが可能なのか。これをわかってもらうのがこの授業の狙いである。「だがブルータスは、シーザーが野心を抱いていたという。そしてそのブルータスは公明正大な人物だ」（小田島雄志訳）。この台詞の繰り返しがローマ市民の心を変えていく様は、何度読んでも興奮を呼び起こす。

コミュニケーション力がますます強調される現代では、スピーチはもちろん会話力や雑談力までも重視され、関連する書籍や雑誌の特集が引きも切らずに刊行されている。ただ西洋古代史を専門とする私は、ギリシア・ローマの弁論作品をじかに読んでほしいと思う。ちなみに二年生対象の史籍講読という授業では、トゥキュディデスの『歴史』をテキストにし、ペリクレスら政治家たちの演説をじっくり読ませている。

『資本論』を読む

この授業では、ＮＨＫの番組をまとめた『一週間de資本論』〔的場 二〇一〇〕が便利な手引きとなる。定石通り使用価値と交換価値から始め、貨幣の発生、労働と労働力の概念、価値を創造するという労働力商品の特殊な性格へと進み、剰余労働が剰余価値を生み出す仕組み、さらに剰余価値を増やすための方策へと至る。板書だけでは処理しきれないので、やや詳しいレジュメを配っておく。それからプリントで『資本論』の抜粋を読み、一五〇年前のイギリスにも長時間・過密労働と過労死が存在したことを示す。そして有名な一節「大洪水よ、わが亡きあとに来たれ」に続く文を読み上げる。「資本は、社会によって強制されるのでなければ、労働者の健康と寿命にたいし、なんらの顧慮も払わない」〔新日本出版社版〕。よって企業を規制するには法律によるしかない。折から電通の若い女性社員の自殺が労災と認定され、労基署が強制捜査に入ったばかりだったので、関連する新聞コラムもプリントした。さらに日本と西欧の労働法制を比較した一覧表〔筒井 二〇一〇〕を見ると、日本の法律がいかに企業に都合よくできているかがわかる。締めくくりは学生への呼びかけだ。フランス人は夏に四週間のバカンスを取るが、これは一九三六年に人民戦線内閣が法制化したことに始まる。こうした制度を望むなら、国政選挙の際に各政党の労働政策をきちんと調べて投票してもらいたい。就職したら、どうすれば自分の命が守れるかを考えてほしい、と。『資本論』の学習は、文字通り学生の命を守ることに直結するのである。

市民革命と立憲主義

市民革命の経過は世界史Ａのコピーで簡単に済ませ、立憲主義に重点を置く。まずホッブズとロックの著作の抜粋をプリントし、社会契約説によって国家と憲法の成り立ちを説明。次いでアメリカ独立宣言とフランス人権宣言の主要個所を示し、そこに植木枝盛「東洋大日本国国憲案」で抵抗権・革命権を規定した第七一条・第七二条を並べる

（『植木枝盛選集』岩波文庫より）。次に日本国憲法第一三条を見ると、「生命、自由及び幸福追求」の権利という文言が、アメリカ独立宣言とまったく同一である。第九七条の「人類の多年にわたる自由獲得の努力の成果」という表現からも、現行憲法がまぎれもなく近代立憲思想の流れにあることが明確となる。さらに第九九条を示して憲法を守るべきは誰なのかと問いかけ、法律とは逆に、国民が国家に命令するのが立憲主義であることを確認。最後に自民党憲法改正草案の一部を示し、これが国家と憲法の関係を逆立ちさせていること、現行九七条を削除して立憲主義の歴史的流れを完全に無視していることを語る。

二〇一六年度から大学新入生の全員が有権者であるが、彼らの大半は高校時代にまともな政治教育を受けていない。そんな学生が自民党の思い通りの憲法改正発議に直面したらどうなるか。憲法の何たるかも知らないまま、政府やマスコミ報道に誘導されて、何となく「変える方がいいのでは」といった気分で投票してしまう可能性が強い。憲法破壊の政治がまかり通る現在、自分は憲法の専門家ではないなどという逃げは通用しない。歴史の教員といえども、授業で正面から立憲主義を語るべきである。主権者教育は、一年生のいわゆる基礎ゼミにおいても大きな課題であろう。

二つの世界大戦

世界大戦の授業では、今日につながる要素として戦略爆撃を詳しく紹介する。ゲルニカ、重慶、東京、そして広島・長崎という系譜を語り、日本が中国で行った空襲が、ブーメランのように日本に跳ね返ってきたことを理解させる〔前田 一九九三〕。ここで質問、「空襲と空爆はどう違うか」。太平洋戦争末期に日本が受けたのは空襲だが、今のニュースでよく聞くのはアメリカによる空爆だ。どちらも航空機が爆弾を落とすという実態に変わりはない。しばらく学生に考えてもらうが、指名しても答えは返ってこない。私の答えはこうだ。空襲は被害者側、される側からの表現であるのに対し、空爆は加害者の側、する側からの表現である。東京大空襲は決して「大空爆」とは呼ばれない。

それは日本人が被害者であるからだ。視点の違いが漢字一文字の違いとして表れる。テレビのアナウンサーが米軍の空爆というニュースを読む時、爆弾を落とされる側、「誤爆」によって殺される一般の人々の姿が頭をよぎることはないのだろうか。

ジェンダー史

ジェンダー史は前期と後期で一回ずつ取り上げ、私も執筆に加わった『歴史を読み替える　ジェンダーから見た世界史』を活用した。前期ではジェンダー概念について基礎的な説明をした後、西洋古代史からクレオパトラを取り上げ、プルタルコス『アントニウス伝』の抜粋をプリントする。前三一年のアクティウムの海戦でアントニウスが敗れたのは、陸軍で優っていたのにクレオパトラの意見を入れて海軍で戦ったためである。海戦は互角の形勢だったが、クレオパトラの船がエジプト目指して逃走すると、アントニウスは「指揮官らしくも、男らしくもふるまわず」、味方を見捨てて彼女を追いかけ、最後は惨めな自殺に追い込まれる。「女に支配される男は破滅する」。これが作者のメッセージである。東方の女王として権力をふるうクレオパトラは、ローマ人にとって男性領域を侵犯する許し難い存在と見えたのだ。ここではジェンダー視点にオリエンタリズムも重なっている。

後期のジェンダー史は近現代を対象とし、オランプ・ドゥ・グージュの「女性の人権宣言」から始め、フランス人権宣言と比較する。第六条に「女性は処刑台にのぼる権利をもつ」とあることに注目。これは女性もまた権利と責任を有する主体であることの表明だ。次に近代国民国家におけるジェンダー規範（近代的家父長制、性別役割分業、強制的異性愛主義）について概観し、家や子ども、母性といった概念も歴史的に作られたものであることを話す。それから世界の女性参政権獲得年リスト（井上ほか 一九九八）をプリントで示した後、一気に女性差別撤廃条約へ移る。主な条文をプリントし、慣習の中の差別や単なる区別も禁止されていることに言及する。クラスの男女混合名簿や、高校家庭科の男女共修がこの条約のおかげであることは、学生に身近で理解しやすい。

以上が、西洋史の枠を取り払い、憲法や資本論から理科系までも含めた教養授業の例である。この程度なら自分はすでにやっているという方がおられるなら、それは喜ばしいことだ。現代にふさわしい教養教育をさらに深化させるため、大学教員が自身の実践を積極的に公開することを望む。そのために大学の紀要を活用することをお勧めしたい。

参考文献

石橋克彦編　二〇〇一『原発を終わらせる』岩波新書
井上洋子・古賀邦子・富永桂子・星乃治彦・松田昌子　一九九八『ジェンダーの西洋史』法律文化社
国際女性の地位協会編　二〇〇五『新版女性の権利——ハンドブック女性差別撤廃条約』岩波ジュニア新書
田近英一　二〇〇九『地球環境46億年の大変動史』化学同人
田中利幸／ピーター・カズニック　二〇一一『原発とヒロシマ——「原子力平和利用」の真相』岩波ブックレット八一九
筒井晴彦　二〇一〇『働くルールの国際比較』学習の友社
前田哲男　一九九六「戦略爆撃の思想」歴史学研究会編『講座世界史8　戦争と民衆——第二次世界大戦』東京大学出版会
的場昭弘　二〇一〇『一週間de資本論』NHK出版
三成三保・姫岡とし子・小浜正子編　二〇一四『歴史を読み替える　ジェンダーから見た世界史』大月書店
森谷公俊　二〇〇八『学生をやる気にさせる歴史の授業』青木書店
山田克哉　二〇〇四『核兵器のしくみ』講談社現代新書
Newton　二〇一四　別冊「奇跡の惑星　地球の科学」ニュートンプレス

コラム 5

歴史を再現すること――ルーマニア王国とシュテファン大公没後四〇〇年祭

高草木邦人

ヒストリカル・リエナクトメントという言葉を知っているだろうか。日本語でいえば、「歴史再現」や「歴史再演」とでも訳せる、欧米では盛んなイベントのことである。どのようなものかというと、ある歴史的場面を再現し、追体験するというものである。たとえば、中世ヨーロッパの鎧や兜を身にまとい、手には剣や槍を持って歴史的に有名な戦闘を再演したり、または、ある時代の衣装に着替え、その姿で街の中を練り歩き、その時代の雰囲気を再現したりするものである。平たくいえば、歴史コスプレである。日本でもこれと似たものがあり、たとえば、信玄公祭り、ぎふ信長まつりなどがあげられるであろう。

さて、これらの歴史再現は、現在では、歴史好きからなる民間の団体が主催したり、または地域振興のために、自治体などが開催したりしている。そのため、歴史再現は、第I部のテーマである「楽しむ」という視点から考えることもできる。しかし、このコラムでは、およそ一〇〇年前のルーマニアで、「シュテファン大公没後四〇〇年祭」という名でおこなわれた歴史再現をとりあげ、本章のテーマである「学ぶ」を考えてみたい。

シュテファン大公は、現在のルーマニアのもとになったモルドヴァ公国の君主であった人物である。彼はその半世紀近い治世において、ハンガリーやポーランドといった大国と渡り合い、時には勝利もおさめていた。さらに、一四七五年には、東方から侵攻してきたオスマン帝国を撃退し、ローマ教皇から「キリストの戦士」と讃えられた人物でもある。そのため、シュテファンには、単なる「公」ではなく、「大公」というおくり名がつけられている。この偉大な君主の没後四〇〇年目にあたる一九〇四年七月二日に、ルーマニアの首都ブカレストを中心に各地で式典を同時におこなうことが企画された。

このシュテファン大公没後四〇〇年祭の第一の特徴は、学校行事の一環であったことである。というのも、音頭をとった人物が、当時の教育大臣スピル・C・ハレトであったからである。彼は、ルーマニア史上、教育の近代化で多くの事績を残しているが、その政策の中には、子供に対するナショナリズムの涵養という政策もあり、その延長線上に、シュテファン大公没後四〇〇年祭があった。ハレトは企画・準備の段階で、全国の学校に行事内容とその手順を伝達し、すべての教員と生徒・児童の参加を義務付けた。それゆえに、四〇〇年祭は、大人の式典だけでなく、子供のイベントでもあったのである。大人たちによる宗教儀礼、演説、軍隊の行進に交じって、子供たちによる合唱、詩の朗読、行進などがおこなわれた。親子での参加という点をふまえるならば、王太子フェルディナンドとともに、一〇歳になるその息子カロルが参列していたことはとても印象深い。

四〇〇年祭の第二の特徴は、各地でおこなわれた歴史行列である。特に、首都でおこなわれたシュテファン大公のスチャヴァへの入市式の再現が、最も大規模なものであった。その内容は、シュテファン大公に扮して、冠や装束を身にまとい、手には笏をもった金髪碧眼の若者が、ヴラド串刺公（ドラキュラ伯爵のモデル）に扮した人物とともに、大公の家臣や貴族に扮した一団と中世の剣・槍・弩などで仮装した集団を引き連れていくものであった。この歴史行列は、四〇〇年祭に詰めかけていたブカレスト市民のお目当てだったらしく、このイベントを取材したある新聞記者も「新聞の記事程度のもので、はたしてこの荘厳な情景を描くことが出来ようか」とその感動を書き残している。

しかし、この歴史再現には、歴史的な事実との間に微妙なズレがある。たとえば、シュテファン大公はモルドヴァ公国の君主であって、ルーマニア王国の君主ではないこと。確かに、モルドヴァ公国はワラキア公国と合同して、ルーマニア王国をつくるが、王太子も含めた国家の重鎮たちが、国土の半分以下を支配していたかつての君主を、国を挙げて祝うのは、なにか不自然さを覚える。旧ワラキア公国の住民たちは不満ではないのかといった疑問さえ沸き起こる。祝われた場所に関してもズレがある。先に言及した歴史行列は首都ブカレストでおこなわれた。しかし、ブカレストはワラキア公国の都市であり、そこはシュテファン大公の支配地の外であった。さらに、この式典に出席した王太子フェルディナンドはシュテファン大公と血縁関係のないドイツ出身の人物であった。

ある意味、歴史再現にはこのようなズレはつきものである。そもそも、別人たちが後世におこなった再現に過ぎないからである。むしろ、重要なことは、実施された背景とその効果である。シュテファン大公没後四〇〇年祭がおこなわれた背景には、ルーマニアという国の成り立ちが深くかかわっている。ルーマニアは、先に述べたとおり、モルドヴァ公国とワラキア公国が一八五九年に合同して成立した国である。この二つの国はその建国から合同の時まで、それぞれ別の国として歴史を歩んできた。しかし、合同の後には、一つの国として、一人の君主を戴き、一つの首都をもち、そして一つの歴史をもつ必要が出てきたのである。外国人君主に関しても込み入った事情があった。二つの国の合同を確固たるものにするために、列強からの国際的承認を意識して、西欧列強の王家出身の人物を君主として戴いたのである。

シュテファン大公は、上述した事績から「祖国を防衛した偉大な君主」として、以前から人気のある歴史上の人物であった。この人気がすべての齟齬を飲み込むかのように、利用されたのである。シュテファン大公の勇気が父から子に口伝えに引き継がれたとハレトはその演説の中で述べているが、この四〇〇年祭をとおして、自分たちの「偉大な祖先」としてシュテファン大公を視覚的に認識した子供たちが、次世代にその情景を語ることが期待された。さらに、この歴史再現では、ヴラド串刺公というワラキア公も登場させ、二つの国の調和が強調されている。一九〇四年のこのイベントがモルドヴァ公国とワラキア公国の合同から約四〇年後、ルーマニアがオスマン帝国から独立を宣言してから約三〇年後の出来事であることを考えれば、新興国としての模索をみてとることができるであろう。

最後に、当時の外交関係から、シュテファン大公没後四〇〇年祭を考えてみよう。実は、この式典には、ルーマニア国王カロル一世が出席していない。それには込み入った事情がある。そもそも、一九〇四年の時点で、シュテファン大公の支配地のすべてがルーマニア王国になったわけではない。モルドヴァとワラキアの合同以前に、モルドヴァの一部がオーストリアなど周辺の大国にすでに割譲されていたからである。それにもかかわらず、この「失われた領土」、たとえばオーストリア領であったスチャヴァでも、ブカレストと同じような式典が企画・開催された。つまり、ルーマニアの国外に在住する旧モルドヴァ人たちも自分たちの「偉大な祖先」を想起するイベントをおこなったのである。ただ、これはスチャヴァの分離主義を刺激する可能性があった。さらに、ハンガリーとの関係も厄介であった。当時のハンガリー政府は国内のハンガリー語教育を強化していたが、これに同国内のルーマニア語を母語とする住民は不満を感じていた。そのような中で、ハンガリー王を打ち負かしたことのあるシュテファン大公は、反ハンガリーの象徴となる可能性があった。つまり、四〇〇年祭の盛り上がりは、領土問題や外交問題に転化する恐れがあったのだ。このような懸念が、ドイツ出身の国王に四〇〇年祭を欠席させる要因となったのである。もっとも、この行事からおよそ一〇年後、小学生だった子供たちが成人年齢に達した頃に、その懸念は現実のものとなる。なぜなら、ルーマニアは一九一六年にオーストリアとハンガリーに宣戦布告し、第一次世界大戦に参戦したからである。

参考文献

Adăniloaie, N. 2004. “Spiru Haret-Inițiatorul şi organizatorul comemorării lui Ştefan cel Mare în 1904,” *Revista istorică*, tom.15, nr, 3–4 pp. 11–24.

Iorga, N. 1905. *Pomenirea lui Ştefan-cel-Mare*, Minerva, Bucureşti.

4 御真影・学校儀式の戦前・戦後
――一九三〇年代から六〇年代を中心に

小野雅章

一 教育史研究と御真影・学校儀式

御真影「拝礼」と教育勅語「奉読」、そして「君が代」斉唱を主内容とする、四大節学校儀式は、天皇制公教育における統治の「装置」として、戦前の教育に大きな役割を果たしてきた。このなかで、教育勅語は、現在でも、保守勢力による復権の動きが幾度となくみられるが、一九四八年六月の国会決議により、その排除・失効確認が行われており、明確に否定されている。

「君が代」は、現在国歌として、儀式における斉唱が学習指導要領によって義務づけられている。御真影や学校儀式についても、戦後教育改革によって全面否定された、とする通説もあるが、それは事実とは異なる。また、これらは、戦前・戦後を通して、それぞれの時代状況により、その扱われ方も変容している。そうした、変容過程について、戦後教育までを射程にして検討することは、現在の教育現場における、入学式・卒業式における国旗・国歌の強制問題などについても、その背景を知る上で重要な作業になるであろう。こうした視点から、一九三〇年代から六〇年代を射程に、教育現場における御真影・学校儀式の扱いの変容について、「日の丸」や「君が代」の扱いも視野に入れて検討したい。

二　戦時体制下の御真影・学校儀式

昭和天皇の即位礼と御真影

学校現場への御真影普及を促進させるひとつの起点は、一九二八年に行われた、天皇の代替わりにともなう、昭和天皇・皇后の御真影の一斉「下賜」であった。即位礼直前の御真影「下賜」であったが、従来の御真影「下賜」の原則に大きな変更があった。同年五月に宮内次官は文部次官に通牒を発し、御真影「下賜」先に関し、「原則トシテ廉アル場合ニ多数集合シ、拝賀式ヲ行フ左ノ向」としたうえで、その筆頭に学校をあげた。それまで厳格であった「下賜」範囲の制限を解除し、すべての学校を御真影の「下賜」対象にした（明治期には、公私立を問わず、尋常小学校は厳格な「下賜」制限のため、正規の御真影の「下賜」はなかった。公立尋常小学校は、文部省の通牒により、近傍の高等小学校などに「下賜」されていた御真影を複写し、それを儀式に「奉掲」することが許可されていた。これを「複写御真影」と称するが、明治期の尋常小学校で用いられたのは、この「複写御真影」であった）。天皇制公教育下における学校の役割を再認識した結果といえよう。

上述の通牒は、「下賜」の条件として、「奉安ノ設備有之……ノ向」としたが、御真影「下賜」の仲介を行う文部省も、各府県に対してこれを徹底した。御真影は、従来以上に厳格な管理が求められるようになった。多く府県は、「奉安ノ設備」を「奉安施設」と解釈して、関係機関へ周知した。これは、「奉安施設」を奉安殿と解釈したことによるものであった。御真影「奉護」施設としての独立型奉安殿が、これを機に飛躍的に増加した。

昭和天皇・皇后御真影は、希望する向きに対して、一〇月に一斉「下賜」され、一一月一〇日の即位礼にあわせ、各学校で挙行された、三大節学校儀式に準じた「奉祝式」に使われた。ただ、この御真影は、「御大典までに間に合ふやう宮内省御写真部で謹製を急いで」作ったもので、その後、不変色のカーボン式の物に取り換えることが前提であった。その後、一九三一年にこのカーボン式写真の御真影と取り換える時点で、各地で御真影の変色や黴、紙魚など「不祥事」が発生した。そのため、文部省は、御真影の日々の管理のさらなる厳格化を求め、各府県に係官を派遣し、「御真影奉安状況調査」を実施するようになった。

国体明徴運動と御真影の神格化

一九二〇年代後半ごろから独立奉安殿が普及したが、この時点では、一般に理解されているような神社型奉安殿は、まだ少数派であった。文部省は、御真影の「奉護設備」を要求したが、神殿型奉安殿設置の奨励を行うことはなかったからである。

国体明徴運動により、教育・学問の場でも天皇の神格化が加速的に進行したが、その一環で、学校での御真影「奉護」も検討された。文部省は、「御真影奉安状況調査」の結果を受けて、御真影「奉護」方法に関する調査・研究を開始した。この調査・研究の結果、文部省は、各学校の御真影「奉護」について、「奉安殿ニハ混凝土造、土造、石造、煉瓦造、木造等ノ種別アルモ、神殿型軸部鉄筋混凝土造ノ耐火性構造ニヨリ築造スルヲ最善トスベシ」と結論づけ、さらに、幾つかの設計図を準備した。さらに、「御真影奉安状況調査」は、開始当初の一九三二年度から三五年度までは、サンプリング調査であったが、一九三六年度以降は悉皆調査に転換した。その調査結果にもとづき、各府県に対して、御真影「奉護」に関して、「文部省視察官指示注意事項」を発して、改善を求め、その結果の報告を求めるようになった。この指示・注意は、御真影の管理の詳細にまで及び、これを神格化して扱うことを強く求めるに至った。

文部省の御真影「奉護」の厳格化の方針を受け、一九三八年頃から各学校も奉安殿設置に関して、同省に支持を仰ぐ事例が増加した。文部省は、上述の調査・研究成果である「極秘　御真影奉護ニ関スル注意事項　文部大臣官房秘書課」、「御真影奉護ニ関スル心得」、文部省自身が用意した奉安殿設計図などをもとにして、奉安殿の設置に際して指導を行った。こうして、一九三八年以降、神殿型奉安殿が全国的に広く普及した。さらに、一九三七年八月以降に官製国民運動として実施された国民精神総動員運動の実施項目のひとつとして、登下校時の奉安殿への最敬礼が採り入れられ、学校の慣行になった。かくして、子ども達の学校生活の中に、神格化された天皇を深く意識させる状況が完成した。

強制措置による御真影受け入れと学校儀式の完全実施

戦時下の天皇制教化のための文部省の次なる施策は、半強制的な御真影受け入れの実施と大学を含む、すべての教育機関における四大節学校儀式の完全実施であった。上述の通り、一九二八年の宮内次官通牒により、学校への御真影「下賜」範囲に関する制限は撤廃されていたが、御真影「下賜」は、各学校からの「下賜願」の申請が前提という原則があった。このため、「奉護」施設の不備などを理由に御真影を受け入れない学校が、宗教系私立学校や高等教育機関などを中心に存在していた。四大節学校儀式についても、小学校や中等教育機関が中心で高等教育機関の実施率は極めて低かった。

文部省は、この二つを徹底することを政策課題として、新たな動きに出た。一九三〇年代半ば頃から、文部省は、東京府下一六大学に対して、御真影「奉戴」、四大節学校儀式の有無を確認する調査を実施した。同省は、その結果を「御真影奉戴ノ有無及四大節式典挙行各学校別調査表」としてまとめたが、御真影「奉戴」校が二、四大節学校儀式の実施校が二という結果であった。これは、文部省にとって、憂慮すべきものであった。文部省は、高等教育機関を中心に、御真影の受け入れと四大節学校儀式の挙行を、強制に近い形で各学校に要請した。神棚事件で軍部に屈した同志社大学が御真影を受け入れたのが、一九三五年一二月一五日であった。一九三六年一〇月一五日には、早稲田大学、立教大学、関西大学、高野山大学、立正大学が御真影を受け入れた。早稲田大学の御真影受け入れについては、文部省専門学務局長からの呼び出しと面談があったことが明らかになっているが、他の高等教育機関も同様であったと考えられる。一九三五年から三八年にかけて、多くの私立大学・専門学校は、文部省の指導により御真影を受け入れた。

高等教育機関への御真影「下賜」の強制は、四大節学校儀式挙行の徹底策と対をなすものであった。文部省は、一九三六年頃に上述「御真影奉戴ノ有無及四大節式典挙行各学校別調査」を全国規模で行った。その結果、ほとんどの高等教育機関で四大節学校儀式を実施していない事実を把握するに至った。そこで、一九三七年四月一日に文部次官通牒発専二六号「式日ニ関スル件」を発し、全国の高等教育機関に四大節学校儀式の完全実施を命じた。文部省は、一九三七年七月一二日に文部次官照会、照専四六号「御真影拝戴及式日ニ関スル件」を発し、再度、御真影受け入れ状況と四大節学校儀式挙行に関する調査を実施することにより、高等教育機関への御真影普及と四大節学校儀式の挙行を強く促した。こうして、一九三八年には高等教育機関を含む、ほぼすべての教育機関で神格化された御真影が受け入れられ、四大節学校儀式が完全に挙行されるようになった。

四大節学校儀式の次第は、小学校令施行規則（一九〇〇年八月）により、「君が代」斉唱、御真影への「拝礼」、教育勅語「奉読」、校長訓話、式歌斉唱などが規定され、（これは、国民学校令施行規則にも引き継がれた）中等教育機関もこれに準じていた。しかし、「日の丸」についての規定は皆無であった。式典における「日の丸」掲揚は、あくまでも慣行であり、戦前日本において掲揚義務はなかったが、一九三〇年代頃から、祝日などの掲揚が民間を中心に推奨され、その後、政府レベルでも追認するようになった。

三　戦後の御真影・学校儀式

戦後教育改革期の御真影回収と再下付

一九四五年一一月二四日付『朝日新聞』（東京本社）は、「各級学校を始め、都道府県庁、在外大公使館、及び領事館等において奉戴してゐた天皇陛下の御真影は終戦後の新事態に鑑み、今回変改されることに決定した」と報道した。この決定を受け、文部省は、同年一二月二〇日付文部次官発地方長官宛通牒「御真影奉還ニ関スル件」（宮三〇号）を発し、御真影回収を命じた。各学校の御真影は、一斉回収され、県庁あるいは地方事務所などで「奉焼」（焼却）された。

宮内省は、「御写真取扱要綱」を定め、一九四六年四月五日付通牒により、新たな御真影の取り扱いを全国に周知した。「御写真取扱要綱」は、「天皇陛下ノ御写真ハ国民ガ日本ノ元首、国民大家族ノ慈父トシテ深キ敬愛ノ念ヲ以テ」接するものとし、「奉掲」場所は、「清浄ナラシムルコトニ心掛クベク奉安殿、奉安庫等ニ平常奉納スルガ如キコトハ之ヲ避クルコト」とした。さらに、「当該御写真ノ複製（印画印刷）、宮内省ノ許可ヲ得テ、之ヲ販売頒布スルコトヲ得」と、御真影の複製販売も許可した。一九四六年一二月に宮内次官発各省次官宛に通牒を発し、新たな御真影「下賜」に関して周知した。その「官衙学校等の団体への下賜の範囲」の筆頭は、戦前と同様に「学校」であった。翌一九四七年には、内務省・厚生省関係機関への御真影「下賜」を確認できるが、文部省関係への「下賜」は、一九五二年七月の秋田県の私立敬愛学園高等学校への「下賜」を確認するに止まった。これは、一九四六年当時の文部省が、複製の数が多いとの理由で、学校への「下賜」に否定的であったことによる結果であった。しかし、新聞報道により、上述の敬愛学園高等学校以外の学校で御真影を「奉掲」していることが確認できるが、これは、御真影の複製を購入したものと思われる。こうして、御真影は、戦後も少数派であるが学校にも存在した。

戦後の学校儀式と「日の丸」「君が代」

四大節学校儀式であるが、敗戦直後は、従来通りの内容で実施されていたが、一九四六年初頭の御真影の一斉回収、同年一〇月の式日における教育勅語「奉読」の禁止により、その主たる次第である御真影「拝礼」と教育勅語「奉読」は、実施不可能になった。そのため、同年一〇月九日に国民学校令施行規則を一部改正し、四大節学校儀式の次第に関する条項（第四七条）を改正し、儀式内容の規定を全面削除し、条文を「紀元節、天長節、明治節、及一月一日ニ於テハ職員児童学校ニ参集シテ祝賀ノ式ヲ行フベシ」と改正した。

四大節学校儀式の内容として、もうひとつの重要な次第である「君が代」斉唱は、特に問題とされることはなかった。被占領期間を通じて占領軍から、これを禁止するような指令は出されなかった。学校儀式に関係する、府県・市町村レベルからの通牒類をみても、「君が代」斉唱について、「差支無シ」であった。「日の丸」掲揚については、その都度、占領軍へ届と承認が求められていたが、教育・学校関係、祝日関係でその掲揚が禁止される事例は皆無であった。

その後、新学制のもとで学校教育法施行規則を制定したが、そこには、儀式に関する条文はなく、法令による四大節学校儀式の挙行義務は消滅した。そして、一九四八年七月の「国民の祝日に関する法律」の制定により、新たに国民の祝日が設けられ、戦前の祝祭日は廃止され、全体的傾向として、従来型の学校儀式は衰退に向かった。しかし、国民の祝日は、従前の祝祭日との連続性が強いものであり、その祝日には、行事を行うことが政府から奨励された。その中身であるが、元旦は、学校や公民館に参集しての交換会、天皇誕生日（四月二九日）は、小学校通学区域ごとに人々が参集しての祝賀行事を例示した。従前の学校儀式を推奨することはなかったが、祝日に学校に参集して行事を行うことは当然視していた。こうした方針に、各学校は従前の儀式に類似した式典で対応する学校も存在した。

「紀元節」復活運動と学校儀式

日本の講和・独立が日程にあがる、政治において保守回帰が急速に強まった。一九五〇年一〇月一七日付文部大臣官房総務課長通達「学校における「文化の日」その他国民の祝日の行事について」（文総第一六七号）は、時の文部大臣天野貞祐による、国民の祝日の「祝意の意義」を徹底するための方策として、学校主催の行事における「君が代」斉唱と「日の丸」掲揚を周知した。講和条約発効後の一九五三年四月、愛知県教育委員会は「学校における「天皇誕生日」その他国民の祝日の行事について」を発し、文化の日、天皇誕生日に各学校で式典を実施し、「日の丸」掲揚と「君が代」斉唱を行うように求め、県下市町村にも同様の依頼をした。その結果、同年の天皇誕生日には、愛知県下で、組織的に旧四大節学校儀式に類似する式典が実施された。一九五六年二月一一日には、高知県繁藤小学校で、旧紀元節に戦前の式典をほぼ踏襲した式典を挙行したことが発覚した。紀元節は廃止され、明らかに法令違反であるにもかかわらず、当初は、文部大臣や政権与党は、これを追認したため、繁藤小学校は、紀元節復活運動の象徴となり、全国的に注目を浴びた。

当時の一九五一年改訂学習指導要領には、学校儀式については明記されておらず、トップダウン方式で、戦前四大節学校儀式に準じる行事の実施には、日教組や革新政党は、激しく反対運動を行った。そのため、文部省は、一九五八年の学習指導要領改訂に際し、新たに「学校行事等」を規定し、その内容のひとつに儀式を位置づけ、祝日などの儀式で国旗掲揚と「君が代」斉唱を望ましいとした。この結果、元旦を中心に「日の丸」掲揚と「君が代」斉唱を含む学校儀式が普及し始めた。

その後、一九六五年の「国民の祝日に関する法律」の改正に際し、大きな反対があったにもかかわらず、体育の日、敬老の日とともに建国記念の日を設け、政令によって、その日を二月一一日とした。建国記念の日は、紀元節復活と大きな批判を受けた中での制定であった。そのため、政府は、国民の祝日である建国記念の日に、学習指導要領に明記された「日の丸」掲揚と「君が代」斉唱をともなう式典の指針を示そうとしたが、日教組を中心とする激しい反対運動に直面し、他の祝日と同様に学校儀式の挙行は各校の判断とするに止まった。新聞報道によると、大きな混乱を避けるため、学校儀式を挙行するところは少数であったとされる。文部省自身が、祝日の学校儀式は任意としたことで、いったん普及の兆しを見せた「日の丸」掲揚と「君が代」斉唱を伴う祝日学校儀式は急速に衰退した。こうした状況に対しての保守層の対応策が、一九八九年改訂の学習指導要領であったと考えられる。祝日ではなく、入学式・卒業式を標的にして、「日の丸」掲揚・「君が代」斉唱を学校の式典に義務づけた。国旗・国歌についての法的根拠がないとの批判を受け、大きな異論があったにもかかわらず、「国旗及び国歌に関する法律」を一九九九年八月に成立させたことは記憶に新しい。

四　現代への視座

戦前から戦後の過程で、表面上学校儀式は大きく変わったように映るが、これまで検討してきた学校教育と天皇制との関係を強化する図式は、戦前の方式と少しも変わらない側面がある。二〇一五年六月に、当時の文部大臣下村博文が、全国立大学学長に対して、入学式・卒業式における国旗掲揚と国歌斉唱を要請したことは、記憶に新しい。『毎日新聞』（二〇一六年五月一日、朝刊）によると、この要請で一五大学がそれまでの方針を転換して、国旗掲揚、あるいは国歌斉唱を実施したという。決して強制ではないが、強い指導により各高等教育機関に御真影の受け入れを認めさせた方式と何ら変わりがない。

現在の入学式・卒業式は、東京都の場合、国歌（「君が代」）斉唱、国旗掲揚（式場に掲揚）を求めている。国旗が御真影に教育勅語「奉読」が加われば、戦前の儀式そのものである。これまで検討してきたとおり、その入学式・卒業式における国旗掲揚と国歌斉唱の強制も、実は、祝日における学校儀式の衰退により、その場をすり替えたにほかならない。

日常の教育現場で起こっている諸問題も、歴史上に起こった問題の再現のような性格を持つものがある。「歴史は繰り返される」とは言われるが、偏狭なナショナリズムを学校教育の中に入れる為政者の思考回路も、戦前・戦後を通して変化がないように思われる。

参考文献

小野雅章　二〇一四『御真影と学校――「奉護」の変容』東京大学出版会

小野雅章　二〇一六「戦前日本における「国旗」制式統一過程と国定教科書――文部省による制式決定（一九四〇年）迄の経緯」『日本の教育史学』五九

佐藤秀夫編　一九九四―九六『続・現代史資料八　教育　御真影と教育勅語一』―『続・現代史資料一〇　教育　御真影と教育勅語三』みすず書房

コラム 6

戦前日本の就職難問題

町田祐一

高学歴者の就職事情

近年、高学歴者の就職事情は過酷な様相を呈するようになってきた。新卒採用をみると就職活動の長期化やネットによる膨大な数のエントリー、高偏差値の大学のみを最低限度のエントリーラインにする「学歴フィルター」などがある。また、一度新卒で採用されないと正社員になりにくいことも問題として知られてきた。こうした世知辛い現実世界の反動であろうか、ネットをみると、定職に就かずに暮らす「高等遊民」になりたい、という呟きがあふれている。

歴史学を社会へ生かすためには、こうした現在の社会問題の起源を辿り、深く考える素材を提供することも必要であろう。そこで本コラムでは、拙著『近代日本の就職難物語――「高等遊民」になるけれど』（吉川弘文館、二〇一六年）をもとに、第二次世界大戦前（以下、戦前）の日本の高学歴者の就職難問題を紹介していきたい。

明治末期における就職難問題の登場

戦前の日本で、高学歴者の就職難が大きな社会問題になったのは、二〇世紀初頭、明治末期における「高等遊民」問題としてである。「高等遊民」といえば、夏目漱石の小説『それから』（一九〇九年）の主人公長井代助で知られる。代助は大学を卒業後、親の遺産で暮らす三〇歳の男性である。小説中で「働かないのは僕が悪いんじゃない、国家が悪いのだ」と明治国家にその原因を求めたことから、日露戦後「一等国」を自負した日本社会の「時代閉塞」を象徴する存在として、歴史学でもしばしば引き合いに出される。その後漱石が「国民的作家」になり、代助の実利実益主義への反発が人々の共感を呼ぶ普遍的な思想だったこともあって、「高等遊民」といえば、資力があっても勤労意欲のない人物が典型と思われてきた。

だが、現実の「高等遊民」は、当時の史料を見ると、「中学卒業以上の高等な教育を受けながら一定の職業に就いていない人」であり、構造的に捉えられる様々な問題から発生していた。発生の要因は、帝大に直結する高等学校への「進学難」、学業半ばでの「半途退学」、国家体制の整備とともに拡大した法学を始め東京中心に発展した高等教育機関の拡大による「就職難」である。明治三〇年代には高等教育制度の形成により「学歴社会」が成立して「進学熱」が起こり、こうした問題が発生していたが、日露戦後の国民統合が展開された明治末期には、文部行政が高等学校を増設して進学希望者を収容しようとする学制改革を計画し、審議過程で卒業後の就職難による「高等遊民」の増加が懸念された。また警察行政が社会主義等の拡大を懸念し、「大逆事件」とともに定職に就いていない高学歴者の存在を意識したため、社会問題化するに至ったのである。

この問題の中核と見なされた就職難問題の解決には、将来的な大学増設や実業教育、独立自営、帰農、アメリカやブラジル移民など幅広い社会還元が説かれた。だが、現実の「高等遊民」は、地域社会の名望家や文化芸術活動に身を投じた者をのぞき、国家資格の試験勉強、非常勤講師の掛け持ち、公益職業紹介所への求職活動などを行い、良い地位が空くまで「順番待ち」をしていた。そもそも当時の就職は縁故がものをいっており、地縁・血縁といった「個別縁故」、学校推薦・教授推薦といった「学閥縁故」が有力だった。高学歴者はこうした就職方法を前提としていたから、よほど生活苦に陥らない限り、高学歴に応じた地位を求めたのである。

昭和初期における就職難問題の特質

「高等遊民」問題は抜本的対策のないまま、第一次世界大戦後の好景気とその後の学制改革による高等教育拡張による就職口の増加で解消された。その後、大正時代中期に高等教育機関の拡張が「平民宰相」原敬内閣で決定、実施されていった。

ところが、その方針は志願者の多い人文社会系の学科を増設するという現状追認だったため、明治期以来の就職難構造は残された。社会における人文社会系の需要と政党による党利党略が理由であった。当時は帝国議会などでもこの点が懸念されたものの、予想通り昭和初期の不況期にはこの時の卒業生がその中核になった。

昭和初期の就職難は、「大学は出たけれど」という小津安二郎の映画タイトルに象徴されるが、進学層が増加した中で、明治末期と異なる様相を呈した。まず、就職採用試験は「学閥縁故」を前提にした一人一社の大学推薦だったが、実際には「個別縁故」の別枠があったほか、各社それぞれの基準からなる筆記試験や面接試験により選別され、特に大企業では多数をふるいにかける厳しい選別が待っていた。

また、不況を反映して一九二九(昭和四)年度の卒業生からは大企業への就職活動が卒業後となる就職協定が初めて締結された。これはすぐに形骸化したものの、在学中から就職活動への不安が高まり、成績に固執する学生が増え、就職マニュアル本が売れた。そしてこの頃もまた、社会不安を背景に共産主義などの「危険思想」が懸念された。とはいえ、高学歴者の運動家の中心は筋金入りの職業的運動家が中心であり、その他の人々は政府の弾圧を受けて転向を余儀なくされていった。

結局、当時の解決策は、失業対策事業と高等学校の定員縮小が政策対応された他は、就職活動対策の徹底か、中小企業への就職、自営業や移民といった自助努力を要請する明治期とほぼ同じものであった。職業紹介所には連日多くの求職者が押し掛けるもめぼしい職はなく、失業対策事業では役所などで期間限定の短期的雇用が繰り返され、雇用を打ち切られたある男性は天皇に授職を求める直訴状を送り付けた。最終的に、多くの高学歴者が順番待ちをしつつ生活の糧を探し、満洲事変後は大陸へ活路を見出す者も出る中で、日中戦争にいたる軍需景気により、この問題は再び雲散霧消していったのである。

現代の就職難問題を考える

このように、戦前日本の高学歴者の就職難は、法科に偏重した高等教育機関の構造、縁故と試験による就活、戦争に左右される景気と現状追認の高等教育拡張政策が重なって発生した問題であった。これは急速な近代化とともに成立した高学歴者特有の〝意外にも〟大変だった就職事情と、例え「高等遊民」になったとしても何の保証もない近代日本社会の特徴を浮き彫りにした問題だったのである。

現在、高等教育は大衆化しており、近代「国民国家」の時代でもない。とはいえ、類似の構造は残されており、安易な自己責任や就活システムの自浄作用、ましてや実体の伴わない景気回復に解決策を求めることは何の解決にもならない。その意味で歴史学の知見が、教育や就活、日本社会のあり方を考えるために役に立てば幸いである。

5 彼らはどう教えられてきたのか
――米国歴史教科書における原爆投下

藤田怜史

一 オバマ大統領による広島訪問と原爆投下認識

二〇一六年五月二七日、アメリカ合衆国（以下、米国）大統領バラク・オバマが、原子爆弾が初めて使用された広島を訪問した。彼がそこで行った演説の論点は様々あろうが、筆者の目を引いたのが、第二次世界大戦が「広島と長崎において、残酷な終結（brutal end）に至った」という表現である。一九九四年九月、連邦議会上院において満場一致で通過した決議文には、むしろ、第二次世界大戦の終わり方は「慈悲深い」（merciful）ものであったと述べられていた。それぞれがなされた背景は大きく異なるとはいえ、約二〇年のうちにこのような認識の変化が生じたのである。もちろんこうした認識は、あくまでオバマ大統領個人のものであって、米国民に広く共有されているわけではないと主張することもできる。実際、米国の保守的なメディアの中には、この演説を「不快」（repulsive）と酷評するものもあった。そうした訴えの根底にあるのはやはり、右に挙げた一九九四年の上院決議と同じ考え方であろう。そのように考えると、きわめて保守的な考え方においては、二〇年前と原爆投下への認識に変化は見られない。

世論調査の結果を見ても、原爆投下に対する米国民の世論が大きく変化したようには見えない。一九九五年にギャラップ社が実施した世論調査によれば、五九％の回答者が、原爆投下というハリー・トルーマン大統領の決断を「支持する」（approve）と答えた。その二〇年後、二〇一五年にピュー・リサーチ・センターが行った世論調査では、五六％の回答者が、日本への原爆投下は「正当化できる」（justified）と考えていることが明らかになった。言葉遣いはなんであれ、全体として原爆投下自体を肯定的に捉える傾向に大きな変化はなさそうである。しかしオバマ大統領があのような演説を行ったことだけではなく、現職大統領の広島訪問が実現したことの意味は非常に大きく、その底流では、こうした単純な世論調査からは見えない変化が起きているのではないだろうか。

そこで、この章で注目するのが歴史教科書の記述である。米国民が原爆投下を肯定的に見る傾向がある理由としてしばしば言われるのが、彼らが原爆投下の諸問題についてほとんど何も知らないのではないかという点である（アルペロビッツ 一九九五、ガーソン 二〇〇七）。本当に彼らは原爆投下について、ほとんど何も教えられてこなかったのか。そうだとすれば、歴史教科書を著す歴史学者は何をしてきたのだろうか。本章では以上のような問題意識に基づき、一九五〇年代から現在に至るまでの歴史教科書における原爆投下記述を検証するものである。

二　米国における歴史教育と教科書

米国において、日本のような中央政府による教科書検定が行われていないことはよく知られている。一九九六年に、いわゆる「歴史教育のための全米基準」という、全国的な教育スタンダードが策定されたが、それが法的拘束力を持っているわけでもない（冨所 一九九八）。「全米基準」以外に、各州が定めた教育スタンダード（「全米基準」以前から策定されたものもあった（松尾 二〇一〇））もあるが、原爆投下に関して詳細な規定はない。たとえばカリフォルニア州の「歴史・社会科教育内容基準」には、「原子爆弾投下の決定と、その決定の影響について議論せよ（ヒロシマ・ナガサキ)」と定められているに過ぎない〔California Department of Education 2000〕。その意味で、原理的には、米国の歴史教科書においては教科書執筆者が自由に記述する余地があると言えるかもしれない。

しかし実際にはそうはいかないようである。中央政府による検定制度はないものの、同様のシステムが州ごとに整備されており、テキサス州やフロリダ州、カリフォルニア州など、人口が多く、かつ州による一括の採択制度を採用している巨大州が教科書作成に与える影響力は大きいと言われている〔岡本 二〇〇一〕。そしてまた、社会科あるいは歴史教科書の特徴として、教科書に記述される「事実」が「政治的」であることが指摘されている。自らも教科書執筆に関わった社会学者のローウェンによれば、「歴史教科書になにを記載するかは「社会」が決定する」のである〔ローウェン 二〇〇三、五二四頁〕。米国の教科書における歴史は、「本質的に国民意識に根ざした歴史」なのである〔フィッツジェラルド 一九八一、四九頁〕。

このように言うと、歴史教科書の内容に歴史学者が関わる余地がないようであるが、そのようなことはない。結論を先に言えば、歴史教科書における原爆投下記述は、歴史研究との時間差があるにせよ、その研究成果を取り入れる形で変化してきた。つまり、歴史学者によって明らかにされてきた事実が教科書に書かれてもよいかどうかを歴史学者が決めることはできないかもしれないが、書かれてもよいと「社会」が判断したとき、教科書に記述されるものは、彼らが研究によって明らかにしてきたものなのである。

三　原爆投下正当化論を伝達する——一九八〇年代まで

以上のように考えたとき、少なくとも一般高校用歴史教科書においてではあるが、しばらくの間「社会」は公式見解、すなわち最も単純な形式の原爆投下正当化論しか認めてこなかった。たとえば一九五〇年代から八〇年代にかけて長く版が重ねられてきたトッドの一連の教科書（*Rise of the American Nation* や *Triumph of the American Nation*）やブラグドンの *History of a Free People* などは、この時期の教科書記述におけるきわめて典型的な形式を提供するものであった。すなわち、硫黄島や沖縄の戦いは非常に激しく、それゆえ本土侵攻作戦において非常に大きな犠牲が予測されていた、米国は日本に警告をしたが（ポツダム宣言）、日本はそれを拒否し、降伏する兆しを見せなかった、その結果原爆投下が決定された、という流れである。これは、第二次世界大戦時に陸軍長官を務めたヘンリー・スティムソンによる原爆投下決定論をきわめて単純化した説明であり〔Stimson 1947〕、彼の説明では触れられていた原爆使用への反対論、慎重論や、日本政府によるソ連への和平打診についてすら言及されていない。この時期の教科書がスティムソン説を意識したのかどうか、あるいは原爆投下を可能な限り正当な行為として描こうとしたのか、記述の内容からははっきりしない。

この点について、ある教科書における記述の変化は注目に値する。ムーンの *Story of Our Land and People*（一九四九年版）は、たとえば沖縄の喪失は日本にとって「世界帝国建設という……夢の終わり」であり、日本本土侵攻が計画されていたが、「日本が降伏する準備のあることを宣言して」おり、「その必要はなかった」と述べる。それが一九六四年版では、沖縄戦などを経て「日本本土の征服は長く、危険なものになるように思われた」と、大幅に記述が修正された。はっきりそうと述べるわけではないが、原爆投下が本土侵攻を回避するために決定されたというニュアンスが含まれるようになったのである。同じ著者によるこうした教科書の記述の変化を見ると、トッドやブラグドンの教科書や、その他同時期における同様の記述をする教科書が、スティムソンに代表される原爆投下正当化論を意識したものであることがはっきりする。筆者が検証した中でもいくつかの例外はあったが、一九五〇年代から八〇年代にかけてのほとんどの教科書がこうした形式を踏襲するものであった。中には、ブーアスティンの *A History of the United States*（一九八一、二〇〇五年版）のように、「原爆投下によってより小さな犠牲で済む可能性があった」と、直截に表現するものもあったのである。

原爆の犠牲者に関する記述についても述べておきたい。八〇年代以前の教科書が、原爆の放射線による急性障害によって多数の犠牲者が出た事実や、長期的な後障害について言及することはめったにない。そのため原爆の犠牲者数は、たとえば広島については七万から一〇万と、低く記述されることがほとんどであった。また、長崎の犠牲者数についてはそもそも触れられることが少なく、長崎への原爆投下に対する関心の低さは明らかである。長崎の犠牲者について具体的に数字を挙げない教科書は、筆者が持つ五八冊のうち二八冊にのぼるが、そのほとんどが八〇年代以前のものであった。

四　変わるものと変わらないもの

原爆投下正当化論に真っ向から異議を唱える修正主義学派が歴史学界に登場したのは一九六〇年代のことであり、さらに正当化論（正統主義）と修正主義を批判的に捉え直し、かつそれを総合するようなポスト修正主義的解釈が登場するのは一九七〇年代から八〇年代にかけてのことであった。一般的な高校用の教科書でこれらの研究成果が即座に反映されることはなかった。教科書記述の全般的な傾向がはっきりと変わるのは九〇年代に入ってからであり、それは、原爆投下研究が蓄積され、そのうえでポスト修正主義的な考え方が歴史学界における主流との位置づけが定着した時期と一致している〔Walker 1990; 2005〕。

その変化は、質、量ともに大幅なものであった。多くの教科書がコラムや欄外の説明を追加し、マンハッタン計画を含め戦争終結過程についての記述を増やしている。たとえば一九五四年に初版が出版されたブラグドンの教科書は、一九九二年版と九八年版ではコラムによって原爆に関する説明を拡充させた。その内容はそれぞれ異なるが、九二年版では「原爆が使用された本当の理由は、ソ連の指導者であるスターリンを怯えさせることだったと考える者もいる」と、修正主義的解釈の存在が示唆されている。ブラグドンの教科書における変化は、九〇年代以前・以後の違いをはっきりと示すものであった。

ブラグドンの教科書が示唆するように、九〇年代前後に出版が開始され始めた多くは、もはや単純な原爆投下正当化論を伝達するものではなくなっていた。確かにほとんどの教科書は、トルーマン大統領が原子爆弾をただの軍事兵器のひとつとして認識しており、それに加えて戦争の早期終結という動機に突き動かされたがゆえにその使用を決定したと結論づけている。しかしながら、原爆使用には慎重論や反対論が存在したこと、本土侵攻と原爆投下以外の戦争終結方法についても議論されていたこと、戦争の早期終結以外の要因が決定を後押ししたことなど、そのすべてが論じられるわけではないが、そうした諸々の要因に言及しつつ、上述したように結論づけているのである。たとえばダンザーの *The Americans* は、科学者の慎重論やアイゼンハワーの原爆投下批判論について言及しており、さらに、戦争の早期終結以外に原爆投下を後押しした要因として、「原爆投下がうまくいけば、戦後世界の構築において、ソ連に対して米国がきわめて優位に立つ」という考え方や、原爆製造のコストを正当化する必要があるという考え方が存在したことなどを指摘した。ケイトンの *America: Pathways to the Present*（一九九五年版）も、「ある歴史家の考察では」という留保のもとではあるが、ソ連要因について指摘しつつ、さらに原爆投下と本土侵攻以外の戦争終結方法として、海上封鎖と通常爆撃の継続、無人島でのデモンストレーション、無条件降伏の緩和などが考えられていたことについて記述している。アップルビーの *American Vision*（二〇〇六、二〇一〇年版）などは、日本政府が天皇制の存続が保証されれば降伏する意思を持っており、米政府もそれを承知していたと、無条件降伏修正問題についてかなり踏み込んだ説明をしていた。

二〇〇〇年代になると、全体として、九〇年代に比べて記述の幅が狭くなる傾向が見られた。エイヤーズの

American Anthem（二〇〇七年版）、ワーナーの *United States History*（二〇一〇年版）が典型的であったが、ソ連要因や原爆投下の代案について言及しない教科書もあり、*Pathways* でも二〇〇二年版以降、原爆投下におけるソ連要因に関する記述だけでなく、一九九五年版に掲載されていた見開き二ページに及ぶコラム「原爆投下の長期的影響」がなくなった。それには、エノラ・ゲイ論争（ワシントンDCにある航空宇宙博物館における、広島に原爆を投下したB29型爆撃機エノラ・ゲイ号の展示をめぐって起きた大論争。結果的に保守・愛国主義的な圧力によって展示計画は中止に追い込まれた）の影響があったかもしれない。ただそれでも、歴史教科書における原爆投下記述が八〇年代以前にまで回帰することはなかった。上に挙げた教科書はいずれも、コラムという読者の視覚に訴える形で、原爆投下肯定論および批判論、慎重論を併記するなど、原爆投下に対する複数の見方を提示している。ここにおいてはもはや、原爆使用は何の議論の余地もない決定ではないのである。

原爆投下の犠牲についての記述も、あくまで八〇年代以前のそれと比較すれば変わったといえる。上に挙げたエイヤーズやワーナーの教科書のように犠牲者数を低めに記述（それぞれ広島八万、六万、長崎四万、三・五万である）するものもあった。しかし全体的に犠牲者の数はそれまでより多めに見積もられ、それに加え、生存者の証言の引用や、放射線の急性障害による犠牲者の増加などについて記述されるようになってきた。ナッシュの *American Odyssey*（一九九一、二〇〇四年版）のように、放射線による長期的な健康への影響について言及するものもあった。

以上まとめたように、八〇年代から九〇年代にかけて教科書記述は大きく変化した。しかし変化があまり見られなかった点も指摘しておくべきであろう。ひとつは、米軍が計画していた日本本土侵攻作戦における予測死傷者数についてである。スティムソンに端を発する原爆投下正当化論として、本土侵攻が実施されていたら一〇〇万人の米兵が犠牲になっていた可能性があり、原爆が戦争を終わらせたことによってそれだけの命が救われたのだとする考え方がある。しかし八〇年代以降この数字には疑義が呈されており（Bernstein 1986）、それにもかかわらず、最近のものであっても多くの教科書がなお「一〇〇万人」という数字を用いているのである。確かに、八〇年代の疑問に対してはさらなる異議申し立てがなされ、議論が活発に交わされている状況にあるとはいえ〔Kort 2007〕、無批判にこの数字を用いることには、疑問を覚えざるをえない。興味深いことに、ダンザーの *The Americans* を見ると、一九九九年版ではこの数字について、「多くの歴史家がいまや、予測された死傷者数がきわめて過大視されていたと考えているが」という留保の一節があったが、二〇〇九年版では削除されていた。この例が示すように、「一〇〇万人」に関する歴史家の論争について、教科書執筆者が知らないはずはない。それでもなおこの数字を用いることの意味は大きい。もうひとつ挙げるとすれば、戦争終結におけるソ連の役割が軽視されていることである。近年、日本の降伏をもたらしたのは原爆かソ連参戦かが歴史家の間で激しく議論されているが、歴史教科書においては、ソ連参戦が日本政府に与えた衝撃についてほとんど説明されないため、原爆が戦争を終わらせたことはほぼ自明であるように記述され続けている。ソ連参戦に言及すらしない教科書は五八冊のうち二二冊にのぼり、その中には九〇年代から二〇〇〇年代の教科書もあった。

五　歴史教育における歴史学者、歴史学の役割

米国史家の油井大三郎が指摘するように、米国における歴史教育の特徴のひとつに歴史〔批判〕的思考力の育成がある〔油井 二〇一三〕。「全米基準」をはじめとする教育スタンダードや歴史教科書による定義をごく簡単に要約すれば、歴史学習とは、ある出来事や現象を適切な歴史的コンテクストに位置づけ、適切な事象と関連づけつつ、歴史的資料の収集と分析、解釈を通じて、評価、判断を下すことである。歴史教育〔および社会科教育〕は、知識偏重となることなく、むしろ知識を手段として考える力を養い、結果として民主主義社会における「責任ある市民」を育成する

ことを目的としているのである。その教科書的実践のひとつが、生徒に問いを投げかけることによる議論の促進であり、それ自体は「全米基準」が策定されるずっと前から行われてきた。

しかしこのことは、歴史教育において知識が重要ではないことを意味しない。妥当な判断を下すためには質、量ともに十分な知識や情報が必要なことは言うまでもないであろう。たとえばジョーダンの *The Americans*（一九八二年版）は、本文では原爆投下の代案についてまったく示唆することなく、生徒に「もしあなたが一九四五年に大統領であれば、日本への原爆投下を指示しただろうか。理由を述べ回答せよ。……」と問うている。他方ダンザーの *The Americans* は、科学者やアイゼンハワーの反対論について触れつつ、同様の質問を提起している。ほぼ同じ問いかけであり、いずれにしても「自分でも使う」と答える割合が高いかもしれない。しかし、適切な情報や史料が提示されたうえで評価を下すことと、そうでないままに評価を下すことに大きな差がある。

上述したように、教科書を記述する際に歴史学者ができることは多くはないが、重要である。時間がかかりながらも、歴史研究の成果を取り入れる形で確実に変化が起きているのである。米国の歴史教育のあり方を考慮したとき、歴史学および歴史学者が教育において果たす役割は、原爆投下のような歴史的事象に対して、「あるべき」評価を下させることではなく、なされるべき議論を導くための歴史的事実やものの見方を可能な限り多く提供すること、つまり議論を通じて多様な考え方があることを理解させるための材料を生徒に示すことであろう。歴史認識に劇的な変化がすぐに訪れることはないであろう。しかし教科書記述は緩やかに変化しているのであり、それによって社会全体の歴史への見方が緩やかに変化する。その社会の変化がさらに教科書や教育のあり方を変えていくのである。

参考文献

アルペロビッツ、ガー　一九九五『原爆投下決断の内幕──悲劇のヒロシマ・ナガサキ』上下（鈴木俊彦・岩本正恵・米山裕

子訳）ほるぷ出版
岡本智周 二〇〇一『国民史の変貌――日米歴史教科書とグローバル時代のナショナリズム』日本評論社
ガーソン、ジョゼフ 二〇〇七『帝国と核兵器』（原水爆禁止日本協議会訳）新日本出版社
冨所隆治 一九九八『アメリカの歴史教科書――全米基準の価値体系とは何か』明治図書
フィッツジェラルド、フランシス 一九八一『改訂版アメリカ――書き換えられた教科書の歴史』（中村輝子訳）朝日新聞社
松尾知明 二〇一〇『アメリカの現代教育改革――スタンダードとアカウンタビリティの光と影』東信堂
油井大三郎 二〇一三「歴史的思考力育成と米国の歴史教育」『歴史地理教育』七九九
ローウェン、ジェームズ・W 二〇〇三『アメリカの歴史教科書問題――先生が教えた嘘』（富田虎男監訳）明石書店
Bernstein, Barton J. 1986. “A Postwar Myth: 500,000 U.S. Lives Saved,” *Bulletin of the Atomic Scientists*, 42–6.
California Department of Education 2000. *History-Social Science Content Standards for California Public Schools, Kindergarten through Grade Twelve.*
Kort, Michael 2007. *The Columbia Guide to Hiroshima and the Bomb*, New York: Columbia University Press.
Stimson, Henry L. 1947. “The Decision to Use the Atomic Bomb,” *Harper's Magazine*, 194.
Walker, J. Samuel 1990. “The Decision to Use the Bomb: A Historiographical Update,” *Diplomatic History*, 13–1.
Walker, J. Samuel 2005. “Recent Literature on Truman's Atomic Bomb Decision: A Search for Middle Ground,” *Diplomatic History*, 29–2.

6　韓国における「自国史」教育をめぐる葛藤

君島和彦

一　韓国での学校・教科書・歴史教育

韓国の学校教育と教科書制度

最初に簡単に韓国の学校と教科書の制度を見ておこう。韓国の学校は、日本と同じく、初等学校（小学校）六年、中学校三年、高等学校三年、大学校四年である。この上に大学院碩士（修士）課程二年、博士課程三年がある。小・中学校だけが義務教育であるが、高校進学率は高く、事実上の義務教育として制度が整えられている。

教科書に関しては、日本の学習指導要領に相当する「教育課程」があり、文科省に近似する教育部から告示されている。「教育課程」の教科書への拘束力は、日本より強く、教育課程と教科書の章や節の目次はほぼ一致している。高校の教科書は一般書店で学校が指定する教科書を生徒が購入する。二〇一六年度現在、高校の歴史科目には、「韓国史」「東アジア史」「世界史」の三科目があり、いずれも検定制度が採用されている。

韓国の自国史教育

高校の歴史三科目の中で、本論で中心的に検討する自国史（「韓国史」）について簡単に紹介しておこう。一九四八年の大韓民国政府樹立以降、検定教科書が使われていた。検定教科書から「国定」教科書に変わったのは、朴正熙大統領の時代である。当時の文教部は、朴正熙大統領独裁の維新体制（一九七二年一〇月以後）下、一九六八年一二月に公布した「国民教育憲章」の精神を具体化するために、第三次教育課程（一九七四年公布）で「国籍ある教育」を標榜して民族主体性を強調し、自国史の「国史」を必修科目とし、教科書を「国定」にした。「国史」は政府の政策的意思を具現する「政策科目」となった。維新体制下では、高校だけでなく、国民学校（一九九五年から初等学校）五・六年生から大学の教養課程まで、「国史」は必修科目になり、「国定」教科書が発行された。さらに、司法・行政・外務の公務員試験でも「国史」は必修となり、多くの大企業も入社試験で「国史」を必修にした。この時以来、紆余曲折はありながらも、現在まで、「国史」は学校では必修科目である。

検定制度の教科書

韓国で自国史科目が検定制度に戻ったのは、第七次教育課程（一九九七年告示）で誕生した高校二・三年生用の選択科目「韓国近・現代史」からで、この教科書は二〇〇一年度から使用された。必修科目の「韓国史」は、「二〇〇九改訂教育課程」（二〇一一年度使用）で検定教科書になり、この時に新設された選択科目「東アジア史」も検定制度が採用された。韓国での検定制度は、「国定」になった一九七四年以後で見れば、二〇〇一年三月から使用された「韓国近・現代史」からでも一五年ほどで、「韓国史」では五年ほどしか経過しておらず、検定教科書の歴史は非常に短い。そんな中で朴槿恵政府は、二〇一五年一〇月に、二〇一七年度から中学校と高校の「韓国史」を「国定」にすると発表した。韓国の教科書制度は変革期にあるといえよう。

歴史教育強化の意味

韓国での歴史教育の歴史を見ると、常に「歴史教育の強化」が叫ばれる。朴正熙大統領時代に定められた国民教育憲章でも、「先祖の輝ける魂を今日に活かし」「敬愛と信義に根ざした相互扶助の伝統を引き継ぎ」「進んで国家の建設に参与して奉仕する国民精神を高める」ことを主張していた。朴正熙政府は、民族主体性の源泉を、国難を克服して優れた文化を発展させた祖先の姿と自国の文化に求めた。これが歴史教育の強化となった。

なぜ、「先祖の輝ける魂」や「敬愛と信義に根ざした相互扶助の伝統」を自らの歴史に求めるのか。一九五五年に設立された歴史教育研究会の設立の趣旨では「日帝の束縛から抜け出し、歴史教育の自主性を回復」することを訴えている。日本による植民地支配下で、自国の言語と歴史を奪われた韓国人にとって、自国・自民族の歴史、すなわち「国史」を回復することは、重要な民族的課題なのである。「国史」教育の強化が常に叫ばれる理由は、日本の植民地支配に大きな要因がある。

韓国の歴史教育学界では、歴史教科書で民族の独立を強調するのは、自主独立を喪失した辛い体験を歴史的事実に基づいて認識させ、再び不幸を招来しないように、民族の独立と自主性を守る姿勢を育てたい、歴史教育によって歴史の教訓を民族史の過去から体得させたい、さらに植民地から解放されたとはいえ、いまだに民族が南北に分かれており、そのためにいろいろな面で悩まされている韓民族は、統一の原理として民族を強調せざるを得ない、南と北に裂かれた韓民族は民族同質性に訴え、その確認によって統一国家の意思を固める必要がある、このような歴史的必要によって韓国の歴史教育で民族を強調することは、韓民族としては「歴史的当為」でもある、と認識されている。

植民地時代に奪われた自国史の回復と民族の南北分断という二つの要因を理解することなく、韓国の歴史教育を語ることはできない。

二　日本による歴史歪曲と韓国の歴史教科書

日本との関係で起こった近年の教科書問題

一九九七年一二月、金泳三政府は「第七次教育課程」を告示した。歴史科目は、必修科目の「国史」と、高校二・三年生用の選択科目「世界史」と新設の選択科目「韓国近・現代史」で、選択科目は検定教科書であった。高校「国史」教科書は、一種類だけの第一種教科書（事実上の国定）であった。高校でも探求学習を採用し、教科書の判型も従来の「A5判変形」二冊から「B5」判一冊になり、カラー印刷になった。高校では二〇〇一年度から使用された。

しかし、ここで周辺国家との葛藤が起こった。日本と中国である。中国との関係は「中国東北工程問題」と言われるもので、古代の高句麗・渤海、さらには新羅や百済までが、「中国史の一部」であると言う中国の主張である。日本の植民地期に「日鮮同祖論」や「任那日本府説」によって古代史を否定されていた韓国にとって、民族の始まりである「古朝鮮」「高句麗」などの歴史を奪われることは容認できない問題である。

同時に、二〇〇一年には、日本で「新しい歴史教科書を作る会」が編集に関わった『新しい歴史教科書』（扶桑社版）が検定に合格した。この教科書に対しては、日本のみならず、中国や韓国で大きな批判が起こった。一九八二年の教科書検定による「歴史歪曲」批判以来の大きな動きになった。

『新しい歴史教科書』は、検定申請本（白表紙本）が合否決定前から出回り、教科書内容を知ることができた。それを使って、韓国では、新聞が内容を紹介して批判し、検定不合格運動が盛り上がった。韓国政府も数回、日本政府に日韓関係にとって好ましくないとの懸念を伝えていた。しかし、『新しい歴史教科書』は検定に合格し、文部科学省は四月三日に検定結果を公表した。町村文部科学大臣は「バランスのとれた内容だ」というコメントまでつけた。

韓国では、大きく三つの層による批判運動が起こった。その一は韓国政府の批判である。韓国政府は、日韓の外交関係を考慮して懸念を表明し、一九八二年の教科書問題の後の日本政府の声明や「近隣諸国条項」に反し、一九九八年の日韓両国首脳で合意した「日韓パートナーシップ共同宣言」の精神にも反すると批判した。そして、「日本歴史教科書歪曲対策班」を設置し、教科書内容を検討した。その結果、五月になって三五カ所の修正を要求した。中国政府も八カ所の修正を要求した。この要求に対し、日本政府は事実上拒否した。

その二は歴史研究者の対応である。「日本歴史教科書歪曲対策班」などに参加したり、『新しい歴史教科書』を詳細に批判的に検討し、日本の歴史研究者と共同でシンポジウムを開いたりした。韓国の歴史研究者による日本の教科書研究のレベルは高く、日本の歴史教科書をよく読んでいる。韓国内での日本の教科書を批判する研究会に参加すると、「新しい歴史教科書」系の教科書などは全文が翻訳されており、細かく記述内容を検討している。韓国の歴史研究者の中で日本語を理解する人の比率は、日本の研究者の韓国語理解率よりはるかに高い。

第三は市民の反応である。主にテレビや新聞報道などで事実を知り、敏感に反応した。特に学父母会を中心にした市民は、韓国との関係史を歪曲しており、自国の青少年の教育にも関係するとして、敏感に反応した。

ここでの問題点は、市民は大部分がマスコミの報道によって批判点を知るだけで、研究者と一般市民の内容理解度の落差が大きいことである。

『新しい歴史教科書』の直接的影響

二〇〇一年の日本での教科書問題は、韓国の歴史教育にどんな影響をもたらしたか。二〇〇二年度から施行された第七次教育課程では、近現代史は、二・三年生の選択科目「韓国近・現代史」で学ぶので、一年生の学ぶ「国史」には近現代史が含まれていなかった。韓国では、『新しい歴史教科書』批判の高まりの中で、自国の歴史教育に対しても批判の声が起こった。韓国の高校生は、近現代史を選択科目「韓国近・現代史」で学ぶだけではないか、選択科目では選択しない学生もおり、自国の近現代史を全員が学ばなくても良いのか、という批判である。

この結果、二〇〇二年版「国史」教科書では、第七次教育課程にはない「近現代史」が書き加えられた。この事実は、目次を見るだけで一目瞭然である。第七次教育課程の「国史」教科書は、「分類史」を採用していた。「第1編・韓国史の正しい理解」、「第2編・先史時代の文化と国家の形成」に続いて、第3編の政治、第4編の経済、第5編の社会、第6編の文化では、各編の章が「古代・中世・近世・近代への導入」で構成されていた。ところが二〇〇二年版「国史」教科書は、この後に「第7編・近現代史の流れ」という編があり、その下に「政治・経済・社会・文化」の章が配置されていた。構成が全く異なり、第7編が急遽追加されたことは明らかである。この不体裁の教科書はこの年だけ使用された。そして二〇〇五年五月に「歴史教育強化方案」が出され、「国史」の教育課程だけが部分改訂されて、近現代史部分が追加された。事後追認の教育課程の改訂である。韓国では「教育課程」は事態の急変や市民などの批判で改訂されることがある。この点は、日本の教育状況とは大きく異なっている。

日本の『新しい歴史教科書』が、韓国の歴史教育に影響と混乱をもたらした事実は記憶しておいて良いだろう。

三　歴史教育と政治との関係

「韓国近・現代史」教科書を巡る問題

第七次教育課程では、高校二・三年生の選択科目「韓国近・現代史」が新設された。検定制度による科目で、四種類の教科書が検定に合格し、二〇〇三年度から使用された。この中の金星出版社版『韓国近・現代史』教科書に対して、保守系のハンナラ党の国会議員が「親北・反米・反財閥」の観点で一貫していると批判した。これに便乗して、一部のマスコミも、教科書の一部を取り上げて批判した。歴史学界は、歴史教育研究会などが中心になって、金星出版社の教科書を検討するシンポジウムを開き、「親北・反米・反財閥」という批判は、政治的目的から出た歪曲であることを明らかにした。

二〇〇四年一一月に設立されたニューライト団体「自由主義連帯」を継承し二〇〇五年一月に発足したニューライト団体「教科書フォーラム」は、韓国の近現代史を検討することを目的にして、既存の『韓国近・現代史』教科書を批判するとともに、二〇〇八年に『代案教科書 韓国近・現代史』という本を出した。この本は、日本による植民地支配が韓国の近代化を促したとする植民地近代化論、李承晩政権の美化、独裁政治の合理化などを主張していた。「教科書フォーラム」は、政治学、経済学、教育学など、社会科学の専門家の集団で、歴史学や歴史教育学の研究者の参加は少なかった。

二〇〇八年に李明博政府が発足し、大韓商工会議所などの経済団体が教科書の内容を批判し始めると、教育科学技術部が前面に出て教科書の修正に乗り出した。これを受けて統一部と国防部を始めとする諸機関が、他の『韓国近・現代史』教科書についても何カ所もの修正を要求した。

金星出版社の教科書執筆者は、自分たちの教科書に該当する三八件の修正勧告に反論したが、教育科学技術部は一部を受け入れ、その他の箇所に対して「修正指示」を出した。この間、保守団体は、検定の取り消しを求め、金星出版社に抗議のデモを行い、マスコミは執筆者の自宅にまで押しかけるなど、大混乱になった。

高校の教科書は、学校で採択本を決めるが、保守団体は金星出版社教科書の採択校を公表して、採択の変更を求めた。ソウル市教育庁など各地の教育庁も、採択の変更をねらった研修や行政指導を行い、教科書注文の締め切りを延長してまで変更を迫った。その結果、金星出版社教科書の採択校は、当初約七〇〇校ほどであったが三三九校が採択を変更し、採択率は五四・四％から三一・三％に減少した。

この間、金星出版社は、教育科学技術部の圧力に負けて、著者の同意を得ないで「修正指示」どおりに教科書を修正し、教育科学技術部に提出した。このような事態に直面し、教科書執筆者は、二〇〇九年に、出版社を被告にして著作権侵害停止訴訟を起こし、教育科学技術部を被告にして修正指示の取り消しを求める行政訴訟を起こした。二〇一三年になって、修正指示取り消し訴訟は執筆者が勝利し、著作権侵害停止訴訟では敗訴した。韓国での政権による教育内容干渉の典型的な事例である。そして、「韓国近・現代史」は、「二〇〇七年改訂教育課程」での自国史科目「歴史」が、近現代史中心の科目であるために廃止された。二〇〇三年から二〇〇九年までの短命の科目であった。

韓国での未来志向の対応

韓国では、周辺国家との歴史葛藤を解決するためにどんな方策をとったか。二〇〇七年二月「二〇〇七年改訂教育課程」を告示した。この教育課程は、二〇〇六年一二月に出された「歴史教育強化方案」を具体化したもので、日本などの歴史歪曲に能動的に対処することを改訂理由の一つにあげている。「第七次教育課程」からの継続である。

二〇〇七年改訂教育課程では、「国史」と「世界史」を統合した「歴史」を設置した。「国史」に対する「国粋主義」という批判を克服するためである。さらに、韓国人の生き方を学ぶ「韓国文化史」を新設し、「東アジア史」を新設して東アジアの国家間の葛藤を克服し、共同の歴史認識の形成をめざした。二〇〇七年頃までに、日本と韓国、さらには中国まで加えて、民間の歴史教育交流が活発に行われ、共通教材がいくつも刊行されたことを積極的に受けとめての措置である。民間の研究者・教育者の動向を歴史教育に反映させる政府のあり方に注目したい。さらに、小中高での歴史教育の繰り返し学習をやめるために、中学校では前近代史を、高校では近現代史を中心に学ぶことにしていた。二〇〇七年改訂教育課程は日本の歴史教育にとっても大きな示唆を含むものであった。この教育課程は民主政権である盧武鉉政府によって作成されたものである。

李明博大統領による教育への干渉

二〇〇七年改訂教育課程は、初等学校は二〇〇九年度、中学校は二〇一〇年度、高校は二〇一一年度から施行されることになっていた。ところが、二〇〇八年二月に保守系の李明博大統領が就任すると、二〇〇九年五月に、「未来形教育課程（案）」を公表した。未来形教育課程では、早くから進路選択に合った教育を実施するために、高校の自律化、多様化、特性化を進め、学年群、教科群、集中履修制を実施し、高校三年間を一つの学年群にして全科目を選択科目で履修することにしていた。そして、英語教育と科学教育の強化を主張していたが、総論だけがあり、教科科目の教育内容は含まれていなかった。

李明博政府による教育分野での新自由主義的政策の推進であり、差別と選別の教育の実施であった。この背景には、全国経済人連合会などの経済団体の要求があった。同時に、民主政府時代に作られた教育政策への李明博保守政府の反撃でもあった。

この教育課程に対して、学父母会、市民団体、言論界、歴史学会などが激しい反対運動を起こした。二〇〇七年改訂教育課程が告示され、実施されはじめたばかりなのに、なぜ新しい教育課程を作ったのか、高校の多様化、自律化、特性化など学校制度を変える理由は何か、などの強い反対意見が出て、反対運動が高揚した。

歴史教育への李明博政府の攻撃と混迷

このような反対運動の高まりを受けて、教育科学技術部は、未来形教育課程を、うやむやのまま撤回し、一二月に「二〇〇九改訂教育課程」を告示した。この教育課程は、学年群、教科群、集中履修制、高校三年の全科目選択など、未来形教育課程の総論を採用していた。同時に、「社会科」の教育課程だけが改訂され、高校の社会科の選択科目を一三科目から九科目に減らし、その中で、歴史関係では、韓国史、東アジア史、世界史が残り、「韓国文化史」が削除された。未来形教育課程から二〇〇九改訂教育課程の告示まで、公聴会などが開かれるたびに、提案にある「歴史A」と「歴史B」が何になるのか、削除されるのは「東アジア史」なのか「韓国文化史」なのか、歴史学界や歴史教育学界は大混乱であった。なぜなら、この二科目は、いずれも新科目であり、二〇一一年三月から授業が始まるので、教科書検定は二〇一〇年度である。二〇〇九年度には教科書を執筆しなければならないにもかかわらず、科目が決定しないので、大混乱が起こった。

さらに、教育科学技術部は、二〇一〇年五月にも、「歴史」科目の教育課程だけを改訂した。「歴史」を「韓国史」と改名し、「韓国史」も選択科目になった。中学校と高校で全時代を学ぶ「繰り返し学習」も復活した。教育課程が毎年改訂されるという混乱ぶりである。しかも、改訂の対象は「歴史＝自国史」だけである。韓国での「自国史」教育は、国民の関心も高く、政府にとっても重要な政策としての位置を占めていた。

この措置に対して、「韓国史」は必修に戻すべきだ、歴史教育の弱体化だという批判が、マスコミ、歴史学界、学父母会などで大きく盛り上がった。この批判を受けて教育科学技術部は、「韓国史」は「全ての学生が履修するように勧奨する」と説明して、批判を説得しようとした。

それでも、歴史教育の弱化、軽視という批判は収まらなかった。このような世論に押されて、二〇一一年四月二二日、ソウルの国立中央博物館にある敬天寺十層石塔前で、李周浩教育科学技術部長官、李培鎔教育課程開発推進委員会委員長、李泰鎮国史編纂委員会委員長の三長官が並び立って、「歴史教育強化方案」を発表した。その内容は、二〇一二年から高等学校の「韓国史」を必修とすること、さらに大学入試でも韓国史を受験科目に入れるように各大学に勧告すること、各種の公務員試験に韓国史を含めることを関連部署と検討すること、教員採用試験の受験資格を国史編纂委員会で主管する韓国史能力試験三級以上の合格者に与えるなどというものであった。「自国史の重視」という世論への異常な対応ともいえる処置によって、「韓国史必修化問題」は終息した。

「韓国史」の検定での特別措置

「韓国史」教科書の編集では混乱は継続していた。高校一年生は、二〇一一年三月から新しい教育課程に準拠する教科書を使用することになっていた。この「韓国史」教科書から検定制度が採用された。検定の受付は二〇一〇年三月からである。二〇一〇年五月に出された最新の教育課程は、当然、教科書執筆には間に合わない。教科書は「二〇〇七年改訂教育課程」に準拠して作成するしかなかった。韓国の教育課程は、教科書内容への拘束力が、日本よりはるかに強い。このことを踏まえれば、二〇〇七年改訂教育課程に準拠して作成された教科書は、「近現代史」が中心の教科書となる。そこで新教育課程に準拠させるために、検定に合格した教科書にだけ、「前近代史」を追加させたのである。近現代史ですでに頁数も満たしていたので、前近代史の異常に短い「韓国史」教科書ができあがった。ここでも歴史教育は混乱した。二〇一一年には、二〇一〇年五月に告示された教育課程に準拠して教科書が改訂され、再び検定を実施した。毎年検定である。

新しい教科書の登場

韓国の教育課程は随時改訂方式に転換したと言う人もいるくらい、毎年改訂されている。二〇一一年八月にも新しい教育課程が告示された。李明博大統領時代の最後の教育課程である。この教育課程に準拠した二〇一三年度検定では、高校の「韓国史」教科書は八冊合格（一冊不合格）したが、この中に韓国現代史学会の「韓国史」教科書（教学社版）があった。二〇一一年五月に結成された韓国現代史学会は、ニューライト団体「教科書フォーラム」の後継団体であった。この教科書には、植民地近代化論や、独裁政治を実施した李承晩政権や朴正熙政権の肯定的評価、金大中政府による二〇〇〇年の南北共同宣言の過小批判など、従来の教科書とは異なる内容が随所にあった。

二〇一三年二月に朴槿恵政府が成立していたが、八月三〇日に検定合格が公表され、九月初めには教学社版教科書の内容が国会や学界に知られると批判が起こった。全教組や学父母会、全国民主化運動遺族協議会、民族問題研究所、韓国挺身隊問題対策協議会などの団体は、教学社版教科書は誤りが多く、正確性や公正性、普遍性に欠けるとして、検定の取り消しを求めた。この運動は、マスコミなども加わって、大変な高揚を見せた。

これに対して、セヌリ党など保守陣営は、他の教科書は「親北」であり、誤りが多いと指摘し、国防部や統一部は具体的に誤りを指摘した。教育部は、検定の取り消しではなく、合格した八種の教科書全てを対象に修正・補完を求めた。一一月になると、教育部は七種の教科書に八二九点のもの修正・補完を勧告した。この結果、七社の執筆者は「韓国史教科書執筆者協議会」を結成して検討し、自主修正も含めて修正し、教学社版教科書も教育部の修正勧告を受け入れた。これによって検定と教科書の処理は終了した。一二月になって教科書の採択が始まったが、教学社教科書には、まだまだ誤りが多いという理由で採択反対運動が行われた。その結果、採択をやり直す学校もあって、教学社版教科書の採択は一校だけになった。政治に翻弄される歴史教育の姿が見える。

韓国史教科書「国定」化の動き

二〇一五年一〇月一二日、黄祐呂社会副首相兼教育部長官が、中学・高校の韓国史教科書を、「国定教科書」にすると発表した。黄祐呂教育部長官によれば、偏向した歴史教科書を正さなければ生徒が韓国と韓国の歴史に対する確固たるアイデンティティと正しい歴史観を持つことができない、客観的な歴史的事実に基づき憲法の価値に忠実な正しい歴史教科書を作らなければならない、現行の検定制度では正しい歴史教科書を作ることは不可能である、などが歴史教科書国定化の理由である。

韓国史教科書の国定化は、教学社の韓国史教科書を巡る問題と深く関連している。教学社教科書に対する市民や歴史研究者の批判に対し、政府や与党からの再批判があった。対立点は、日本の植民地支配、一九四五年の解放以降の韓国での反政府運動、朴正熙政権による独裁と経済成長、などである。保守派は現行の教科書を反米的で北朝鮮に甘いと批判し、教師らは教学社教科書を日本の植民地支配や軍部独裁政権を美化していると批判した。

この事態に対して政府と保守派の与党から国定化の意見が出てきた。このような重大な歴史的出来事の評価が分かれているのであれば、政府が「正しい歴史教科書」を作る、というのが国定化の理由である。ここでも日本の植民地支配が重要な論点になっている。

歴史教育に関係する歴史教育研究会、歴史教育学会、熊津史学会、韓国歴史教育学会の四団体は、「断固拒否する」という声明をだして反対した。さらに、四七〇団体で結成した韓国史教科書国定化阻止ネットワークも、教科書の国定化は、韓国社会が蓄積してきた民主化を根こそぎ否定する暴挙であると批判した。全国各地で大学教授、中・高校教師、父母、市民団体が反対声明を出し、デモが行われた。父親の朴正熙は「軍事クーデター」を行い、娘の朴槿恵は「歴史クーデター」を行ったという比喩を用いて批判した。また、いくつかの有力大学の教授は国定教科書の執筆拒否声明を発表して反対した。反対意見の中には、国定教科書は教学社教科書を基礎に作成するのではないかという意見があった。朴槿恵大統領は、ハンナラ党代表だった二〇〇八年五月に『代案教科書 韓国近・現代史』の出版記念会に出席して祝辞を述べ、父親の朴正熙を高く評価するこの本を歓迎していたからである。

国定教科書は二〇一七年三月から使用される予定であった。著名な歴史研究者が執筆を拒否したので、教科書編集を担当する国史編纂委員会は、執筆者を確保することが困難と見られていたが、二〇一五年一一月に、執筆者を確保したと発表した。そして教育部は、二〇一六年一一月二八日には「現場検討本」を公開した。しかし、朴槿恵大統領が一二月九日に国会での弾劾追訴で職務停止になったこともあって、一二月二七日、李俊植社会副首相兼教育部長官は、国定教科書の使用を義務づける方針を転換し、検定教科書も採択できるようにすると発表した。その結果、国定教科書は事実上採択されなかった。韓国での自国史教科書はまだ混迷の中にある。

四　どんな自国史を学ぶのか

韓国では、歴史教育、特に自国史教育は、国家的に常に重要な課題である。日本による植民地支配と南北分断という過去と現実が、韓国人にどんなアイデンティティを持つべきかを、提起している。しかし、自国重視といいつつも、歴史研究者や歴史教育研究者の持つ歴史認識と一般市民の持つ歴史認識には、大きな落差があるように思える。教科書執筆者は、日本の教科書と同じように、歴史的事実をきちんと学ばせようとしている。しかし、政治家やそれを批判する市民は、マスコミの報じる「事実」に依拠して、自国史を強化するかどうかで議論しているように見える。研究者が市民に近づくのか、市民が事実をよりしっかり学ぶのか、いずれにしても、政治と教育の関係で悩んでいるのが韓国の歴史教育であるといえよう。

参考文献

李元淳　一九九四『韓国から見た日本の歴史教育』青木書店
君島和彦　二〇〇九『日韓歴史教科書の軌跡』すずさわ書店
君島和彦編　二〇一一『歴史教育から「社会科」へ』東京堂出版
金漢宗　二〇一五『韓国の歴史教育』（國分麻里・金玹辰訳）明石書店
歴史学研究会編　二〇〇四『歴史教科書をめぐる日韓対話』大月書店

コラム ❼

史学科出身者の社会的役割

石居人也

人生捨てたも同然!?

無免許で歴史学の大学院に入るなんて、人生捨てたも同然――学芸員資格も、教員免許ももたない「無免許」で大学院の修士課程に「入院」した春、わたしが最初に先輩からいただいた教訓である。大学院に進学した一九九〇年代後半は、いわゆるバブル崩壊直後で、歴史学にかぎらず進学希望者は多かった。突如現出した就職氷河期に、モラトリアムを求める「なんとなく進学者」もいたが、わたし自身は、かれらとは違うとの自負を抱きつつ、歴史学を活かした仕事に就けたらよいなと、「なんとなく」考えていた。それでも、中高の教壇に立つ自らの姿は想像できなかったし、学芸員という仕事もいまひとつピンとこなかった。とりあえず資格をという発想は、当時のわたしにはなく、学部時代の履修科目は、面白そうかだけを基準に選んだ、行きあたりばったりのものだった。そうして、寝ぼけ眼で進学したわたしの眠気を吹き飛ばしたのが、さきの教訓だったというわけである。

結局、修士課程で学芸員課程を併行履修することにしたわたしは、同じころはじめた博物館でのアルバイトをとおして学芸員という仕事に魅力を感じるようになり、博士課程進学と同時に学芸員として働きはじめた。あるときは大学院生、またあるときは学芸員という二足の草鞋をはくことは、厳しくも幸せな、そして何よりも歴史学の研究成果を社会にどう還元するか、社会との接点で考えたことを研究にどうフィードバックするかを、否応なしに意識させてくれる、貴重な経験となった。職場が大学に移ったいまも、この原体験がわたしの根っこにはある。

冒頭から長々と個人的な経験で恐縮だが、このコラム（なのでお許しいただきたい）において、史学科出身者であるわたし自身の経験から語りおこすことにもまた意味があろうとおもい、僭越ながら披露させていただいた。以下では、二〇一七年現在、わたしが授業をもっている、本務校を含む四つの大学の教育現場から、史学科出身者（歴史学を専攻した者）の社会的役割を考えてみたい。

資格取得のその先は……

出講先のひとつでは、歴史学専攻の授業を担っている。受験段階で専攻を選ぶその大学では、多くの学生が、大学で歴史を学ぶという意欲をもって入学している。そんなかれらが、自らの専攻を活かした進路として選ぶのが、中高の教員と博物館学芸員である。教職は、すこし前まで、生徒数の減少から新規採用を見送る学校も多かったが、団塊世代の退職にともなって、近年は一定の求人があり、教職に就くことをはっきりとイメージしながら資格取得を目指す学生も多い。一方で、就職後に経験する教育現場の厳しさを、少なからず耳にする。地域の歴史研究の担い手が往々にして中高の教員で、その成果が教育にも反映していた時代は遠く、余裕のない日々に追われる教員は少なくない。だが、かれら自身が歴史学を志したきっかけが、しばしば中高時代の学校教育経験にあることに鑑みれば、次の世代が歴史と出会う場に立ち会う教員の役割は、いうまでもなく大きい。

学芸員に関しては、別の出講先で授業を担っている。履修者は、文・芸術系から理系まで幅が広く、その志向は、学芸員になりたい、資格が欲しい、博物館の観方を学びたい、の三つにわかれる。実際、学芸員は狭き門で、二〇一五年一〇月一日現在、五六八三の博物館（政府統計）があるが、正規の学芸員をおかない館もある。加えて、学芸員に高い専門性を求める場合には、大学院生以上に募集対象が絞られる。また、近年は指定管理者制度や非正規雇用の導入、一般職員や学校教員による欠員補充などもあって、新卒者の正規学芸員採用は難しい。博物館は本来、事業の安定性や継続性が運営の前提であり、その中核を担う学芸員もまた、長期的な視野をもつ必要があるのだが、その足もとが揺らいでいる。

そうしたなかで、学芸員に求められている役割とはなんだろうか。その手がかりは、博物館が社会教育施設から生涯学習施設へと、その位置づけを変じたことにある。そこでは、学芸員は調査・研究をおこないつつ、人びとの琴線に触れる企画を用意し、来館者の知的好奇心を刺激して、主体的に学ぼうとする意欲を喚起、その道案内を的確におこなうことが求められている。その象徴的な実践が市民協働ないし市民協同で、学芸員と市民とが、相互に働きかけあいながら、ひとつの事業を進めるというものである。これには、多くの課題があることはたしかだが、生涯学習という考え方が、学芸員と来館者の接点を増やし、「顔のみえる博物館」として、人びとをひきつける可能性を帯びていることもまた、たしかだろう。

歴史リテラシーをその手に

歴史学を専攻した者が、その専門性を活かしつつ社会で果たす役割を、「史学科出身者の社会的役割」と呼ぶならば、教職と学芸員は二本柱だろう。そのほか、歴史書の編集者や、時代考証を担うテレビ局員など、歴史学を直接活かした仕事で社会的役割を果たす史学科出身者もいる。だが、かれらは決して多数派ではない。出身者の多くは、歴史学を一旦脇において、社会へと踏みだしてゆく。かれらの社会的役割を、どうとらえたらよいだろうか。

歴史学とは基本的に、わたしたちがその現場に立ちあいえない過去の事象を対象として、残された手がかりたる史料を吟味・精査し、その内容や意味を解釈して、検証にたえうる歴史像を提示する学問である。そこでは、史料の信憑性の検証から、内容の正確な把握、論理的かつ説得的な議論の組みたてなどが求められる。もちろんそれは、歴史学にかぎったことではないが、往々にして研究対象が新たに発話することがない歴史学においては、残された手がかりから対象をあぶりだしてゆく「実証」の方法や過程が重視されてきた。そこで培われた「実証」の作法は、歴史学を離れたところでも活用しうるだろう。

いまひとつは、歴史認識に関してである。もういちどわたしの教育現場におつきあいいただきたい。出講先のひとつでは、日本社会の研究を志す留学生が多く集まる授業を担当している。日本社会に対して、何らかの魅力を感じて留学してきた学生にとって、それを厳しく問いなおす授業は、少々刺激が強いようでもある。また、本務校は歴史学の専攻が社会学部に位置づけられていることもあって、学生の関心の比重は現在にあり、歴史と今日的な問題関心との折りあいをいかにつけるか、に悩む学生は少なくない。

だが歴史学は、「いま」「ここ」とは異なる時空をみつめ、立ちあうことのできない「そこ」を、可能なかぎり正確にトレースすることを目指す一方、「そこ」への注視は翻って、「いま」「ここ」を相対的にとらえなおすことにもつながる。そのような、過去と現在とを往還する学問として歴史学をとらえるとき、史学科出身者の社会的役割は、その仕事の如何を問わず、重要な意味をもっていることに気づく。それは、歴史認識をめぐる問題が政治的、国際的あるいは今日的な問題として大きくなるなかで、歴史を、そして現在を、自らの見識にもとづいて読み解くリテラシーを発揮することである。史学科出身者の眼が厳しいものであればあるほど、そしてその眼をもつものが多ければ多いほど、歴史学は鍛えなおされ、安直な歴史認識は社会において居場所を失うことになるはずだから。

III

伝える——多様化するメディアと情報

1　歴史学とメディアの現在

有山輝雄

一　歴史の氾濫

現在、歴史・歴史学が直面している最も厄介な問題は、社会のなかにあまりにも多くの歴史がみちあふれかえっていることだろう。テレビの大河ドラマ、大型歴史ドラマ、様々な時代劇、歴史ドキュメンタリーなどの番組。数多くの歴史小説、推理小説、歴史ノンフィクション。アニメ、劇画、漫画など。そこから派生したキャラクターがゲームや広告に繰り返し登場している。そして観光地に行けば、その地にわずかでも縁のある歴史的人物にちなんだお土産グッズが大量に売りだされている。

この歴史の氾濫は現代のメディアによって作られたものである。しかも様々なメディアが連動し、歴史のイメージを増幅して膨張させているのである。観光地に大々的に貼られている歴史的人物のポスターにあるのは、大河ドラマでその役を演じたタレントなのである。

無論、これらは歴史ではないと否定しさることは簡単である。確かにまっとうな歴史学からみれば、間違いや誇張、恣意的なねつ造、荒唐無稽が多く含まれている。しかし、多くの人々にとって坂本龍馬といえば、小説や大河ドラマに描かれた坂本龍馬なのであって、それに憧れているのである。それにちなんだ名前を子供につけているのも珍しくない。そうした人物を描いた「国民的作家」の著作は常にベストセラーとなり、誰からも批判されない高い社会的地位を獲得している。

歴史学はこうした歴史の氾濫のなかに埋没してしまっている。無論、歴史は歴史学の特権的専有物ではない。その意味では数多くの歴史が社会のなかに存在することはある意味で当然のことである。歴史学は多くの歴史に取り囲まれているなかで成長していくはずである。しかし現在のメディア状況はそうとばかりはいえないような複雑さがある。これまでも、歴史学の外に様々な歴史があった。講談、大衆小説、芝居などで語られ、演じられる歴史は大衆的人気を博してきた。それらが多くの人々の歴史観の形成に果たした役割は大きいだろう。だが、そうした歴史に歴史学から見て誤りや不当な美化が含まれていたとしても、歴史学がそれに積極的に反論するといったことはほとんどなかった。歴史学とメディア文化の歴史とはまったく別次元の問題としてあったのである。

しかし、現代では、メディアが生産する歴史の規模は無視できないほど巨大で、偏在している。しかもたんに規模が大きいだけではなく、社会全体の変化、特に近年の情報革命とかＩＴ革命とか様々な言葉で喧伝されているメディアの激変と深く結びついていると考えられる。あふれている歴史のなかには、いわゆる大衆小説、ノンフィクションなど従来からある出版文化から産み出されているものも多い。だがそれ以上に大きな割合を占めているのはテレビ、映画、広告、インターネットなど、最近はますます多様化し、生活の隅々まで浸透している電子メディアである。大衆小説なども電子メディアと結びつくことによって話題となり、ベストセラーとなっているのである。近年の電子メディアの映像技術はコンピュータ・グラフィックスなどを駆使して非常に高度化している。本来、映像メディアは映像が存在しなければどうしようもなく、歴史は最も不得意の分野であったのだが、現在では古い映像などまったく存在しない過去を最新の技術を使って「再現」することは造作もなく、メディアでは常習化している。それが歴史的に正確かどうかは証明されることはないのだが、少なくとも迫真的に見え、多くの人々を惹きつける。

今や電子メディアにとって歴史はありとあらゆる作品を生産できる資源となっている。イギリスなどでもテレビ番組などで歴史ものが盛んに取りあげられているようだし〔Cannadine 2004〕、ＣＧを多用したアメリカの超大作映画も歴史を材料にしたものは多い。歴史の氾濫をもたらしている大きな力は電子メディアなのである。電子メディアこそ現代のＩＴ革命の中心で、それは巨大なモンスターのように現在の社会を覆いつくそうとしているようにさえ見える。新聞紙や書籍の消滅は近いといわれているくらいだから、古い紙の資料に依拠し、研究成果を紙媒体で発表している歴史学は到底太刀打ちできない。太刀打ちはともかく、現代のメディア激変は歴史・歴史学が自明の前提とし、それゆえに格別意識してこなかった歴史・歴史学とメディアの関係を基底的なところで揺さぶっていることは間違いないだろう。歴史学はこれまでとまったく異なるメディア環境に直面しているのである。

二　メディアの文明史

コンピュータ技術に依拠した情報メディアの大規模で急速な発達とそれがもたらす社会・生活・文化の大変革こそ、現代社会の歴史的革命なのだという言説は広く蔓延している。それは決して的外れとは思われない。しかしながらメディアが大きな歴史的革命を引き起こすというのは、歴史に対する一つの見方、一つの歴史観である。

社会や生活の変化の契機をどこに見いだすかは非常に難しい問題だが、これまでの歴史学では専ら経済的構造などに注意が向けられ、そうした歴史観に立つ膨大な研究が積み重ねられてきた。長い間メディアが歴史的変化を引き起こす主因であるとは見なされず、軽視されてきたのである。

歴史のなかでメディアの役割に注目し、独自の歴史観を大胆に押し出したのは、一九五一年に出版されたハロルド・A・イニスの *The Bias of Communication* である。これは『メディアの文明史——コミュニケーションの傾向性とその循環』と題されて一九八七年に翻訳された。巨視的視点にたってメディアと歴史の関係を見るイニスの歴史観をメディアの文明史と呼ぶことができよう。

イニスの歴史観を詳しく紹介する紙幅はないが、彼は文明の発生以来の歴史をたどり、それぞれの時代には特有のメディアがあり、そのメディアの特性（“bias”、「傾向性」あるいは「偏り」とも訳されている）が知識の伝達・保存のあり方を規定している。そして新しいメディアの発明がそれまでの時代の知識の独占ないし寡占に再編成を強制し、変革をもたらすのだという。特にメディアの特性を時間軸・空間軸の両方で考え、重くて永続的で移動に適さないメディアは空間よりもむしろ時間を超えた知識の伝播に適し、軽くて容易に移動できるメディアは時間よりも空間を超えた知識の伝播に適するという。例えば、戦勝を讃える頌文を刻んだ石碑は移動はできないが、長時間の風雨に耐える。逆に、紙はもろく破れやすいが、持ち運びが容易である。それぞれのメディアの特性は、それを用いる人々の時間認識、空間認識にも大きな影響をあたえ、それが政治制度、社会制度のあり方を規制してきたと主張した。

彼は次のようなメディアによる時代区分をたてている。「メソポタミアでの文明の発祥以来の粘土板・尖筆・楔形文字の時代。ギリシャ＝ローマ期までのパピルス・毛筆・神聖文字とその行書体の時代、および西欧からのローマ帝国の後退までの葦ペンとアルファベットの時代。一〇世紀あるいは暗黒時代までの羊皮紙とペンの時代。そして羊皮紙と紙とが重複しながら、印刷術の発明以前のあるいはルネサンス以前のヨーロッパにおける紙とペンの時代。一九世紀初頭までのあるいは宗教改革からフランス革命までの紙と手動式印刷機の時代。映画の発達におけるセルロイドの時代。そして最後に、今世紀の第二—四半期におけるラジオの時代」である〔イニス　一九八七、一二頁〕。

イニスの文明史は一九五一年の出版であるから、テレビやインターネットなどの電子メディアはまったく視野にないが、政治や経済などによる時代区分とはまったく異なる視角から歴史を見ているところに独自性がある。その歴史観は決して精緻とは言いがたく、また西欧文化中心であるが、メディアそのものの特性に着目した発想は現代の電子メディア出現状況にも応用でき、現在でも十分刺激的である。

イニス以後に登場して、その発想を受けつぎ、一層大胆で刺激的なメディア論・メディア史論を展開したのがマクルーハンである。彼はテレビが出現し隆盛をきわめた時代に生き、その論は奇をてらった表現で非体系的であるが、電子メディアが人々の思考や感覚を変えていくことを先取り的に鋭く指摘している。日本でも一九六〇年代に大きな話題となり、その後も度々ブームが再燃するなど、メディア論・メディア史論への影響は大きい。

イニス、マクルーハンの著作は電子メディア時代の社会・文化への議論を活発化させたが、それだけではなく口頭のメディア、活字印刷メディアなどを改めて振り返り、それらメディアの特性と社会・文化との関係を再検討する視点を提供したことも重要である。例えばウォルター・オングは声の文化と文字の文化を対比させ、それぞれの思考と表現の特徴を鮮明化した〔オング　一九九一〕。

このようなメディアの文明史の観点からすれば、現代は印刷メディアの時代から電子メディアの時代への大転換期なのである。いや彼らが考えた以上にドラスティックな地殻変動といえよう。そして新たなメディアの特性によって我々の思考や感覚は根底的なところから変容しつつあることになる。

三　電子メディアの反歴史性

それでは電子メディアが我々の思考や感覚をどのように変化させていきつつあるのだろうか。確かに大きな変化が起きていることは間違いないが、それはまさに現在進行形であり、相当長期的変化であるから、現在の時点で明確に論証することは難しい。

しかし、ここでの問題である歴史への態度について、印刷メディアの特徴と対比させながら簡略に述べれば、印刷メディアにおける読書は、文頭から順序を追って文末に進む。文字は一定の論理にもとづいて文脈を構成しており、何らかの論理がなければ意味をなさない。線形に進行していく読書という行為自体に時間の契機が内在している。また記録された文章は保存され、繰り返し読み返すことができ、相互の矛盾あるいは蓄積・発展が次の思考を生みだす。そうしたメディア経験は論理的、分析的、客観的な思考が育つ土壌となろう。

それに比し電子メディアが作りだす音響を伴った映像は瞬間的な体験である。様々な要素が平面的に共存している映像を一瞬で感じとるのである。瞬間的体験は連続していくが、論理的につながりはなく、あるのは連動である。今あった場面は一瞬でまったく異なる場面に切り替わり、そのめまいが効果をあげ、興奮を高める。そうした感覚的メディア経験からは歴史意識は形成されにくいだろう。

アメリカの小説家レイ・ブラッドベリに『華氏四五一度』という、書物がすべて禁止され、人々が大型テレビ映像に没入して暮らしている未来社会を描いた作品がある〔ブラッドベリ　一九七五〕。フランスのフランソワ・トリュフォー監督によって映画化され、一九六七年に日本で公開された。そこではテレビは絶え間なく番組を放送し、戦争さえ提供している。独裁国家らしいが、独裁者の姿は見えない。書物は存在しないのであるから、人類が積み重ねてきた、これまでの文化の多くは忘れ去られ、消滅している。

「消防士」が活躍しているが、彼らは見つけ出した書物を焼却することを任務としているのである。小説の始まりの部分で、これに疑問をもった少女が「消防士」である主人公に「こんな話をきいたんだけど、ほんとうかしら？ずっとむかし、火事をあつかうお役人の仕事は、火をつけるのじゃなくて、消すことだったんですね」と聞く。主人公は「そんなばかなことがあってたまるか」と断固否定する。この社会では過去は存在しないのである。過去をさぐり、現在との関係を考えること自体がすでに異端の兆候なのである。

そして主人公の上司である消防署長は、現在の社会は政府の一方的命令によってできあがったわけではなく、「工業技術の発達、大衆の啓蒙、それに、少数派への強要と、以上の三者を有効につかって、このトリックをやってのけたのだ」と現状を自慢している。

これは電子メディア社会の行き着く先を示し、現在でも刺激的である。ここでは何の脈絡もなく、ばらばらにある現在しかない。自分たちがどのような歴史の流れのなかにあるのかという問題意識（歴史意識）はすでに失われている。歴史意識は歴史を研究し考える学問の基盤であるから、歴史意識がないところでは歴史学も存立しない。電子メディアの社会・文化は反歴史的・反歴史学的なのである。

無論、これは未来小説であり、極端が描かれている。しかし、電子メディアが驚くほどの速度で巨大化し社会・文化全体に浸透している現在、歴史意識の空洞化、反歴史性の症状は色々観察できる。

しかし、そうだとすると、冒頭で述べた歴史の氾濫とはまったく矛盾していることになる。だが、さらに考えてみれば、こうした電子メディアの反歴史性こそ歴史の氾濫を産み出しているのではないだろうか。歴史への無関心、歴史意識の空洞化状況では、過去はばらばらになり、任意に取捨されることになる。歴史は断片的事実から恣意的に作ることができ、それは往々にして美しい自己を描く自惚れた歴史、よくわかるすぐわかるといった御都合主義的歴史、滅菌され無害化された歴史に傾斜していく。極端には、あったこともないことになり、なかったこともあったことになる。それらの歴史は電子メディアやそれと連動した雑誌・書籍などで迫真的に表現されていくことになるだろう。

メディアの文明史家が説いた電子メディアの登場と高度化が歴史の抗えない必然であるのであれば、歴史学はもはやお手上げである。歴史・歴史学の危機としか言いようがない。

メディアの文明史が説くようにメディアが人間の思考・感覚を変化させることは確かであろう。しかしながら、メディアをその物理的特性ということだけで説明してしまうのは、やはり早急である。メディアは半面では社会組織なのである。たんに物理的にメディアが存在しても、メディアは機能しない。紙とインクと印刷機械があるだけでは新聞紙や書籍といったメディアにはならない。それらを組織する新聞社・出版社がなければならない。電波があっても放送会社・携帯電話会社などが活動しなければ放送やインターネットは機能しない。しかもそうした電子メディアは国家が作り運用している制度のうえに乗っているのである。一定の社会組織・政治組織があって初めてメディアは機能している。

四　社会組織としてのメディア

言うまでもなく社会組織・政治組織は人間が作るものであり、変革できるものである。決して宿命ではない。そして、社会組織としてのメディアは決して無色透明の媒体ではない。社会組織・政治組織の本性からして特定の偏向性をもっている。例えば、資本主義企業であることからくる偏向がある。それら社会組織からくる偏向性はメディアの物理的特性のもつ偏向性の一部を助長し、強調強化すると見ることができる。両者は相乗的に作用することになり、それによってメディアは特定の方向に大きな機能を果たす。それを現代に適用すれば目だちすぎる偏向も歴史として提示すればもっともらしく見える。それはメディア内部の個々の人間の意志といった問題ではなく、組織自体がそのように設計されているのである。

前述した現在の電子メディアがもたらしている思考、感覚の大きな変化も、その物理的特性だけで説明するのは一面的なのである。物理的特性と複雑に絡みあっているにしても、社会組織からくる偏向も見なければメディアの機能はわからない。これまでのメディアの文明史が社会組織としてのメディアを視野の外に置いたのは、それが欧米社会とその価値観、そこで形成されたメディアを自明の前提にしているからであろう。

しかしメディアの物理的特性と社会組織の両面をとらえるのは難しい。メディアを見ることは容易にできないからである。確かに我々はテレビやパソコンの画面を見ているのだが、その内容を見ているのであってメディアとしてのテレビやインターネットを見ているわけではない。それがどのような社会組織・政治組織であるのかなどは見えないのである。メディア自身も自らの姿を見せないようにしている。自らを見せないことによって何の論証もなく自らは偏向していないと自称することができる。

こうした状況において、見えないメディアを見る最も重要な方法は、過去を見ること、歴史を知ることである。メディアは一瞬一瞬新しい現在を生産し、現在を次々に消去していっている。しかしその現在とそれを作っているメディアは歴史のなかにある。忘れ去られ消えていっている過去を不断に回収し、現在の社会、メディア、そして我々自身を歴史的過程のなかで考えることによって現在は見えてくる。それこそ歴史学の役割であろう。

五　反歴史的時代における歴史学

現在は反歴史的・反歴史学的な歴史が氾濫している時代である。それは科学技術の成果である電子メディアの発達とその特性がもたらす人々の思考・感覚の変化に根ざしていると見ることはできる。確かにそうした現象は起きているのである。そしてメディアの物理的特性だけを見ていれば、それは必然的であるように感じられる。それだからこそ、社会組織・政治組織としてのメディアを見なければならない。それらを歴史的展望のなかで考えれば、現代のメディアの未発の可能性が見いだせるであろう。

現在盛んに喧伝されているメディア革命についての議論はひたすら前向きである。いわゆる未来志向なのである。しかし過去を安易に切り捨てた未来志向からは未来は見えない。見えないからこそ未来志向が唱えられ、自らや他者を欺くことになる。その未来においては、かつての「未来志向」はすでに忘れられているから、誰も責任をとらない。しかし過去は見える。過去を見ることによって現在が見え、様々な道が浮かんでくるはずだ。しかし、過去は自然に見えてくるわけではない。そこには見ようとする意思がなければならず、歴史学はその要請に応えるものでなければならないだろう。

参考文献

イニス、ハロルド　一九八七『メディアの文明史——コミュニケーションの傾向性とその循環』（久保秀幹訳）新曜社
オング、W・J　一九九一『声の文化と文字の文化』（桜井直文他訳）藤原書店
ブラッドベリ、レイ　一九七五『華氏四五一度』（宇野利泰訳）早川書房（原作は一九五三年）
マクルーハン、マーシャル　一九八六『グーテンベルグの銀河系——活字人間の形成』（森常治訳）みすず書房
Cannadine, D. 2004. *History and the Media*, New York: Palgrave Macmillan.

2　歴史学・学術書・読者の新たな関係を考える

――編集者の立場から

永滝　稔

一　歴史学と出版

なぜ、歴史研究の成果がなかなか一般社会に伝わらないのか？　どうすれば一般社会に歴史学の面白さを伝えられるのか？

この問いについては、私も歴史学術書の出版社・有志舎の経営者として[1]、また編集者として日々悶々と考え続けている。しかし、その間にも学術書の出版点数は増え続ける一方、売上は減少し続け、このままいくと、本を書きたい人（著者）はいるが、つくる所（出版社）・売る所（書店）と読んでくれる人（読者）がほとんどいないという状況になってしまうだろう（もっとも、若手研究者が経済的な理由もあって減少している現状では、どこかで縮小均衡になるという恐ろしい予測も成り立つが）。しかし、そういう苦境にあるとはいえ、これまで様々な立場の人々と話してきたり、私自身が考えてきたこともあるので、思うところを書いてみたい（ただ、採り上げる書籍は、ほぼ近現代史に限られる）。

結論から言うと、私はまだ希望を捨てていない。

二　歴史学術書の現在

さて、基本的に、多くの学術出版社では自社で出版する学術書（ここでは商業出版物たる書籍に限る）を大きく二つに分けていると思う。一つは専門研究者を主な読者と考える「専門書（研究書）」であり、もう一つは専門研究者だけではなく広く一般社会の読者にも読んでもらえることを目指す「教養書」である。

しかし、実際に本を売る現場の書店では、出版社ごとにそういう分類は意識しているのだろうか。何人かの大型書店・歴史書担当の方にきいてみたことがあるが、すべて、「有志舎さんの出す本は、基本的に全部専門書という認識です」ということだった。つまり、著者・版元の自意識と書店員（そして読者）の間にはズレがあるということであり、そもそもそのような分類には意味がないのかもしれない。結局のところ、一般社会において一つの括りしかないのなら、学問を広めるためには教養書だけでなく専門書であっても、どうすれば一般読者に読んでもらえるのかを考えないといけないということになろう。

ところで、現状において歴史学術書はどれくらい売れているのだろうか。出版業界全体については分からないので、有志舎の場合をお示ししたいと思う。

基本的に、本体価格五〇〇〇円前後の専門書（と有志舎が分類している）の初版部数は四五〇〇―七〇〇〇部の間で、本体価格二五〇〇円前後の教養書（同じく有志舎分類による）は一〇〇〇―一二〇〇部の間というのがスタンダードなケースである。そして、刊行後一年でいずれも八五％売れれば、ほぼ損にはならないと言える。が、実際にこの合格点をクリアできた書籍は少ない。二〇〇五年の創業から二〇一六年一〇月現在までで、そういう本は総刊行点数一〇七点中で二一点（約二〇％）しかなく、残りの八六点（約八〇％）は不合格である。では、どうして有志舎は経営を続けていられるのか？　それは、不合格ラインの本を中心に多くの書籍で、あらかじめ一〇〇万円以上の助成金交付や同額近い著者自身による買上を約束・実行してもらって赤字を埋めているのと、一部のたくさん売れた本の利益で、売れなかった本のマイナスをカバーしているからである。

しかも、二〇〇五年―二〇一〇年までの六年間だと総点数三六点中で合格点の本は一三点（三六％）あったのに対し、二〇一一年―二〇一六年の直近六年間では七一点中八点（一一％）しかない。つまり、かつてはそれでもまだ売れていた学術書は、ここ五年間ではとてつもなく売れなくなっているのである。そして、それをカバーすべく出版点数だけは増えてしまい、自転車操業になっている。しかし、これは有志舎特有の現象ではなく、学術書出版社の多くが直面している事態であろう(2)。

さらに特徴的なのは、専門書はまだ堅実に売れているものが多いが、教養書の方が売るのが難しいということだ。上記の合格点をとった本のうち、専門書は一四点(3)、教養書は七点と半分である。教養書は専門書の約半額の定価なので、「安いのに売れない」ということになる。というより、学術書は安いからといって売れるものではない、とも言えるのであり、ここにも、専門書と教養書を分離する意味が見出せなくなっている。しかし、だからといって、高定価の本だけになってしまうと、さすがに買いたい人も買えなくなるから、確実に歴史学を学ぼうとする人々の裾野は狭くなっていってしまうだろう。

しかも困ったことに、歴史学研究者自身や学術書編集者もまた、学術書を買わなくなっているのではないかと思われるのである。数々の学会書籍展示における出版社各社の売上激減が何よりもそれを物語る。今はピンポイントで自身の研究テーマや興味と関係しない限り購入することは稀れになってしまったようだ。

しかし、こういうことはそのまま著作者である研究者自身（と編集者）にブーメランのようにかえってくる。果たして、自分の書いた本（編集した本）はどれだけ広く読まれているのだろうか、と。

三　「個別実証の偏重」「消費ネタとしての歴史」を超えて

ここのところ、若手・中堅の歴史学（特に近現代史）研究者の方々に私があえて言っているのは、「歴史学術書というものは、これまでの歴史像や学説、研究傾向・研究言説に正々堂々かつ公然とケンカを売るような内容でないと売れないし、そもそも私自身が興味を持てず出版する気になれません」ということである（だから研究者諸氏からは嫌がられているようで持ち込み原稿が激減している）。加えて、単なる「学知」のアウトプットではなく、一般社会とそこに生きる人々の生にそのテーマはどう関係しているのか、が書かれているということが学術書にとっても大事なのだ。

だが、近年の研究者（著者）は、完全に二極化していると思われる。右のような意識をきちんと持って研究・執筆している人と、ただ実証だけに執着し、何のためにその研究をしているのかをアカデミズム内部に対してだけ語り、テーマ設定・考察がタコ壺化し、全体構造分析が希薄になっている人とに、である。

そして、圧倒的に後者が目立つように私には思われる。しかし、事実関係だけが延々と書かれ（それが新しい史実であっても）、それに多少の考察を付け足しただけとか、「面白い史料に出合ったのでそれでまとめました」というような個別実証偏重の内容では学術書としてはダメなのである（もちろん、実証作業自体は必須である）。

一方で現在、歴史関連の一般書として売れている本の多くが、大河ドラマ関連のお手軽本、ヘイト本や歴史改ざん主義本や一見中立的に見えながらもナショナルな立場を「教養」として流布している本（佐藤優・池上彰の著書など）、もしくは「最近の教科書はこんなに変わった」というような「歴史トリビア」を集めて叙述する本である。この傾向は、現代社会における歴史受容の在り方をよく示していると思う。要は、「ネタ」として「歴史」は消費されているのである。こういう一般社会における歴史受容の在り方と、先に書いた個別実証偏重という研究者の研究傾向とはパラレルに思えるのだが、いかがであろうか。そこには、現象や事実（史料）だけにフェティッシュに拘泥するという共通点が見られる。

だが、歴史書とは、史料批判を厳密に行いつつ、史実を博捜し根拠としながら、そのテーマにおける歴史構造について新しい枠組みや学説をラディカルかつ説得力をもって提示するものでないといけないと考えるし、そこから、国家・社会や人間とは何かといった普遍的な問題を読者に考えてもらえないと意味がないと私は思っている。しかし、これは言うは易く行うは難し、であることは間違いない。ある著者は「きちんと本を書くことって、魂を削るようなものですね」と言った。それだけの真剣勝負なのである。執筆は孤独な行為なので、悩み苦しむことだろう。だからこそ、そういう著者の思いにきちんと伴走し、その執筆努力を全力でサポートするのが編集者の役目なのである。しかし、その著者の努力が読者に伝わったのであれば、厳しい出版不況下ではあっても、その本が一般社会に広く受け入れてもらえる可能性が高まることは、（ほとんど営業力のない有志舎でさえ）その売上実態に顕著にあらわれている。

具体的には、

黒崎輝『核兵器と日米関係』（二〇〇六年刊行、本体四八〇〇円、二刷、現在品切れ）

畔上直樹『「村の鎮守」と戦前日本』（二〇〇九年刊行、本体六二〇〇円、二刷、現在品切れ）

平井和子『日本占領とジェンダー』（二〇一四年刊行、本体四八〇〇円、三刷）

藤野裕子『都市と暴動の民衆史』（二〇一五年刊行、本体三六〇〇円、三刷）

といった本が有志舎において最も売れた専門書の部類に属するが、(4) これらは前記の特徴を備えている。そういう専門書は今のような出版不況下でも売れるのである（研究者としてのネームバリューは関係ない）。

特に『都市と暴動の民衆史』は、著者自身が「一般読者にも読んでもらえる研究書」というものを最初から目指して丹念に構成を練り、文章叙述も工夫して原稿を書き上げたものである。その結果、歴史学研究者だけではなく、社会学・政治学といった他分野の研究者にも評判になり、さらに本書を紹介してくれたサイトのコメントやトークイベント・書評会の出席者などからみるに、研究者だけではなく一般読者にもかなり読んでいただいている。著者の努力は読者に伝わったのである。だから三刷は偶然ではない。

したがってこれからは、研究内容の水準の高さに加え、読者を意識した構想力と社会性、さらに文章の叙述力（技巧ではなく伝わりやすさ）も著者に求められるようになっているのだと思う。学術書出版を単なる自身の業績公開行為とだけ考える時代は終わり、まさに「作者」としての実力がシビアに問われる時代になったのだ（同時に、編集者のサポートの有り様も厳しく問われることになる）。

そういう理想的な学術書として、私が挙げたいのが昨年亡くなった牧原憲夫の著作である。牧原は研究書であっても新書であってもほとんどその文体・叙述は変わらない。しかも登場人物は生き生きと描かれ、さらにそこはかとないユーモアも醸し出して、読むことが楽しい文章でもある。しかし、一方でどれも先鋭な議論を展開していて読む者を新しい歴史理解に連れていってくれる。

たとえば、牧原の著書『客分と国民のあいだ』（吉川弘文館）は私がかつて編集させてもらった本だが、昨年、この本を私のＳＮＳで紹介したところ、「選挙に行こう」という学生たちの運動をやっていたある大学生からメッセージをもらった。それは、「これまで自分は、自分のことを何の疑問もなく「国民」という前提でしか考えていなかったが、これからは「客分」であることにこだわった人々の言葉をしっかり見据えていきたい。本当に民主主義を問うのであれば、日本の歴史的文脈を大いに踏まえないといけないことを知った。自分はこの本のおかげで、また新たに考え始めている」というものだった。政治意識が高いとはいえ歴史学を専門に勉強したわけではない若者が、この本との出合いにより、改めて新しい社会の在り方を考え始めてくれている。著者は亡くなっても、その学問の魅力は次の世代に新しく伝えられたのである。編集者としてこれほどの喜びはない。

こういった学術書と読者との新しい出合いをもっと広げることはできないものか。もちろん、中学・高校・大学の授業はベースとして必要なのだが、それだけではなく、自主的に新しい本と出合い、歴史学について語り合うような空間が学校以外でも必要になってきていると思うのである。それにより、真の意味で「歴史（学）」が一般社会に根付き、学術書も売れていくに違いない。

そこに、私が現在関わっている「本が育てる街・高円寺」のような地域活動の意味が浮上してくる。

四　「書を持って街に出よう！」

私が参加している（したがって有志舎自体としても協力・協賛している）、「本が育てる街・高円寺」（略称、「本街」）というボランティア団体がある。

これは、東京都杉並区高円寺を拠点に、学校・地元商店街・住民と連携して高円寺を「本の街」にしようというプロジェクトを推進している団体である（代表は古書店「コクテイル書房」店主の狩野俊。他に役員が私を含めて八名いる）。この「本街」は単に経済的な「街おこし」のための活動ではなく、本を通して文化的な土壌を高円寺に創り出す（もしくは再生させる）試みである。いわば、「書を捨て」てではなく、「書を持って街に出よう！」というわけだ。その「本街」の具体的な活動としては、以下のようなことが挙げられる。

・高円寺におけるいくつかの商店や商店街事務所に「まちのほんだな」という、本を自由に交換できる棚を設置したり、さらに住民相互が無料で本の交換を行う「ヒトハコ交換市」を開催している。
・様々な本を採り上げ、読書会・勉強会を随時開催している。
・近隣の小学校等と協力して、大学研究者による子ども向け出張講義を行っている。

・学術出版社と連携し、商店街の中で学術書のトークイベントを行っている。
・毎回、作家などのゲストを迎えてテーマを決め、一般の方々に本を持ち寄ってもらい、語り合うイベント hon-com（ホンコン）を行っている。書き手と読者が直接語り合える場を提供しているわけである。
・高齢者の方々（亡くなられた場合はご遺族）からの要請により、その方の蔵書をまとめて引き取る「ブックレスキュー」を行い、廃棄される本を少なくしようとしている。
・一般の方々から本の寄贈を受けたり、買い取りを行っている（特に学術書の買い取りを積極的に行っている）。

このように、「本街」では本を媒介にして、新しい地域文化・読書文化を創り出そうとしている。特に重要なのは、多くのイベントが「教える・教えられる」ものではなく、共に語り合うものであったり、実際にフラットな位置で話すものであることだ。将来はこういう中から新しい書き手も出てきて欲しい。

また近年では、「本街」のようなボランティア団体だけではなく、大学も積極的に地域の中で様々な学問を学びたいという人々との直接連携を模索し始めている。

その具体例としては、福知山公立大学が行っている「井口学長塾」が注目される。これは、歴史学者（日本近代史）・井口和起学長と古本カフェ「古本と珈琲 モジカ」とのコラボで一般の方々向けに歴史書（岩波新書）の読書会を開いているもので、井口曰く「いずれは市民の手で福知山の歴史を書いて欲しいので、いわばその準備運動」なのだそうだ。そして、定員を越す参加者を集めており、「こういうアカデミックな講座をやって欲しかったという要望は確実に地域に存在する。市民を信頼している。課題はどれだけ粘り強く続けられるかだ」と井口は筆者に語った。

もちろん、こうした一般社会の中での学術活動は他でも行われている。埼玉県北浦和の商店街では、中田英樹（農業経済学）・猪瀬浩平（文化人類学）らによる「野良《のら》人類学会」という「ストリートから人類学をする」勉強会が行われ、買い物客や地域住民、学生など様々な人が参加している。この会の代表である中田によると、「いわゆる、「先生」と「優秀な学生」が主体となって、野へと降りたって（大学という城から、「民」の暮らす城下へと降りたって）、「民」の声を城へ持ち帰り議論するような姿勢＝「ストリートを人類学する」ような姿勢ではなく、街に生きる様々な人々が、時には場を独占することもありつつ、自由に伸び伸びと喋ることができる場としてこの会はあるのです」、ということであった。まさにオルタナティヴな学問実践であろう。加えて、東京都国立市では人文学を一般市民に伝えるべく「ＫＵＮＩＬＡＢＯ《クニラボ》」という市民講座が開講されており、ネット上でも「せんだい歴史学カフェ」といった、研究者が歴史学の面白さを一般に伝える試みも行われている。

さらに世田谷区のＢ＆Ｂや高円寺の文禄堂書店など地域の書店でも本に関するトークイベントが盛況であり、書店は今や、単に「本を販売する所」というだけではなく、「人々が読書経験を共有する場」として、新しい文化の発信地にもなりつつある。

このように、単に執筆しっぱなし、出版しっぱなし、売りっぱなしではなく、本を書く人・つくる人・売る人・読む人が一つの場に集まって語り合い、読書経験や学問を日常世界のなかで共有し合うことが分厚い「市民社会」を創り出す源泉の一つになるのではないだろうか。こういうことは昔から言われてきているので、目新しいことではない。しかし、3・11以降のリアル社会において改めてその価値が浮上してきているのではなかろうか。

「反知性主義」とＷｅｂ空間に氾濫するネトウヨの妄言に対抗するものは、こういう昔ながらのリアルなFace to Face の関係（そういうコミュニティの再生）で、時間はかかっても地に足のついた「知」の拠点を学校・大学だけでなく地域の生活空間のなかにつくっていくことだと私は考える。そして、そういう拠点がまた学術書の読者層をもつくり出すだろう。研究者も是非、「街に出て」その学問を直接、市民に伝えて欲しい。一方で、将来的には地域社会自体が研究者やクリエーターを支援していくスキームなども実行していくべきだと考える。

そして、そういう学問のための新たな場とコンテンツを直接、地域の読者に向けてプロデュースするのも、これからの編集者の役目ではなかろうか。編集者もまた、出版社から「書を持って街に出る」のである。さらに、歴史学研究会のような学術団体もアカデミズムだけを視野に入れるのではなく、一般社会と積極的に協業していって欲しい。

五　希望を手放さないこと

話が大きくなりすぎた感があるが、私が言いたいのは「出版不況は深刻だし、歴史書は読まれなくなっていることは確実。しかし、それを再生できる希望はある」ということだ。もちろん、嘆いたり冷笑するだけでは意味がないし、焦ってお手軽な方法に飛びつくのは最悪である。結局は王道を歩んで粘り強く闘うしかない。そのためには、理想を手放さないことだと思う。もちろん、現在の教育機関・出版社における極めて厳しい研究・教育・勤務・経営状況からすれば「そんなことやっているヒマなどない」という研究者・編集者もいるだろう。では、読者が自然に学術書を読んでくれるようになるまで何もしないで待つのか？　その前に学術書の読者はいなくなり、歴史学も一部の趣味人のための稀覯的な学問になってしまうだろう。

そうではなく、歴史学は常に市井の人々の「生」と切り結び続けないといけないのではなかろうか。

（1）　私は吉川弘文館編集部に一六年間勤務したあと、独立して「有限会社 有志舎」を二〇〇五年に開業した。なお、有志舎は近現代史を中心とした学術書の出版社であるが、出版・編集・販売という基幹業務は私が一人で行う、いわゆる「一人出版社」である（他に経理担当者として私の老父と、アルバイトが二名いる）。

（2）　一部の学術書編集者の中には、編集者が良い本となる可能性のある原稿を見極め、それだけを手間ひま掛けて本づくりすれば、そういう本は売れて全体の売上もあがり、粗製濫造の自転車操業にはならない、という意見の人もいるが〔橋二〇一六〕、そもそも明日をも知れない零細民間学術出版社にはそんな選り好みをできる余裕はないし、売れる・売れないは編集者の力だけでは決まらない。取次・書店との取引環境や営業の在り方など様々な要素も関係する。また、編集者は予言者ではないのでその原稿が売れる本になるかどうかは分からないし、そもそも「良い本」は編集者によってつくられるのではない。本当に良い原稿は編集者がそれほど手を入れなくても良い本になるし、ダメな原稿はいくら編集者が手を入れてもそれほど変わるものではない（だからといって何もしなくて良いわけではない）。一番大事なのは原稿の持つ力（＝著作者の力量）だと思う。編集者の努力はその力を一割増しできるかどうか程度である。しかし、その一割増しのために編集者は頑張るべきなのである。

（3）このうち多人数執筆による論文集は一点のみ。それ以外の論文集は惨憺たる売上である。これからは、「執筆者それぞれが独立した論文を書いて一冊に集める＝論文集」ではなく、「一つの大きなテーマを各人がパートを分担し、かつ相互に連関するように書く＝共著」にならないかぎり、多人数執筆本は自費出版でしか出せなくなるだろう。なお、共著として筆者個人が一番理想的な形に編集させてもらったと思う書籍は〔大門ほか 二〇〇三〕である。

（4）他に、小澤卓也『先住民と国民国家』、中田英樹『トウモロコシの先住民とコーヒーの国民』は、日本では最も売れにくいと言われる中央アメリカ史分野の本だが、著者の努力によって内容・構成・叙述のいずれもが工夫されていることもあり、重版となったり学会賞を授けられるなどして売上的に合格点をクリアしている。

参考文献・Webサイト

大門正克・安田常雄・天野正子編　二〇〇三『近代社会を生きる』『戦後経験を生きる』吉川弘文館

橘宗吾　二〇一六『学術書の編集者』慶應義塾大学出版会

せんだい歴史学カフェ　http://sendaihiscafe.tumblr.com/

野良人類学会（北浦和野良人類学研究所）https://www.facebook.com/norajinrui/

福知山公立大学「井口学長塾」https://www.fukuchiyama.ac.jp/news/category02/2016-11-04-1943.html

本が育てる街・高円寺 http://www.hon-machi.com/

KUNILABO　http://www.kuniken.org/kunilabo/

3　歴史学の研究成果と新聞メディアの役割

栗原俊雄

一　研究成果が新聞で報じられる理由／報じられない理由

本章の目的

今回、筆者が歴史学研究会から執筆を依頼されたテーマは、新しい知見や研究成果が報道に反映されないこととその理由であり、あるいは学界では否定されている歴史が、報道や社会、政治の世界でしばしば登場する事実について、どう考えるか、ということである。

筆者は毎日新聞社で、歴史関係の記事を担当している。近年、ことに近現代史を取り上げることが多い。その時代に起きたことが、たとえ（本章執筆時）七二年前に終わった第二次世界大戦であっても、現在の日本と日本人のあり方を大きく規定しているからだ。さらに『昭和天皇実録』の完成、公開（二〇一四年）や「戦後七〇年」（二〇一五年）といった大きな画期があったこともあり、この時代を取材、執筆する機会が多い。

したがって本章は、主に近現代史について、与えられた課題にいどむものである。ただあくまでも一記者の経験を活用するものであって、マスメディア全体を俯瞰するものではないことを、あらかじめ断っておきたい。

研究成果が報道されるまで

なぜ研究成果はメディアに届かないのか。「届いた」例をみれば、「届かない」理由がわかるだろうか。

一般に歴史の専門書は、書籍としては高価である。出版社の努力で、選書など比較的求めやすい価格で刊行され、かつ研究成果がふんだんに盛り込まれていても、日々膨大な数が出版される中では、読者の目にとまりにくい。

こうしたなか、新聞記者が貢献できるのは、新聞の書評欄で紹介することである。筆者の経験で言えば、書籍の内容をしっかり把握するのはもちろんのこと、それを少ない紙幅で的確にまとめる力量が必要となる。それをこなして、首尾良く書評欄に載せれば、より多くの読者が手に取る機会が増える。つまり、「研究成果」が社会に「届く」ことにもなり得る。

ただ、書評などで取り上げられるには、いくつかのハードルがある。その一端を言えば、(1)書評担当の記者に、取り上げられるべき書籍が届くこと（物理的に本が届けられるということだけではなく、学界や出版界などでの評価が記者に伝わるかどうかが重要）、(2)記者が当該書籍の価値を見抜くことができること（書評担当記者は、読まなければならない本が歴史関係以外にもたくさんある）、(3)限られた紙幅の中、いわば「イスとりゲーム」に勝ち残ること、である。

書評欄以外でも、書籍の紹介はできる。

研究者から記者へ

「研究成果」の受け手である新聞記者の経験で言えば、まずは優れた研究者とつながりを持つことだ。インターネットが進化しても、本当に重要な情報は面と向かった人間同士の関係でやりとりされることが多い。たとえば学会の研究会やシンポジウムに足を運び、研究者と知り合う。断続的にせよ連絡をとる。気が合えば飲みにも行く。そういう付き合いの中から、記者は研究者の仕事の中身を知ることができる。そして記事になることもある。

二つ実例を挙げよう。

まず今から一一年前、二〇〇六年のことである。筆者は知人の大学教員と飲みに行った。専門は政治外交史。当時筆者は大阪本社の学芸部に勤務していて、知人とは京都の飲み屋をハシゴした。勤務している私立大学で学生と接する苦労など、そういう席でなければ聞けそうにない本音を知り、非常に興味深かった。そのころ、その人が関心を持っている研究について話が及ぶと、遠慮がちにぽつりと言った。

「新聞記者の方と我々の関心は違うかもしれないんですけどね。面白いものがあるんですよ」。

確かに、記者と研究者の関心はしばしば異なる。これも「届かない」一因だろう。学界では大きな成果であっても専門性があまりに強く、一般紙が報道するのがはばかられる研究成果はままある。それをかみくだいて報道するのは記者の仕事ではある。歴史担当記者としてそれを心がけてはいるが、そうした成果を的確に伝えるためには膨大な先行研究の成果に触れなければならないことがあって、筆者の能力と紙幅の制限から見送ることもある。

それらを広く詳しく伝えるのは、インターネットや学界誌などが適しており、新聞との役割分担が適当だと思う。

さて、知人から京都の飲み屋で存在を知らされたのは「発信原稿」(以下「原稿」)というものだった。日露戦争で、満洲軍総司令部の諜報担当参謀らが残したものだという。同司令部は、満洲などに張り巡らしていた諜報網から膨大な情報を吸い上げて分析し、最前線にその内容と対応策を電文で指示していた。「原稿」はその電文の元原稿であった。

すっかり酔っ払った頭だったが、直感的に「これは記事になる」と思い、現物を見せてもらうことになった。

現物は名古屋にあった。「満洲軍総司令部」や「大本営」と印刷された罫紙約九五〇枚で、一九〇四(明治三七)年六月から一年間の記録である。児玉源太郎総参謀長らのサイン、情報参謀だった福島安正少将の手紙一三通もあった。

知人ともう一人の研究者にも来てもらい、朝から八時間かけて読み解いた。国運をかけた大戦争の真っただ中だけあって、諜報活動が生々しく記されている（栗原 二〇〇七、八―一〇頁）。「これは一面でいける」。現物をみて確信した。そして二〇〇六年九月一日付朝刊に、一面だけでなく社会面にも記事が載った（毎日新聞東京、大阪両本社版）。

「原稿」は、名古屋市在住で自由民権運動史の研究者だった長谷川昇・東海学園女子短大（現東海学園大）名誉教授が一九六五年ごろ、東京の古書店で入手した。長谷川氏自身一九六七年、この史料について新聞に寄稿したが研究者からは注目されなかった。長谷川氏は二〇〇二年に亡くなった。「再発見」されたのは二〇〇五年。孫で学習院大学文学部二年（当時、現・東京都公文書館史料編さん係専門員）の怜氏が遺品の整理をしていて見つけ、研究者に鑑定を依頼し、未公開の一級史料と判明した。怜氏は解読を進め、二〇〇六年九月下旬に刊行された『軍事史学』第一六六号で、「原稿」の内容を伝えた。

専門誌である『軍事史学』によって発表された意義は大きい。一方で、専門家ではないが近現代史に興味を持っている多くの読者に伝えることができた、という意味も小さくはないだろう。

もう一例、「研究者→新聞記者→報道」の例を挙げよう。

前述の長谷川怜氏は、学習院大の学部から大学院に進んだ。二〇〇六年以降も、筆者は何度も協力してもらった。たとえば二〇一五年一月二八日、毎日新聞東京、大阪両本社版社会面が報じた児玉源太郎の関連資料群である。手帳や書類など約四〇〇点。

東京都内の児玉の旧宅で保管されていたもので、一般社団法人「尚友倶楽部《くらぶ》」に寄託され、季武嘉也創価大教授（日本近現代政治史）らが調査を進めた。怜氏はこの調査に加わっていた。日露戦争中の戦術構想や、日露講和を「失敗」と断じたメモなど、さらには伊藤博文、乃木希典、山県有朋からの書簡など。近現代史ファンだけでなく研究者も垂涎の資料群だろう。約一八〇点が翻刻され、「児玉源太郎関係文書」として、同成社から刊行された。

新聞記者から研究者へ

以上二例からわかる通り、歴史学の知見が世に広く報道される場合、圧倒的に多いのは「研究者→新聞記者→報道」という流れである。一方で、「新聞記者（資料発見情報）→研究者（価値の見極め）→新聞記者→報道」というパターンもある。

以下、これも例を挙げよう。

二〇〇四年のことである。筆者は付き合いのある古典籍業者から、興味深い史料の存在を知らされた。幕末、初代米駐日公使として江戸・善福寺に滞在していたタウンゼント・ハリスを警護していた、上州館林藩士の日誌である。文久元（一八六一）年一一月一日から同二年二月一七日までの約四カ月分。

ある国立大学の教授（満腔の謝意を込めて実名を記したいところだが、同じように図々しい記者が図々しい依頼をしたら迷惑が掛かるので差し控えたい）に連絡した。幕末史が専門。その研究業績を、筆者は知っていたが面識はまったくなかった。にもかかわらず、「一緒に史料をみていただけませんか」と依頼したのだ。

するとその教授は、快諾してくれた。日誌は都内のある自治体が購入したのだが、教授はわざわざその自治体に足を運んで解読してくれ、筆者に説明してくれた。ハリスの警護にあたった侍たちの、心身の苦労が生々しく記されている（栗原 二〇〇七、八—一〇頁）。これもまた、毎日新聞東京本社の社会面、写真付き五段の見出しで掲載された。

「研究者→新聞記者→報道」であれ「記者→研究者→記者→報道」であれ、歴史研究のプロではない記者が歴史研究の成果を報道するには、専門家の協力が必要であることにかわりはない。

研究者からは「新聞記者は不勉強」といった批判をまま聞く。筆者も含めて勉強を続けなければならない記者は多いが、そうした記者を鍛えるのは、研究成果を社会に還元するという、研究者の役割を果たす道でもあると、筆者は思う。

こうした、アカデミズムの「研究成果」が新聞を経て広く読者に届く例はたくさんある。もちろん、毎日新聞以外の多くの新聞がその役割を果たしている。近年は各紙ともインターネットへの記事配信を積極的に行っており、その役割を果たす可能性も大きくなっているはずだ。

前述のように、筆者の体験から言えるのは、「研究成果」は研究者本人から直接伝えられる場合、記事になりやすい。たまたま記者が資料の存在に気づいた場合でも、専門家である研究者にその資料の価値を客観的に評価してもらってこそ、記事は成立する。いずれにしても、記者としては、優れた研究者と多く、長く付き合うことが求められる。記者にとってさらに必要なのは、「研究成果」の価値を見抜く力を持つことだ。誰しも得意と不得意があり、関心を持てる内容と持てない内容がある。かく言う筆者も、せっかく情報提供を受け、かつその重要性を感じながら記事化できなかった経験がある。さらにはその価値に気づかず、見過ごしてしまったケースも多数あるだろう。こうした記者側の不勉強さが、研究者に「研究成果が届かない」と感じさせているのかもしれない。

「成果」が届かない理由

上記のことから、研究成果を「届ける」ために必要なことは明らかだろう。まず、記者が研究者としっかり交流する。かつ、記者が資料の価値についていけるだけの蓄積をすることだ。

こうしたことは歴史に限らず、様々な分野の報道で求められる、当然のことである。しかし、実はそう簡単ではない。

まず一般に、最前線で取材する記者はA部からB部への異動や、同じ部内でも担当代えが多い。このため、特定のテーマを長い間追い続けること自体が難しい。筆者が所属する学芸部（他社の文化部にあたる）は、比較的異動が少ない。また筆者は運よく一〇年以上、本格的に歴史関係の取材と執筆をすることができた。

さらに大手紙の場合、入社十数年たつと「デスク」の声がかかる。デスクは中間管理職であり、原稿を出してくる記者と、それを記事にくみ上げる編集者との間に立つ仕事だ。その他、原稿に直接かかわらない仕事も膨大にある。

個人差もあるが、一般には前線の記者がデスクになると取材、執筆に割くことができる時間は格段に減る。「研究成果」を持っている研究者にアクセスすることも、難しくなる。ただ、デスクを数年経験した後、「編集委員」などとして現場に戻るケースもある。各社とも、こうしたベテランが歴史記事を担当することがままある。

二　学界で通用しない見解が持ち出される現状

「神武天皇」は実在した？

さて学界では通用しないような見解が社会や政治上で登場するケースに目を向けてみよう。

今年八月八日、今上天皇自らが生前退位を示唆する「ビデオメッセージ」が公表された。発端は七月一三日、NHKが午後七時のニュースで報道した「特ダネ」であった。当日、筆者は社外におり、同僚から電話で知らされた。「えっ！」と大きな声を出してしまい、すぐに「これは大変なことになる」と感じた。驚いたまま、アカデミズムの専門家や在野のジャーナリストに連絡をとり、コメントをもらった。

翌日の各紙朝刊は、経済関係の記事を重視する日本経済新聞を含めて、一面で大々的に生前退位の意向を報じた。その後も各紙がニュースや連載などで報道を続けている。

その中で、筆者の印象に強く残ったのは一〇月一〇日の産経新聞朝刊（東京版）である。同紙は、生前退位問題をめぐる有識者会議の初会合が同月一七日に開かれることを受け、一面と特集面で同問題を大きく取り上げた。

一面は「「ガラス細工」の皇室典範」という横見出しで「たとえ一代限りであっても生前退位を認めれば、膨大な法改正が必要となる。皇室典範の歴史的重みを踏まえた慎重論も少なくなく、作業は難航が予想される」などという前文に続き、「一三〇年前に制定された終身在位を軸とする皇室典範は大きな転換期を迎えている」との認識を示した。

これら一面で示された同紙の認識は、各紙にほぼ共通する認識であった。しかし同紙は、この日の特集（四面）で独自色の強い記事を掲載した。初代・神武天皇以降、綏靖、安寧、懿徳、孝昭、孝安、孝霊、孝元……一二五代・今上天皇までの歴代天皇を掲載したのだ。筆者はこれまた、「え！」と声を上げてしまうほど驚いた。「戦後歴史学の成果を完全に無視している」、という驚きであった。

宮内庁のウェブサイトに基づいた、という趣旨の注が付いてはいる。筆者は「新聞社の見解ではなく、あくまでも宮内庁の認識を伝えた、ということなのだろうか」とも思った。しかしながら産経新聞社は、『神武天皇はたしかに存在した――神話と伝承を訪ねて』（産経新聞出版、二〇一六年）という書籍を刊行している。となれば、やはり「神武天皇」の実在を信じていると解釈するのが自然だろう。

第二次世界大戦の敗戦までは、少なからぬ日本史の研究者たちが、「神武天皇」の存在を前提としていた。そして毎日新聞を含む新聞メディアは、そうした研究者たちの「研究成果」を拡散した。戦後、その成果は見直しを迫られた。「神武天皇」のモデルとなる個人はいたかもしれないが、『古事記』『日本書紀』に記されるような「神武天皇」は存在しなかった。というのが、戦後歴史学のおおまかな認識だろう。

国会でも「神武天皇」

折り合いが付かないのはメディアの世界だけでなく、政界にも存在する。たとえば二〇一六年七月一〇日の参議院選挙で、神奈川選挙区で立候補していた三原じゅん子氏は、テレビ東京系の選挙特番「池上彰の参院選ライブ」で受けたインタビューの中で、「神武天皇」が実在していた、という趣旨の発言をした。三原氏の憲法観をめぐる中での発言であった。

池上氏が、「学校の教科書でも神武天皇は神話の世界の人物で、実在していた天皇はその後だということになってますが?」などと問うと、三原氏は「神話の世界の話であったとしても、そうしたことも含めて、そういう考えであってもいいと思います」と応じた。三原氏は当選した。

さらに二〇一六年一〇月六日、参議院予算委員会でも「神武天皇」が取り上げられた。同委員会で、自民党の有村治子議員は生前退位問題について、阿倍晋三首相に質問。有村議員によれば「今上陛下は、初代神武天皇から数えて百二十五代目の天皇陛下」である。生前退位を実現するための特別立法がとりざたされている中であることから、有村議員は「これから安倍内閣が御準備をしていただく法案がいかなる法案になろうとも、百二十五代、営々と続いてきた日本の伝統を鑑み、今後も皇位が着実に継承される仕組み、皇位継承を確かにする仕組みを考え、歴史の評価に堪え得る法案であっていただきたいと思います」と述べた。

一二五代が存在すれば当然初代も存在する。しかし、それが記紀の神話世界が伝える「神武天皇」であった、というコンセンサスが歴史学界にあるとは到底言えない。政治家が公の場で堂々と行った上記の発言は、まさに「学界では通用していない見解が、しばしば社会や政治上で持ち出されたりさえする」事態である。

「記憶としての歴史」と歴史学、マスメディアの役割

記憶としての歴史は、「主観的事実」の集積である。そして「主観的事実」はしばしば矛盾する。一つの戦争をみても、ある人・民族からみれば「侵略戦争」であり、別の人・民族からすれば「植民地解放戦争」でもある。歴史学の役割一つは、実際にあったことを明らかにし、こうした記憶の相克を解きほぐしてゆくことだと、筆者は考える。

また実際にあったこと＝真実が記憶されるとは限らない。個人がそうであるように、民族全体もしばしば、自分たちの歴史を心地よく記憶しようとするはずだ。有り体に言えば、「信じたい歴史」の方が、「信じたくないが実際にあった歴史」よりも受け入れられやすい、ということだ。それゆえ歴史学が、実際にあったことを明らかにしても、それが人々の胸に届くとは限らない。

それでも、実際にあったこと、あるいはなかったことを明らかにし、後世に伝えることは、歴史学の重要な役割であることは揺るがない。そしていっけん難しい「研究成果」を一人でも多くの人に届けることが、新聞を含むマスメディアの役割だということも同様だと、筆者は考えている。

参考文献

栗原俊雄　二〇〇七「資料発見てん末」『本郷』六七

コラム 8

ヴィシー時代のフランスにおける新聞・ラジオの戦争協力

南 祐三

フランスが「出版の自由」を法的に定めたのは、一八八一年のことである。それは「自由・平等・友愛」という大革命が勝ち取った近代的諸権利を法制度化し、共和主義的理念に立脚したフランスを確定させようという、第三共和政(一八七〇―一九四〇年)の為政者たちの意志を反映した政策の一つであった。それ以来、活字メディアは近代フランスの大衆民主主義社会における主要な情報伝達装置として、世論形成や国民意識の涵養、権力者への異議申し立て、あるいは娯楽の提供など、多様な役割を果たしてきた。第一次世界大戦前夜には、フランスの総人口四〇〇〇万に対して、日刊紙の総発行部数は一〇〇〇万部にも達している。大戦後には、これにラジオが加わった。フランスで最初の大衆向け定期ラジオ放送が一九二一年に開始されている。その二年後に民間基地局の設置が法的に認可されると、ラジオは瞬く間に人びとが「世界」を知るために不可欠な道具となった。受信機の数は、第二次世界大戦前夜には五二〇万台にまで増大した。

新聞にせよ、ラジオにせよ、「表現の自由」が法的に保障されているからこそ、メディアはそれ本来の威力と魅力を発揮する。しかし戦時においては、国家の利益が優先され、その「自由」に著しく制限がかけられる。フランス・メディアが最も苦境を強いられたのは、第二次世界大戦中のドイツ軍占領下の四年間であろう。自国の政府のみならず、それを抑圧するナチ・ドイツというさらに上位の権力者の登場によって、より複雑な状況に置かれたからである。「暗黒の年月」といわれるその四年間は、第三共和政のあっけない敗北から始まった。一九四〇年六月には休戦協定が締結され、フランスは「交戦国」の立場を退く。しかし、今度はナチへの「協力国」として、領土の利用や労働力の提供など、間接的に戦争にかかわり続けることが求められた。パリを含む北部地域はドイツ軍が直接統治する占領地区となり、南部の非占領地区には、第三共和政に替わって新たに樹立されたヴィシー政府が統括する体制が整えられた。国家主席フィリップ・ペタンを頂点とするヴィシー政府は、ナチが建設をめざす「新秩序」におけるフランスの地位向上を見据えて、対独協力を推進した。

こうした事態に直面して、真っ先に「自由」を失ったのはラジオであった。パリを制圧したドイツは、すぐさま占領地区内のすべてのラジオ局を掌握し、「ラジオ・パリ」を創設した。そこから聞こえてくるのはフランス語だったが、話者はドイツ人である。当初の内容は演劇や映画、音楽などの文化情報が中心だったけれども、次第にナチの敵対者、すなわち共産主義者や英米、ユダヤ人への攻撃といった政治的プロパガンダにシフトしていった。他方、ヴィシー政府も非占領地区内の民間基地局を接収し、独占することで「国営ラジオ放送」を設立した。その最も重要な役割は、フランスが置かれた状況を説明し、進むべき道を示してくれるペタン元帥の声を国民に届けることであった。「私についてきなさい。永遠なるフランスに自信をもちなさい」と語りかけたその声は、失意のどん底にあるフランス人を擁護し、救済してくれる指導者として、当時八四歳の国家主席の信頼感を高めた。

ドイツ当局、あるいはヴィシー政府という権力者のもとで一括して管理されたラジオと比較すると、新聞や雑誌にはある種の「選択の余地」が残されただけに、いっそう難しい立場に置かれたといえる。とりわけパリのプレスは身の処し方について決断を迫られた。占領地区では、ヒトラーやゲッベルスからの指令に基づく、ドイツの宣伝局による情報統制が行われ、「ドイツ国家の威信を傷つけるようなあらゆる表現」は禁止されていた。定期刊行物を発行するためには、発行人が三世代にわたってアーリア人種であることを証明する必要もあった。しかし、そうした条件を受け入れるのであれば、パリでの活動継続は可能である。ただし、むろんそれはナチのプロパガンダに加担することを意味したし、それを拒否するのであれば、廃刊するか占領地区を去るしかない。事実、戦前パリに存在していたプレスのじつに八割が敗戦後に姿を消している。あとの二割は、パリに残留するか、非占領地区へ退却するかを選択した。

残留組は一〇ほど確認できるが、その多くは「復帰組」でもあった。というのも、実際にはドイツ軍のパリ侵攻とともにほとんどのプレスは南部へ避難しており、そのうちいくつかのプレスが、のちにドイツ当局によってパリに呼び戻されたからである。例えば、一八七六年に創刊された、第三共和政期を代表する日刊紙『プティ・パリジャン』は、一九四〇年一〇月に宣伝局の要請に基づいてパリ復帰を果たした。占領生活の混乱を防ぐために、ドイツ当局は、パリの人びとが長らく慣れ親しんだ新聞を戦前と同じように存続させておくことが得策だと判断したのである。ただし、編集スタッフの顔触れは様変わりしている。つまり、「復帰」したのは新聞の名称と体裁だけであり、親ナチ的な記事をしたためる書き手は、それを受け入れた対独協力者に入れ替えられたのである。残留組のほとんどに、こうした布陣の変容が施されていた。それら残留組に加え、ドイツ当局の肝いりで新設された三〇ほどのプレスによって対独協力ジャーナリズムが形成され、占領下のパリは反共主義や反ユダヤ主義、レジスタンス打倒を叫ぶ言説で溢れかえっていた。

パリを放棄し、非占領地区へ活動拠点を移すことで生き残りを図ったプレスは全部で三九あった（復帰組はここに含まれない）。それら退却組はナチの協力者としてではなく、あくまでも自国の正統政府であるヴィシーの支持者として活動することを望んだのである。ただし、ヴィシー政府もまた、厳格な検閲を実施していた。政府が発した報道指令は膨大な数に上るが、そこからはいかにヴィシーが占領軍とのトラブルを回避することに気を配っていたのかが窺い知れるし、仏独協力政策を非難することはけっして許されなかった。

さらに一九四二年一一月一一日、ドイツ軍の占領がフランス全土に及び、ヴィシー政府のナチへの隷属化が加速したことで、退却組の選択はもはや意味をなさなくなった。ドイツ当局による言論統制がかつての非占領地区にも及ぶことになったからである。仕方なく、例えば、退却組の代表的なプレスである『フィガロ』は一一月二四日に、『ル・タン』はその六日後に活動を停止した。

しかし、この時の「愛国的」決断がのちにこの二紙を救うことになる。一九四四年にフランスを解放し、「出版の自由」法の復活を宣言したレジスタンス勢力は、すぐさま対独協力プレスを断罪し、もれなく廃刊を強要したが、ドイツが全土占領した日付から一五日以内に停止したプレスについては戦後の活動継続が認められたからである。ただし、停止の手続きに手間取った『ル・タン』はわずかにこれに引っ掛からず、復刊は果たせなかった。そこで、同紙の社屋や体裁をほとんどそのまま引き継ぐかたちで創刊されたのが、第四、第五共和政のフランスが誇るインテリ紙『ル・モンド』である。

とくに残留組にとっては、ヴィシー政府自体が対独協力を志向しているのだから、パリに残ることも、そこから退却することも、実質的にはそれほど変わらない選択肢であると思われたのかもしれない。しかし、ナチかヴィシー政府かというわずかな決断の相違が大きな分かれ道となって、各プレスの戦後の行く末を規定したのである。

参考文献

Cazenave, Elisabeth et Caroline Ulmann-Mauriat 1994. *Presse, radio et télévision en France de 1631 à nos jours*, Paris: Hachette.

Martin, Laurent 2005. *La presse écrite en France au XXe siècle*, Paris: Librairie Générale Française.

Rioux, Jean-Pierre et Jean-François Sirinelli (dir.) 2002. *La culture de masse en France: De la belle époque à aujourd'hui*, Paris: Fayard.

4 草の根歴史修正主義と伝えきれないメディア
――北海道の現場から

長谷川 綾

一 南京大虐殺否定に共鳴する若者

二〇一七年一月三〇日朝、真っ白な雪に覆われた北海道庁前。足早に出勤する道職員の横で、女性の怒声が響いた。「高橋（はるみ）知事は、わざわざ一民間企業の問題に、公の立場から口を突っ込んだ」「問題が、よりにもよって、南京大虐殺の否定本。なぜ否定するのか。そもそもそんなものはないからだろうが！」

知事へ抗議したのは、札幌の会社員高橋阿矢花（三三）。「在日特権を許さない市民の会」（在特会）の前会長、桜井誠（四四）が昨夏に結党し党首を務める「日本第一党（Japan First Party）」の副党首に就任した。高橋は、二〇一〇年に在特会に入会し、在特会の女性版ともいわれる保守団体「日本女性の会そよ風」（そよ風）の北海道支部長として、この数年、札幌で街頭演説を続けてきた。

東京から来た桜井も知事攻撃を続ける。「南京事件は、支那人の嘘っぱち、でたらめ。これは一つの意見です。公の立場に立つ人間が、言論の自由、表現の自由を圧殺するがごとき言葉を使うことは絶対に許されない」。

非難の的になったのは、定例会見での高橋知事の発言だ。二月の冬季アジア札幌大会で選手の大半が泊まる「アパホテル&リゾート〈札幌〉」が、客室に旧日本軍による南京大虐殺を否定する本を置き、中国、韓国などから批判を受けている問題を「いろいろな議論があることについて、相手国の方々に不快な思いを持たれるのはどうなのか」と述べていた。

桜井の演説に「そうだ！」と若者たちがこぶしを振り上げた。うち一人は、札幌の高校三年生の男子（一八）。「高校の歴史の授業がどうも納得いかなくて。ネットでいろいろ調べて桜井さんのことを知った。どうしても会いたかった」。大学入試の当日だったが、前日に札幌で開かれた日本第一党の集会と、二日連続で参加した。

二　歴史修正主義運動、米で報道

伝統的にリベラルが強いといわれる北海道でもここ数年、草の根保守運動が目立っている。在特会北海道支部は、全国四番目の支部として二〇〇七年に発足。二〇一二年一二月の第二次安倍晋三政権誕生後、その動きは活発化した。国内外から二〇〇万人以上が訪れる「さっぽろ雪まつり」では二〇一三年から三年連続で、「朝鮮人を皆殺しにしろ」などと叫ぶヘイトスピーチのデモを会場のすぐ横で行った。二〇一四年には、自民党の金子快之《やすゆき》札幌市議会議員が「アイヌ民族なんて、いまはもういない」「利権を行使しまくっている」とツイッターに書き込み、非難を浴びた（二〇一五年に落選）。

この年、米紙ニューヨーク・タイムズ（NYT）が北海道発の二つの歴史攻撃を報じた。宗谷管内猿払《さるふつ》村など各地で起きた朝鮮人強制労働の追悼碑バッシングと、元日本軍「慰安婦」の被害証言を報じた植村隆・元朝日新聞記者（五九）と、彼が非常勤講師だった札幌の北星学園大学（北星大）への脅迫など、過去の「慰安婦」報道を巡る朝日新聞バッシングだ。

“Pressure in Japan to Forget Sins of War”（戦時の罪を忘却の彼方に押し込めようとする日本国内の圧力）。NYTは二〇一四年一〇月二九日（電子版は二八日）、猿払村の朝鮮人強制労働追悼碑が一年近く前、ネット右翼の激しい抗議を受け撤去に追い込まれた事件を伝えた。「ネット右翼は、安倍首相の保守政権になって影響力を増した。両者は、無関心または萎縮した沈黙の社会で、日本の負の歴史像に終止符を打つ目的を共有している」。

戦争末期の一九四二―四四年、猿払村浅茅野《あさじの》の旧日本陸軍飛行場建設では、過酷な労働や発疹チフスで多くの死者が出た。市民団体「強制連行・強制労働犠牲者を考える北海道フォーラム」（北海道フォーラム）の浅茅野調査報告書によると、亡くなった労働者一一八人のうち、朝鮮人は九六人、日本人が二一人、国籍不明者一人だった。村民と北海道フォーラムなどが二〇〇五―一〇年、四回の発掘調査で三四体分（発掘時の鑑定では三九体分。二〇一五年の再鑑定で減った）の遺骨を発見。村民有志が、村の共同墓地に慰霊碑を建てる計画を進めていた。

ところが二〇一三年一一月二一日、村役場に突如、抗議が押し寄せる。この日だけで電話約五〇件、メール約三〇件。ネットでは、村特産のホタテの不買呼びかけまで起きた。村は翌二二日、碑の設置申請が出ていないことを理由に、建立中止を実行委員会に要請。実行委は建立を断念した。除幕式の四日前。台座を設置し、石碑を載せるばかりになっていた。

一一月二〇日夜、韓国の聯合ニュースが「韓国の政府機関が、猿払村などと共同で建てる」と報道したのがきっかけだった。建てるのは村民有志の実行委員会で、韓国の政府機関は入っていなかったが、ヤフーニュースに転載され、騒ぎが一気に広がった。

五時間後、「そよ風」のブログは、こう呼びかけた。「北海道の猿払村に電凸《でんとつ》を!!」（一一月二〇日午後一一時一六分、電凸はネット右翼による抗議電話のこと。やり取りをネット上でさらすことが多い）。翌日から「電凸した」「メールとFAXで抗議した」と応じる書き込みが相次いだ。自民党の小野寺秀《まさる》北海道議会議員（当時）は「普通の墓地に変な碑が出来る」とツイート。時事問題を取り上げるユーチューブ動画「カズヤ・チャンネル」も、「道民としていかんと思い、早速村役場に問い合わせた」と伝えた。

元工務店社長水口孝一（八六）は、建立実行委の共同代表。「国同士の関係がこじれていても、私たちの手で遺骨を掘り出し、大勢の朝鮮人がここで命を落とした歴史を整理できた。その証しを形で残したかった」と悔しがる。二〇〇六年、最初の本格的な発掘には、日韓の学生を中心に、アイヌ民族、在日コリアン、中国人など、村の人口の一割を超す三〇〇人が参加した。村長を説得して三つの施設を宿泊用に開放してもらい、発掘現場までバスを走らせた。地元の旅館は休業して食事の世話をした。数年来の草の根交流で生まれた碑の計画は、たった一日の電凸とメール抗議で頓挫した。

猿払村の記事から一カ月後。二〇一四年一二月三日のNYT一面（電子版は二日）は“Rewriting War, Japanese Right Goes on Attack”「「戦争」の書き換え　攻撃を続ける日本の右派」の見出しで、植村と北星大への脅迫事件を伝えた。四面では、「安倍首相を含む国粋主義的政治家」が歴史を修正しようとしていると批判、「脅迫によって歴史を否定し、私たちを黙らせようとしている」という植村の言葉を紹介。四日の社説でも事件を取り上げた。

北星大脅迫では、メディア自身がバッシングを煽り、黙認した。二〇一四年一月三〇日発売の『週刊文春』二月六日号が「“慰安婦捏造”朝日新聞記者がお嬢様女子大教授に」と、植村の神戸松蔭女子学院大学教授の内定を伝えた。発売当日からネットで「大学で、捏造慰安婦を教えるかも【超拡散】」と大学の電話とファクス番号、メールアドレスの書き込みがされ、大学には一週間で二五〇件の抗議メール、ファクスが殺到。植村は三月初め、就職断念に追い込まれた。

「慰安婦」否定派は勢いづいた。小野寺道議は三月一三日、「植村隆氏は道内の大学で非常勤の講師等を兼務も……売国捏造授業は迷惑」などとツイート。「そよ風」は五月一一日のブログで「植村は北海道に！」「反日教育を放ってはおけない。電凸！　電凸！」と北星大への抗議を呼びかけた。

五月の連休明けから北星大に大量の抗議メール、電話が押し寄せ始めた。五月二八日、最初の脅迫状が届く。「捏造朝日記者の植村をなぶり殺しにしてやる。すぐに辞めさせろ。やらないのであれば、天誅として学生を痛めつける」「くぎを混ぜたガスボンベを爆発させる」。脅迫状は六度、計七通に及び、植村の高校生の長女を名指しし「地の果てまで追い詰めて殺す」と殺害予告も来た。大学は抗議のメール一七〇〇通、電話七〇〇件への対応に忙殺された。ネットでは、植村の自宅の場所、電話番号、長女の名前、学校名、写真までさらされた。植村の妻が韓国人のため、書き込みは朝鮮人蔑視のヘイトスピーチであふれた。

ところが、新聞、テレビが北星大脅迫を一斉に報じたのは九月三〇日からだ。大阪の帝塚山学院大学で、別の元朝日新聞記者の教授の解雇を求める爆破予告の脅迫状が届き、府警が捜査を始めたという毎日新聞の記事がきっかけ。関連事件としてやっと読売新聞が「北星にも脅迫」と報じた。

北星大脅迫を最初に伝えたのは『週刊金曜日』九月一九日号だが、市民が複数の報道機関にこの記事のコピーを持ち込んでも、どこも追わなかった。各社でこんな言い訳がされたという。「朝日の事件だから」「「慰安婦」問題だから」「大学も道警も発表していない」「きょうはニュースがたくさんあって入らない」。朝日新聞のようにバッシングを受けたくないという萎縮が、正常なニュース価値判断の力を奪った。

この時期、産経、読売、毎日の各紙は朝日批判のパンフレットを各戸にまき、拡販に走った。北星大を応援する市民団体、「負けるな北星！の会」（マケルナ会）呼びかけ人の作家森村誠一（八四）は、痛烈な批判を加えた。「同業者が叩きまくっているのは、「叩けば売れる」から。次は自分が的にされるかもしれないのに」（二〇一四年一〇月六日、マケルナ会発足会見に寄せたメッセージ）。

三　追悼碑攻撃、捏造「慰安婦」パネル展

市民団体「強制動員真相究明ネットワーク」(http://www.ksyc.jp/sinsou-net/) は二〇一五年、全国の会員に呼びかけ、朝鮮人追悼碑や説明板の撤去、改変の実態を調べた。発表によると、全国の追悼碑、説明板など二八三カ所のうち、第二次安倍政権が発足した二〇一二年一二月以降、二〇一五年半ばまでに確認された追悼碑バッシングは計九件(表1参照)。第二次安倍政権の前は、戦前まで遡っても一〇件しか確認されていない。安倍政権になって急増したのは明らかだ。

バッシングは、ネットで電凸を呼びかけ、抗議が殺到するのがパターンだ。加えて産経新聞が問題視する記事を出す例もある。群馬県高崎市の県立公園「群馬の森」にある朝鮮人労務動員犠牲者追悼碑は、「そよ風」が二〇一二年からブログで碑文が「反日的」などと批判。産経新聞は二〇一四年四月一八日と同二〇日の二回、一面で報じ、社説(同二四日)でも取り上げた。

産経新聞は「慰安婦」問題でも被害者の証言に否定的な記事を最も多く報じている。この産経新聞に対し二〇一六年一〇月二九日、東京にある「慰安婦」問題の資料展示施設「女たちの戦争と平和資料館」(wam)が声明を出した。「私たちは「言論を暴力に結び付けない社会」の実現を、産経新聞及び報道に携わる全ての方々に、あらためて呼びかけます」。wamは九月三〇日消印の葉書で「爆破する　戦争展示物を撤去せよ　朝日赤報隊」と脅された。赤報隊は、朝日新聞の小尻知博記者が殺された阪神支局銃撃事件で犯行声明を出した団体名である。二〇〇五年の開館以来、嫌がらせを数多く受けたが、爆破予告は初めて。声明では、産経新聞にwamを名指しした批判記事が増えたことが背景にあるのではないかと指摘した。

表1　第2次安倍政権発足後に起きた朝鮮人追悼碑・説明板バッシングと文面修正の動き

［2013年］	
11月18日	長崎市の平和公園にある「長崎原爆朝鮮人犠牲者追悼碑」に対し，1982年に使用料が全額免除される設置許可が切れ，公園を不法に占有しているとして，土地使用料や固定資産税などを設置団体に支払わせるよう，市民団体「敷島の風」が住民監査請求（市監査委員は2014年1月16日，請求を棄却．長崎市が14年7月15日に碑の設置更新を許可）
11月22日	北海道猿払村が，旧日本陸軍浅茅野飛行場の建設で犠牲になった朝鮮人強制労働の追悼碑の除幕式中止を実行委などに要請．村に抗議が殺到後，碑の設置申請がないことが判明したのが理由．実行委は12月8日，重機で追悼碑の台座を撤去．
［2014年］	
1月17日	長崎市の平和公園での「韓国人原爆犠牲者慰霊碑」建立計画に対し，市民団体「敷島の風」がネットで反対呼びかけ．産経新聞が2月2日，「韓国反日組織が碑文　長崎に原爆慰霊碑計画」と報道．2月18日，市議会に幸福実現党長崎県本部から設置反対の陳情書提出
4月18日	奈良県天理市が，大和海軍航空隊大和基地（通称・柳本飛行場）の説明板を撤去．並河健市長は「強制性の点も含め，市の公式見解と解される掲示は適当ではないと判断した」とコメント．説明板は市などが1995年に設置．飛行場建設で朝鮮人労働者の強制連行が行われ，朝鮮人女性の慰安所が置かれていたとの記載があり，2月ごろから批判のメールが来ていた．
5月19日	福岡県飯塚市の市営霊園で，筑豊の炭礦で亡くなった朝鮮人を供養する納骨堂「無窮花《ムグンファ》堂」の追悼碑の文面を，日本会議福岡の理事らが問題視し，改訂や撤去を求めて市議会への請願を検討している，と産経新聞のネット版「産経ニュース」が報道．碑文には「日本の植民地政策により，数多くの朝鮮人と外国人が日本各地に強制連行され」「筑豊には15万人にも上る朝鮮人が炭鉱で過酷な労働を強いられ」とある．6月25日，飯塚市議会で藤浦誠一市議が「反日，嫌日，非常に政治色が色濃い．プロパガンダそのものではないか」と質問
5月30日	鳥取県岩美町にある旧日本鉱業荒金鉱山の朝鮮人供養塔の碑文を問題視する公開質問状を，「日本海の「東海」表記を考える会」が榎本武利町長に提出
7月22日	群馬県が，高崎市の県立公園「群馬の森」にある朝鮮人労務動員犠牲者追悼碑の設置期間（10年）更新を認めず「すみやかに撤去を」と管理団体「「記憶 反省 そして友好」の追悼碑を守る会」に通知．2012年に碑の前で行った追悼式で，許可条件に反する政治的発言があったのが理由．11月13日，「碑を守る会」が，設置期間更新不許可処分の取り消しを求めて群馬県を前橋地裁に提訴 （産経新聞は4月18日，1面で碑の前で2004–12年に毎年行っていた追悼集会に際し「強制連行への謝罪が必要」などの日本政府批判発言があり，「県が許可取り消しも含め対応を検討」と報道．4月20日の1面と4月24日の社説でも批判した）
7月25日	大阪府茨木市にある旧軍施設「警備府軍需部安威《あい》倉庫」跡地に，府が戦後50年事業で設置した銘板に「強制連行された朝鮮人が苛酷な労働に従事させられていました」との記載があることに対し，木本保平市長が「歴史認識が誤っている」「歴史的根拠が不明確な記述が見受けられる」として，松井一郎府知事に撤去要請の文書を送付
11月13日	長野市が，松代《まつしろ》大本営象山地下壕の説明板に書かれた「住民及び朝鮮人の人々が労働者として強制的に動員され」という文面を削除し，「多くの朝鮮や日本の人々が強制的に動員されたと言われています」に変更．「必ずしも全てが強制的ではなかったなど，さまざまな見解があります」を追加． （2013年8月から，長野市が説明版の「強制的に」の記述にテープを貼り隠していたことが，14年8月8日，信濃毎日新聞などの報道で判明）

※市民団体「強制動員真相究明ネットワーク」の会員らの調査（2015年10月），新聞報道などをまとめた．

北海道では二〇一四年以降、「慰安婦」問題を「捏造だ」と主張する否定派のパネル展が公共施設で開かれている。主催は、実行委や「捏造日本軍「慰安婦」問題の解決をめざす北海道の会」（捏造慰安婦の会）で、日本会議北海道本部が後援。捏造慰安婦の会などによると、二〇一四年六月―一七年三月末の三年足らずの間に、札幌で一五回、千歳、旭川、岩見沢で各一回の計一八回開かれ、一万人以上が訪れた。会場代などの経費の大半は日本会議道本部が出しているという。

パネル展を主導する「捏造慰安婦の会」副会長の男性（七四）は、旭川土木現業所長などを務めた元道庁幹部で、現在は日本会議道本部の理事を務める。古事記の勉強会で知り合った仲間と二〇一三年一一月、パネル展実行委員会を結成した。約四〇枚のパネルの九割以上は、男性がネットや書籍の情報を元に独自に作ったものだ。「慰安婦のウソを知らない人が多すぎると危機感を感じ、史実を伝えようと始めた。抗議がたくさんくると思ったら、逆に「初めて知った」「これからも続けて」と励まされる」と語る。

このパネル展は最近ようやく報道された。北海道新聞（道新）二〇一六年一二月二三日朝刊の札幌市内版が「「慰安婦は捏造」パネル展「人権侵害」と抗議の声」との見出しで、市民から中止を求める動きがあるものの、市が制限には慎重姿勢であることを伝えた。

全国の否定派によるパネル展も、ほとんど報じられていない。市民団体の調べでは二〇一三、一四年の二年で少なくとも一二〇カ所で開催された。だが、記事検索サイトで確認できた新聞記事は、二〇一三年六月―一六年一二月に仙台、福井、金沢、札幌の四カ所について地方紙と朝日新聞が報じた五本だけだった。

同じことは、追悼碑攻撃にも言える。地元紙や全国紙の地方版で散発的に報じているが、似たような事案が相次いだ場合に全国紙が書く「まとめ記事」はほとんど見当たらない。

「慰安婦」否定派に対抗して声を上げているのは、一握りの学者や市民たちだ。市民団体「さっぽろヒューマンライッ」の小泉雅弘（五四）は「女性に過酷な性暴力を加えた「慰安婦」の歴史を捏造だと否定するのは人権問題ではないか。韓国・朝鮮人への差別を助長するヘイトスピーチと同じだ」と指摘する。「さっぽろヒューマンライツ」は市に二〇一五年から七回、施設の使用を認めないよう申し入れてきた。秋元克広市長は「主催団体の歴史認識を表明した内容」（二〇一六年一二月六日、定例市議会本会議）と述べ、「表現の自由」として認め続けている。

否定派には共通点がある。元「慰安婦」に会ったことがないのだ。日本第一党副党首になった高橋も、パネル展を主催する男性も、在特会のメンバーも、元「慰安婦」に会って話を聞いたことがないと口をそろえた。朝日新聞の「慰安婦」報道批判の先頭に立つ産経新聞の阿比留瑠比《あびるるい》記者、ジャーナリスト櫻井よしこも元「慰安婦」に一度も会って取材したことがないと認めている。

「韓国、朝鮮の人たちも同じ人間だと実感できる体験がないのだろう」と、猿払村の水口孝一はみる。遺骨発掘にあわせて韓国から招いた遺族の話が忘れられない。張孝翼《チョウヨンオク》（当時七四歳）の父、基勲《ギフン》は、一九四二年八月、憲兵と役場の職員が来てトラックで連行された。一一歳だった張は、父親のズボンにしがみついて「行かないで」と叫んだ。自分と同じ年代の張の話に、水口は思った。「親を失う悲しみは国が違っても変わらない」。水口の父、多市は、フィリピンの沖で輸送船が撃沈され三六歳で戦死。戻ってきたのは、名前と死んだ年月日が書かれた小さな木片だけだった。

アジア各地で十代を含む若い女性たちが、誘拐されたりだまされたりして戦場に連れて行かれ、強制的に日本兵の性の相手をさせられたことは、大多数の歴史学者が認める学界の常識だ。なぜ、否定派は史実と認めることができないのか。捏造パネル展を行う男性は答えた。「歴史学者は共産党だらけ。考えが偏っている」。互いに会ったこともない国籍も違う女性たちの類似の被害証言が数多く残っていることは、どう説明するのか。「日本軍ほど規律が厳しくしっかりした軍隊はなかった。性奴隷なんて起きるはずがない」。

四　加害を可視化した遺骨発掘

四〇年間、北海道の朝鮮人遺骨発掘に取り組んできた浄土真宗の住職、北海道フォーラム共同代表殿平善彦（七二）は、「強制労働も強制連行もたくさん話を聞き、被害の記憶を受け継いでいる」と言う。

一九七六年、同じ深川市に住んでいた在日朝鮮人一世蔡晩鎮《チェマンジン》から、茂尻《もしり》炭礦（現赤平市）で戦中に体験したタコ部屋の話を聞いた。空腹に耐えかね、犬の餌や石炭までかじった、逃げると革のバンドで気を失うまで殴られ防火水槽に漬けられた……。初めて聞く強制労働の過酷さに言葉を失った。その四カ月後、道北部の幌加内《ホロカナイ》町朱鞠内《シュマリナイ》の寺で、朝鮮人名がまじった八十余りの位牌を見つけた。近くの雨竜ダム工事に従事した労働者のものだった。一九八二年、逮捕覚悟で軍事独裁政権下の韓国に遺族を訪ねた。村人から「夫の弟が日本に連れて行かれたままだ」「若い男が畑からいきなり連れて行かれた」と詰め寄られた。

殿平たちの遺骨発掘調査は一九七八―二〇一三年に一三回行われ、延べ一五〇〇人が参加した。一九九七年からは朱鞠内を中心に、日韓の学生が参加するワークショップでも発掘を続けた。学生たちは互いの歴史観を巡り激論になりながらも、酒を酌み交わし友情を深めた。

二〇一五年九月、道内の朝鮮人遺骨一一五体分を、一〇日かけて山口県下関まで南下し、フェリーで釜山へ渡り、ソウルまで送り届けた。遺骨は、函館の木工職人村田政昭（七三）が無償で作った桐の箱に納められた。縦六〇センチ、横四五センチ、高さ三〇センチで一八個。貸し切りバスに載せられ、宿泊地に着くたびに寺などに降ろされて安置。翌朝にはまたバスに積み込まれて走った。真っ暗な土中から掘り出され、きれいな白木の箱に入った遺骨が、一人の人間として尊厳を取り戻していく。列島縦断で大勢の日本人に加害の歴史が可視化された。

殿平は、ソウル市立墓地で納骨した瞬間を思い出す。「ふわっと温かい和解の空気が流れた。日本人も韓国人もみんな涙ぐんでいた」。歴史学者のテッサ・モーリス＝スズキ（オーストラリア国立大学教授）は評価する。「遺骨発掘は、日韓の歴史問題を市民の手で乗り越えようとする試み。政府の力を借りず、身の回りの消えかけていた歴史を深く掘り起こし、日韓の若者たちの対話を実現させた。Informal life politics、生きた非政府政治です」（国際シンポジウム「強制連行犠牲者と遺骨奉還」二〇一一年一一月六日での発言）。

五　報道の萎縮進む

「朝日バッシング」を経て、メディアの萎縮は深刻さを増した。

二〇〇〇人超を有する国内最大規模の歴史学会、歴史学研究会は、「朝日バッシング」最中の二〇一四年一〇月に出した声明「政府首脳と一部マスメディアによる日本軍「慰安婦」問題についての不当な見解を批判する」以来、他学会・団体との共同声明を含め、「慰安婦」関連で四回の声明を出し、安倍首相や「慰安婦」否定論にたつメディアを批判している。

ｗａｍは二〇一四年一一月、読売新聞の「慰安婦」報道を検証する特別展で、一九八〇年代―二〇〇七年の記事一五〇〇件を分析。「朝日が歴史をねじ曲げた」と批判する論拠としている、①「女子挺身隊」と「慰安婦」の「混同」、②被害者の規模を約「二〇万人」と過大に表現、の二点では、読売新聞自身も①で五本、②で六本の記事で、同じ表記をしていたことを明らかにした。二〇一五年一一月には、日本政府の認定、未認定の「慰安婦」関連公文書合わせて九六七点の画像と作成時期、所蔵先などの情報を、英語、韓国語に訳した文書名付きでホームページに公開した。どちら館内展示では、被害者の証言と、楽しそうに思い出す日本兵の手記とを、あえて何の説明もつけずに並べた。どちらを記憶し伝えるのかを問いかけるためだ。

だが、こうした学者や市民団体の活動さえ、「慰安婦」関連のため、新聞、テレビが報じることは稀だ。渡辺美奈wam事務局長は「取材に来る記者はいるが、とにかく記事にならない。「慰安婦」女性の被害は、彼女たちが語り出したことでやっと歴史に書き込めたのにその被害がまた消されようとしている」と訴える。

メディアはなぜ歴史問題を書けないのか――。一つは、リスク回避だ。「慰安婦」、原発など意見が分かれるテーマは抗議を受ける恐れがある。地方紙も例外ではない。道新には二〇一四―一五年、「慰安婦」報道を批判する公開質問状が日本会議道本部から三回、捏造慰安婦の会から一回来た。もう一つは、おそらく歴史を知らないためだ。一九九〇年代前半に慰安婦の名乗り出を取材した記者は五〇―六〇代で現場にいない。九〇年代後半以降、「慰安婦」報道がタブー化され、記者の大多数はそもそも元「慰安婦」の話を聞いたこともない。ある新聞記者は、「慰安婦」の広範な被害を紹介した歴史学者の講演記事をボツにされた時の上司の言葉に驚いた。「この記事は一時間で確認しきれない」。二〇一三年、橋下徹大阪市長（当時）の「「慰安婦」制度は必要だった」発言が批判を浴びた直後。「慰安婦」の記事はチェックが面倒で避けたいという本音がにじみ出た。

俵義文「子どもと教科書全国ネット21」事務局長（七六）は「日本では加害の歴史がきちんと教えられていない」とみる。俵によると、南京大虐殺の教科書記述は、敗戦直後の一九四六年、文部省が発行した最後の国定教科書では小中学校とも記述があったのに、教科書検定が始まった後、一九五〇年代後半には記述がすべて消えた。すべての教科書に再び書かれたのは中学校で一九八四年版、高校の日本史で一九八五年版、小学校で一九九二年版。「すべての子供が南京大虐殺を学べなかった時代が四〇年近く続いた。歴史を知らないから歴史修正主義にも強く対抗できない。ドイツでは一九六〇年代、学生たちがナチス時代の父親世代の戦争責任追及に力を入れ、その後、緑の党やドイツ社会民主党の幹部となって脱原発やイラク戦争反対の政策を実現させた」。

歴史修正主義と同根の、韓国・朝鮮人などへのヘイトスピーチに対しても、だからメディアは及び腰だ。雪まつりで三年連続続いたヘイトデモを、リアルタイムで報じた新聞はゼロ。各紙が大きく報じたのは、二〇一六年、「カウンター」と呼ばれる対抗運動を行う市民が反差別イベントを行い、ヘイトスピーチが途絶えた時だ。市民はヘイトデモが始まった翌二〇一四年には、大声を上げて対抗し始め、二〇一五年からは札幌市や北海道公安委員会に、差別を煽るデモを認めないよう要望書を出したが、役所は動かずメディアも報じなかった。

二〇一五年四月の札幌市議選挙では、差別的な言動が問題視される候補者が五人も立ち、危機感を募らせたカウンターの市民がSNSで批判運動を展開。全員が落選した。しかし、過去の差別発言やヘイトデモ参加という政治家の資質に関わる情報を伝えたのは新聞・テレビではなく、市民のツイッターやフェイスブックだった。札幌市長選挙でも、自民党推薦の新人、本間奈々候補が「生活保護は遺伝する」「(受給者が多い)大阪は掃き溜め」などと講演したネット動画が批判を浴びた。講演の主催者は北星大で植村解雇を求めてビラ配りをした保守団体。新聞、テレビは「選挙妨害になる」と全く伝えなかった。問題視した水島宏明法政大学教授がネットニュースをヤフーニュースに投稿。これを見た『週刊文春』が投票三日前に発売された二〇一五年四月一六日号で批判記事を出した。本間候補は民主党推薦の新人候補に破れた。

外国人登録の指紋押捺拒否で闘った在日韓国人三世のピアニスト崔善愛《チェソンエ》は(五七)はもともと強制連行を「徴用」、「動員」と言い換える新聞記事への違和感を抱いていた。「言葉は、意識を作る。政府だけでなく、メディアも「自主的に来た」という強制した側の言葉を使い、強制された側の感性を切り捨てている。在日にとっては自分たちがこの国にいるゆえん、存在の否定と同じだ」。

メディアには、憎悪を煽らないため、デマを宣伝させないため、歴史修正主義者の動きを無視するという釈明がある。だが、問題点を指摘しない、ただの傍観者では歴史を書き換える側に加担することにならないか。歴史修正主義の草の根の広がりは、学者、市民任せにして安全地帯で様子をうかがうメディアの問題を映し出す。

コラム 9

マスメディアと裁判

久保茉莉子

一九三五年、天津で、施剣翹《セケンギョウ》という名の女性が、父親の仇を討つため、元軍閥の孫伝芳を狙撃して殺害するという事件が起きた。突然の惨事に周囲は混乱状態に陥ったが、施剣翹は一人平静を保ち、自らの仇討ちが成功したことを宣言した後、警察に出頭したという。逮捕された施剣翹は、警察や検察による捜査を経た後、殺人の罪で起訴され、刑事事件の被告として裁判所で裁かれることとなった（以下、この殺人事件をめぐる報道内容や裁判について、〔Lean 2007〕を参照）。

この事件は、犯人が若い女性であったこと、犯行の動機が、一〇年前に殺された父親の無念を晴らすためであったことなどから、マスメディアによってドラマチックに報じられ、多くの人々が、施剣翹を「英雄」として称えるようになった。やがて、施剣翹事件は、新聞や雑誌のみならず、ラジオや映画など、広く様々なメディアによって取り上げられ、全国の人々が裁判のゆくえに注目した。そして、マスメディアや輿論の動向は、裁判の進行に大きな影響を与えることとなる。

まず、第一審において、地方裁判所の裁判官は、施剣翹に対し、殺人の罪を犯したことにより懲役一〇年の刑を科すとする判決を下した。当時の中国では、中華民国刑法が制定されていた。この刑法は、二〇世紀初年の清朝による法典編纂事業で完成した刑律を基礎としており、中華民国成立後、数回の改正作業を経て、一九三五年に公布・施行されたものである。中華民国刑法のもとでは、仇討ちは認められておらず、殺人は犯罪行為であり、殺人罪を犯した者には、死刑か無期懲役、または一〇年以上の懲役という重い刑罰が科されることとなっていた。地方裁判所の裁判官は、こうした刑法の規定に忠実に従って判決を下したのである。

しかし、施剣翹に同情的な輿論は、第一審判決に対して猛反発した。法律の専門知識を持たない多くの人々にとって、裁判で重視されるべきは、施剣翹の「孝心」であった。たとえ彼女が殺人という重罪を犯したとしても、父親を殺されたことの復讐を遂げるためであったのならば、それは大衆にとっては「正義」の行為であり、寛大に裁かれるべきであるとみなされた。

一方、施剣翹を英雄視する輿論の傾向に批判的な意見もみられた。特に、「司法の独立」を唱える法律家・知識人層は、孝心などの道徳意識を裁判に持ち込むべきではなく、あくまで法のみをよりどころとして被告を裁くべきであると主張した。二〇世紀初年以降、中国では、領事裁判権制度を撤廃するため、近代的な法律制度を運用し、司法の独立という原則を確立することが重要な課題とされてきた。よって、司法の独立を重視する立場においては、裁判を公正に実施するため、裁判官の職務執行に対する外からの干渉は排除されるべきであった。しかし、そうした見方は、大衆にはあまり受け入れられなかった。結局、当時の中国では、司法の独立が唱えられていたものの、裁判官は、法律上の規定を遵守すると同時に、「大衆にとっての正義は何か」ということをも考慮して判決を下さなければならなかったのである。

マスメディアによる報道は、施剣翹に重罰を科す判決を強く批判し、寛大な裁きを求める輿論を高揚させていくこととなった。また、施剣翹自身も、輿論やマスメディアに対して、実に巧妙に自らの正当性を伝えていくことで、裁判を有利に進めようと努めていた。その結果、高等裁判所における第二審、最高裁判所における第三審では、被告の行為は「正義の仇討ち」であり、被告が犯行直後に自首したことについて情状酌量の余地があるとされた。そして、第一審判決で言い渡された刑は減軽され、懲役七年の刑を科すという判決が下された。こうして、事件発生から約一〇か月後、輿論を沸かせた刑事裁判は、施剣翹に対して寛大な裁きを行うことによって終結した。さらに、その後、輿論を意識した国民政府が「特赦」したことにより、施剣翹は刑の執行を免除されることとなった。

このように、一九三〇年代半ばの中国において、マスメディアによって高揚した輿論は、時に司法の独立という重要な原則をも超越し、裁判のゆくえを左右するほどの強い影響力を持っていた。もちろん、当時の中国で行われていた全ての裁判がマスメディアや輿論の影響を受けていたわけではない。それでも、施剣翹事件の顚末からは、マスメディアや大衆にとっての「正しい裁き」と、法律家や知識人たちが重視する「公正な裁判」とが、なお拮抗する状態にあったということがみてとれる。

元々、中国において、訴訟や裁判は、人々にとってきわめて身近なものであった。漢代以来、「無訟」(裁判沙汰が無い状態)が理想として掲げられながら、同時に、人々の訴えを聴きいれ、「無冤」(冤・怨といった情を持つ者がいない状態)を実現することもまた重んじられてきたため、訴訟は頻繁に起きていた。ひとたび事件やもめごとが起これば、当事者や、その家族・知人、時には当該事件に直接関わっていない人々までもが、自発的に、あるいは依頼を受けたり、なかば強引に巻き込まれたりするようなかたちで、訴訟に加わり、自らの正当性を主張した〔夫馬 二〇一二〕。人々にとって重要なのは、自らが掲げる「正当な論拠」が、相手から、あるいは周囲の人々から、それ相応に理解・尊重されることであった。そして、事態の収拾に当たる官の側は、「当然こうあって然るべきだ」という人々の生活感覚を基準線とし、裁判や調停という方法を用いて、人々の不満を取り除くことに努めた〔寺田 一九九七〕。つまり、近代的な大衆伝達の媒体であるマスメディアが登場する以前の時代においても、人々は、身のまわりでもめごとや犯罪が起こった際には、正当な裁きを求めて自らの意見を主張しており、そうした人々の声は裁判に少なからず影響を与えていた。

では、一九世紀後半以降の中国におけるマスメディアの発展は、いかなる変化をもたらしたのか。それは、より広範囲の人々に、短期間で大量の情報が発信されるようになったことで、輿論という非常に強大な力を持つものが裁判の結果を左右しうるようになったということであろう。施剣翹事件の例から示されるように、最終的に判決を下すのは裁判官でありながら、裁判の進行過程では、「正義」を重んじる輿論が大きな力を有していた。そしてそのような輿論を形成していたのが、ほかならぬマスメディアであった。

ただし、こうしたマスメディアのあり方は、決して不変のものではない。近年、インターネットを利用した新たな情報源の登場により、マスメディアが輿論を形成する力、あるいはマスメディアと輿論との一体性は、弱くなりつつあるようにも感じられる。そして、時代の流れとともにマスメディアの役割が変化することで、裁判のあり方にも何らかの影響がもたらされるのではないかとみられる。

参考文献

夫馬進　二〇一一「中国訴訟社会史概論」同編『中国訴訟社会史の研究』京都大学学術出版会
寺田浩明　一九九七「権利と冤抑――清代聴訟世界の全体像」『法学』六一―五
Lean, E. 2007. *Public Passions: The Trial of Shi Jianqiao and the Rise of Popular Sympathy in Republican China*, Berkeley: University of California Press.

III　伝える――多様化するメディアと情報

5　言論の自由と自主規制の相克
――「不偏不党」の形成をめぐって

根津朝彦

一　言論の自由と自主規制の関係

言論の自由と自主規制は、コインの裏表である。言論の自由の根幹は、権力を批判する自由にある。権力を批判しない言論であれば、わざわざ保障するまでもなく自由に表現できるからである。すなわち言論の自由と自主規制は権力を批判する自由をめぐって対語的な関係にあるといえる。

ここでいう自主規制とは、マスメディアが権力の介入を許さないため倫理綱領で自らを律するという意味ではなく、言論の不自由に結びつく自粛・自己検閲を指す。そして権力を批判する自由と、権力を批判する自由を縛る自主規制を歴史的に媒介するのが、「不偏不党」という概念なのである。

そもそも言論の自由とは、歴史的に民主政治を打ち立てる中で、権力を批判する自由として獲得されてきたものである。言論の自由は、表現の自由の中に属するものであるが、言論は表現の中核を占める行為・活動であるために、現在ではほぼ同義に扱われることが多い。日本では日本国憲法第二一条で保障され、検閲を始めとする権力からの言論統制を固く禁止しており、人権とプライバシーを侵害する場合は、公益性を考慮して制限されうる。

また言論の自由は、主権者の知る権利の基盤をなすという点においても重要である。知る権利は、マスメディアの強大化とともに主権者の主体的な地位が減退する過程で成立してきた概念であるからだ。知る権利はアクセス権や市民による意見広告などによって支えられるが、これは言論の自由なくして成り立つものではない。つまり自主規制や言論統制は、主権者の知る権利を損ねることにもなるのである。

言論の自由とは、常に行使することによって可視化、創造されるものと考えた方が理解しやすい。逆にいえば、行使しなければ実体化されないものであるため、自主規制は言論の自由を摩滅するものといえる。それゆえに、主権者がこの言論の自由の価値と脆さを自覚する機会と教育が重要になるのである。

一方、自主規制は、権力や組織内の力関係に対する萎縮に基づくものが多い。自粛・自己検閲の意味における自主規制には、忖度という言葉がつきまとう。組織内の上司の意向や、自らの保身を鑑み、過剰な自主規制を発動する原動力は忖度にある。「日本の自主規制が、究極のところではジャーナリズムの自律的な規制というよりも、むしろメディア企業によるジャーナリズムの管理・統制の色彩が強い」（大石泰彦）〔早稲田大学 二〇一三、一八二頁〕ことをふまえれば、言論機関の現場にいる人間が過剰な自主規制に陥らないよう、編集幹部の識見・度量が求められ、風通しの良い意見交換の場が保障されていることが鍵となる。それに加えて読者の応援や批判が、現場の人間の判断を後押しする要素になる。

次節では言論の自由の価値と脆さを反芻するために、日本のジャーナリズム史を考察する。「言論の自由を具現化する社会装置としてのジャーナリズム」（別府三奈子）〔早稲田大学 二〇一三、八四頁〕が、日本ではその使命に足りうる実情を伴ってこなかったことがわかるだろう。

二　自主規制を固定化する「不偏不党」の形成

日本近代のジャーナリズム史に即せば、「不偏不党」とは独立した言論の志向といった立派なものではなく、天皇制国家と戦争を支えるバックボーンであった。「不偏不党」が、「権力に対し正面から批判する精神を失い、企業の安全の範囲内での言論報道を行うメディアのイデオロギー」〔有山ほか 二〇〇四、一一六頁〕であり、様々な読者を吸収する「営利主義のかくれ蓑」〔山本 一九九〇、三一頁〕であったと称される所以である。したがって、歴史を顧みるならば、金科玉条のようには誇示できないはずである。しかし現在でも朝日新聞綱領や放送法などで「不偏不党」が掲げられているように、一つの指針であると自明視されやすい。

ジャーナリズムがファクトをもとに報道することを使命とするならば、「不偏不党」の歴史的事実を検証する必要があろう。「不偏不党」の小史と、大阪朝日新聞白虹事件に関しては、参考文献に挙げた山本武利と有山輝雄の研究に依拠して叙述する。一言でいえば、「不偏不党」とは日本のジャーナリズムが政党機関紙・言論機関から、政府の弾圧を回避すべく商業新聞・報道機関に転換する様を正当化する概念であった。政治権力の言論統制を背景に、「不偏不党」は自主規制を強固にする大いに偏ったイデオロギーとして日本近代のジャーナリズムに作用するものになったのである。

日本で新聞が生成するのは幕末期であるが、数多くの新聞が誕生したのは明治新政府の新聞奨励策によるところが大きい。政治基盤の弱かった明治政府が、新政府の正統性を広めるために新聞を支援したためである。ところが一八七四(明治七)年の民撰議院設立建白書の提出を契機とする自由民権運動の勃興により、それまで政府の文明開化策を支持し喧伝してきた新聞が、政府を批判し始めるようになる。つまり自由民権運動の時期に、政治批判を行うジャーナリズムが形成されるのである。

驚いたのは明治政府である。まさに飼い犬に噛まれる事態となり、一八七五年に新聞紙条例と讒謗律を制定し、新聞への弾圧に舵を切ることになった。「不偏不党」の淵源としては、翌七六年の『東京日日新聞』の社説欄に「不党不偏」（「不偏不党」ではない）が用いられたことが注目される。『東京日日新聞』は福地桜痴が主導する御用新聞であり、「不偏不党」よりも「不党」を前面に出した、反政府活動に対抗意識を表明するものであった。

この頃には『読売新聞』（一八七四年創刊）、『毎日新聞』の前身『大阪日報』（七六年創刊。のちに買収する『東京日日新聞』は七二年創刊。八八年に『大阪毎日新聞』と改題）、『朝日新聞』（七九年創刊）が出揃うことになる。

かくして政府の新聞政策の転換とともに、胎動してきたものが「不偏不党」である。自由民権運動の盛んな折に、一八八二年に福沢諭吉が『時事新報』を創刊する。同紙の創刊時に「不偏不党」という言葉こそ使われていないが、「独立不羈」を掲げることで、『時事新報』は「新聞の政党化熱」に距離を置き、「不偏不党」化する新聞の先駆けとなった。

翌一八八三年、政府は「新聞撲滅法」ともいわれた新聞紙条例の改正によって、政党機関紙化する新聞への弾圧を強め、自由民権運動が衰退していく一因となる。同年、政論新聞の『朝野新聞』の論説欄で「不偏不倚」という言葉が使われる。民権派新聞であったので政党を否定する「不党」という語こそ用いられていないものの、政党機関紙でないとの「非機関紙宣言」（山本 一九七八、二四頁）が出されるのである。

さらに「不偏不党」の流れを推進したのが一八八六年の朝日新聞社通則の制定である。その第一条で「公平無私ヲ以テ旨トシ」と謳われ、『朝日新聞』は「不偏不党」を軸とする「日本型新聞の原型」（山本 一九七八、四三頁）の役割を担っていく。実際に朝日新聞社は、八二年から政府の極秘の資金援助を受け、九四年まで秘密関係が続き、「中立」の立場を採ることが期待されていた（有山 二〇〇八）。御用新聞では大衆の支持を得にくいが、有力新聞が「中立」の立場さえ採ってくれれば、情報発信力の強い政府が結果として有利になるという構造である。

この間、一八八八年に『東京朝日新聞』が創刊され、大阪の『朝日新聞』は八九年に『大阪朝日新聞』と改題する。八八年に改題した『大阪毎日新聞』も「不偏中立」を指針とする。日清戦争と日露戦争を経て、新聞の発行部数は飛躍した。明治時代の前期に存した御用新聞、政党機関紙、独立新聞、小新聞といった新聞配置の中で、『大阪朝日新聞』に代表される小新聞（報道新聞）が新聞界で主流になったのである〔山本 一九七八、一八七頁〕。明治前半では読者が投書で積極的に関わっていたのに対して、新聞が報道新聞の調子を強めるにつれて、日露戦争前後から次第に読者は受け身の消費者として固定化するようになる。

「不偏不党」の言葉がいつ新聞に登場したのかは定かではない。『論語』や『中庸』で「君子不党」「不偏」「中立」「不倚」「木鐸」といった言葉は用いられてきた〔山本 二〇〇五、一〇―一一頁〕。一八八〇年代後半頃には新聞でも「不偏不党」が用いられるようになり、明治三〇年代前半には各紙で公言されるようになる。

その後の新聞界の歴史では、記者クラブが一九一〇年代に急速に普及・定着する。それは現在「発表ジャーナリズム」と批判される水脈になっていく。他方、一九一〇年の大逆事件で社会主義系記者は弾圧を受ける。

そして一九一八（大正七）年に大阪朝日新聞白虹事件が起きる。この事件によって日本の新聞に「不偏不党」が確立することになるのである。『大阪朝日新聞』を直撃した白虹事件とは、寺内正毅内閣による米騒動報道の規制に対する反発から開催された一八年八月二五日の言論擁護内閣弾劾関西新聞社通信社大会が契機となる。その大会を報じた二五日発行の『大阪朝日新聞』八月二六日付夕刊の記事が弾圧された言論事件である。

白虹事件は、有山輝雄が評するように「日本のジャーナリズムにとって最大の転換点であり、現在のジャーナリズムをも根幹のところから緊縛」する「言論弾圧に対する全面的な屈服」となった筆禍事件である〔有山 一九九五、九、三二一頁〕。政府の強圧により、『大阪朝日新聞』は企業存廃を問われ、猛省を紙面で表面した。それが同年一九一八年の朝日新聞編輯綱領であり、「不偏不党」の方針を銘記し、以降、新聞界では政府に刃を向けない姿勢を意味する「不偏不党」が浸透する。

朝日新聞編輯綱領には「天壌無窮の　皇基を護り」とあるように、同綱領で記された「不偏不党の地に立ちて、公平無私の心を持し」の「不偏不党」とは、天皇制国家を支える宣言に他ならなかった。かくて確立した「不偏不党」は、朝日新聞社を率いた村山龍平が抱く皇室への忠誠心も背景にあるにせよ、少なくとも独立した言論という意味からはかけ離れたものであるとわかる。これが近代日本ジャーナリズム史の「不偏不党」の内実であった。

新聞の戦争協力ということで、「満洲事変」以後を新聞の曲がり角と思う読者もいるかもしれないが、すでに白虹事件で「不偏不党」の名の下に自主規制を積極的に内面化する、決定的な曲がり角を迎えていたのである。

とはいえ、一九一八年に大阪毎日新聞社が株式会社化し、白虹事件に見舞われた朝日新聞社も一九年に株式会社化し、『大阪毎日新聞』と『大阪朝日新聞』は、新聞界の二大紙として部数を増加させていく。二三年の関東大震災で東京の新聞紙が深刻なダメージを受ける中で、無傷の大阪の二大紙が、東京の新聞市場も席巻することになり、二四年には『大阪朝日新聞』と『大阪毎日新聞』の両紙ともに一〇〇万部を超えたことを表明し、商業新聞としての成功を誇るに至る。

一九四五(昭和二〇)年の敗戦後も日本の新聞社は解体されずに存続した。占領期に確固となる経営者に編集権を認める「編集権声明」、レッド・パージや七社共同宣言などいくつか重要な事象があるが、言論の不自由と自主規制に結びつきやすい皇室報道にのみ言及しておく。

天皇制批判のタブー化が進展したのは一九六一年の「風流夢譚」事件を契機とするが〔根津 二〇一三〕、今日のマスメディアでも天皇制廃止や、天皇制批判の言説が大々的に取り上げられることは少ない。この天皇制に関する自由な議論を妨げている一つの要因が、皇室報道、とりわけ敬語報道である。確かに世論調査では、天皇制・皇室の高い支持率が維持されているが、それは批判を過度に抑制する敬語報道にあふれる言論環境が前提となって成立している。そのことを問題にしなければ、多様で自由な言論・思考は望むべくもない。

一九九三年に『朝日新聞』が敬語報道自体は基本廃止し、『毎日新聞』もそれに続いているが、皇室敬語報道が無くなった感じがしないのは、「陛下」「殿下」「さま」に代表されるように敬称報道が維持されているからである。しかも見出しに「天皇陛下」と掲げられることも多く、明らかに特別な対応をしている。中奥宏が指摘するように「天皇」という表現自体すでに尊称なのである〔中奥 一九九四〕。天皇と表記しても「呼び捨て」ではなく、「天皇陛下」自体が過剰な表現であるのだ。象徴天皇制という呼称が盤石となった状況をどう見るかはさておき、天皇制は日本の加害責任・戦争責任の象徴としても私たち主権者に刻まれる必要があるのではないか。

現実的には、いずれ明仁天皇から新天皇に代替わりする際に、敬称報道を見直すことも必要である。ジャーナリズムが物事の核心に迫る営為とするならば、自主規制を発動させやすい天皇制の問題を放置していいとは思わない。それが言論の自由を拘束してきた「不偏不党」の歴史に関わりがあることからすれば、なおさらである。

三　自主規制と「不偏不党」に抗するために

「吾々がラジオに言論の不自由を感じない何よりもの原因は、一体自由な言論を吐きそうな人間が初めから登場して来ない」からだと一九三五年に述べたのは戸坂潤である〔根津 二〇一四〕。ラジオをマスメディアと読み替えれば、人々が言論の不自由に馴化される状況は決して過去のものではない。

本章では、この言論の不自由の通奏低音となった「不偏不党」の形成を見てきたわけだが、「不偏不党」の形成史を理解すれば、それが無前提に肯定できるものでないことは共有できるはずだ。現役記者も、このような歴史的過程を知る機会は少ないだろう。つまり「不偏不党」の呪縛を一度ふりほどき、ジャーナリスト、読者、教育現場のレベルで地道ながらその認識を共有していくことが求められる。門奈直樹が整理するように、日本では「不偏不党」と「中立」を同一視しやすいが、欧米では「中立」のイデオロギー性や曖昧さが歴史的に自覚され、「独立」(independent)に重きが置かれるようになったことも参考になる〔早稲田大学 二〇一三、五〇—五二頁〕。

「不偏不党」は現代では全く違う概念であるという主張もあろうが、その概念が歴史的内実に規定されることは無視できない。「不偏不党」を掲げながら戦争に積極的に協力する偏った報道をとり続けたのが実態であったからである。そうはいっても「不偏不党」は営利主義と非常に親和的で、歴史的に政治権力と新聞経営者には折り合いのいい概念である。経営的に都合がいい「不偏不党」の看板は当面続くと考えられる。

また同時に政権が抽象的に「不偏不党」「公平中立」を求める強圧は、今後も政権にとって気に入らない報道に対する有効な介入手段になるだろう。例えば二〇一四年の衆院選に関するテレビの選挙報道への自民党の圧力は記憶に新しい。その際、ジャーナリズムは、抽象的なレベルではなく、具体的な言論による論戦にもちこむ工夫、絶えざる意識が必要となる。「偏向」しているというレッテル張りに動じないことである。ウォーターゲート事件を扱った映画『大統領の陰謀』で、政権側は『ワシントン・ポスト』に対して論難を浴びせるが、編集主幹のベン・ブラッドリーが「言葉の遊びだ。反証は一つもない」と編集部内で動じない姿勢を見せたシーンが好例である〈文春文庫『大統領の陰謀』では二五二頁〉。

そのうえで、自主規制と「不偏不党」に抗するために、大学の役割を述べておく。ジャーナリズムを支えるのは、最終的には読者である。ジャーナリズム文化というものがあるとすれば、それにはジャーナリズムを社会で支える広範な読者層が欠かせない。その読者を育成するうえで、大学が貢献できることがもっとあるはずだ。

これまではメディア系の学問を学んできた学生の採用を敬遠する傾向が新聞社やマスメディアにあった。しかし、それを一緒くたにせず、ジャーナリズム史を学んだ学生を新聞社は積極的に採用してほしい。例えば白虹事件、横浜事件、沖縄密約事件を知っていると知っていないとでは、権力の圧力や緊張関係に触れた際に、記者を支える判断力に差が出るからだ。一例を挙げると、『朝日新聞』の戦争報道を自社で検証した『新聞と戦争』（朝日新聞出版、二〇〇八年）に携わった記者たちが、優れた歴史意識を育んだことは、以降のかれらの記事や著作を見ていても、想像に難くない。

さらにいえば、特に戦後日本のジャーナリズム史研究者の層の薄さを指摘する必要がある。『メディア史研究』はあるにせよ、歴史学の主要な学会誌や、日本現代史の講座類を手に取った時に、いかにジャーナリズム史の論文が少ないことか。メディア論やジャーナリズム関係の本が多数あるので、このことは案外気づかれていない。研究者養成の面からも社会還元が乏しい状況にある。

言論の自由と自主規制の相克において劇的な良薬はない。しかし、日本に新しいジャーナリズム文化を根づかせていくには、大学とジャーナリズムの連携により、ジャーナリズムが公共財であるという認識を社会的に高めていく必要があると最後に強調しておきたい。

参考文献

有山輝雄　一九九五『近代日本ジャーナリズムの構造』東京出版
有山輝雄　二〇〇八『「中立」新聞の形成』世界思想社
有山輝雄・竹山昭子編　二〇〇四『メディア史を学ぶ人のために』世界思想社
香内三郎　一九五九「新聞にとって「中立性」とは何か」『中央公論』七四—八号
武田徹・藤田真文・山田健太監修　二〇一四『現代ジャーナリズム事典』三省堂
中奥宏　一九九四『皇室報道と「敬語」』三一新書

根津朝彦　二〇一三『戦後『中央公論』と「風流夢譚」事件』日本経済評論社
根津朝彦　二〇一四「戸坂潤」安田常雄編『講座　東アジアの知識人』第四巻、有志舎
南博監修　一九七一『マス・コミュニケーション事典』学芸書林
山本武利　一九七八（一九七三）『新聞と民衆　新装版』紀伊国屋書店
山本武利　一九七五「不偏不党とは何か」『中央公論』九〇—四号
山本武利　一九九〇『新聞記者の誕生』新曜社
山本武利　二〇〇五「「不偏不党」と日本の新聞」同編『叢書　現代のメディアとジャーナリズム』第五巻、ミネルヴァ書房
早稲田大学ジャーナリズム教育研究所編　二〇一三『エンサイクロペディア現代ジャーナリズム』早稲田大学出版部

6 ドイツにおける第二次世界大戦の表象
――加害国の被害意識をめぐって

川喜田敦子

一 ドイツの「過去の克服」

ナチの暴力支配と侵略戦争がもたらした帰結と向き合おうとする戦後ドイツの取り組みは、「過去の克服」という言葉で知られる。ドイツの「過去の克服」は国際的にも高い評価を受けるが、その取り組みは初めから順調に進んできたわけではない。戦後初期には過去の体制犯罪と向き合うことのできないままに人びとは日々の生活に追われ、西ドイツ建国初期には冷戦の顕在化と西側統合のなかでナチ犯罪追及よりも元ナチの社会統合が時代の旗印となった。しかし、その後、一九五〇年代末頃から過去を批判的にとらえる流れが次第に強まり、数々のナチ犯罪追及裁判や時効論争、現代史研究の進展などを経て、ナチの過去と批判的に対峙することが社会的コンセンサスとして確立するにいたった〔石田 二〇〇二〕。

そのドイツも近隣の旧交戦国との間で歴史問題を抱えていないわけではない。ただし、問題の焦点は第二次世界大戦でドイツが他国に与えた被害ではなく、ドイツ人が受けた被害にある。本章では、二つのテレビ映画作品を取り上げ、加害国における被害意識のありように注目しつつ、今日のドイツのメディアにおける歴史の表象について考えてみたい。

二　「逃亡」

第二次世界大戦にまつわるドイツ人の被害と言えば、その最大のものは、東部ドイツからの住民の逃亡（Flucht）と「追放」（Vertreibung）である。一九四四年末、赤軍の侵攻とともに、東プロイセン、ポンメルン、ブランデンブルク、シュレージエンなどドイツ東部から住民の大規模な避難が始まった。迫りくる戦線から逃れようとして、住民は馬車や徒歩で列をなして西に向かった。移動の途中、赤軍に追いつかれて略奪や暴行を受けたり、強姦、殺害される者も多数生じた。厳冬のバルト海で凍結した潟の氷上を進む際には、凍死する者や、氷が割れて転落、溺死する者も出た。海路で避難した者もいたが、一万人を超える避難民と傷病兵を乗せた避難船がソ連軍によって撃沈された四五年一月の「ヴィルヘルム・グストロフ号」事件はよく知られている。

戦闘行為が終結し、ドイツが無条件降伏すると、ドイツの占領下にあった東欧各地でドイツ系住民への報復感情をともなう無差別追放が始まった。さらにポツダム会談でドイツ東部領の一部がポーランドとソ連に割譲されることが決まると、それにともなって、割譲された地域を含む東欧一帯からドイツ系住民は強制的に移住させられることになった。この強制移住とそれに続く家族の合流のための出国にいたるまで、大戦末期から戦後初期にかけては、東欧からドイツへの人の流れが長く続くことになった。なかでも初期の移動の条件はポツダム協定で謳われた「人道的な」移住からはかけ離れたものであり、逃亡と「追放」は、第二次世界大戦にまつわるドイツ人の被害と苦難の象徴となった。

建国初期の西ドイツでは、東部ドイツから移住してきた人びとが西ドイツに統合されていく過程を描く映画はあっても、逃亡と「追放」そのものを扱った映像作品が作られることはなかった。冷戦下、ドイツ旧東部領での撮影が不可能だったことを考えれば当然とも言えよう。映像化が進むのは、二〇〇〇年代に入ってからのことである。東プロイセンからの避難を描いた「逃亡」(Die Flucht)という作品はその代表と言える〔Ast 2012〕。

この作品は、ドイツ現代史――なかでも第二次世界大戦――を舞台に多くの話題作を世に送り出してきたニコ・ホフマンのプロデュースにより制作され、ドイツの公共放送である第一ドイツテレビ(ＡＲＤ)にて、二〇〇七年三月に二夜連続で放映された。視聴者数は、第一部、第二部ともに一三〇万人を超え、ＡＲＤのディレクターが直近の一〇年間で最大の成功と評したほどのヒストテインメント(歴史娯楽番組)となった〔Ast 2012〕。

「逃亡」は、未婚の母として娘ヴィクトリアを育てるために東プロイセンの実家を出奔し、ベルリンに暮らしていた貴族家庭出身のレーナ・フォン・マーレンベルクが、一九四四年夏に重病の父親を見舞うために八年ぶりに故郷に戻るところから話が始まる。レーナは病床の父親に代わってマーレンベルク家の大農場を維持するために奮闘するが、四五年一月には迫りくる赤軍の侵攻を逃れるため、保護すべき家内の人々を先導してバイエルンに避難することを決意する。第一部では大戦末期の東プロイセンでの生活、第二部では逃亡の開始からバイエルン到着までが描かれており、そこに父親との確執と関係修復、幼馴染で元婚約者でもある国防軍将校ハインリヒ・フォン・ゲルンストルフ兄弟やその家族との交流、マーレンベルク家の農場で強制労働させられていたフランス人捕虜フランソワ・ボーヴェとの衝突と恋愛などの人間関係が絡められている。

三　「ジェネレーション・ウォー」

本章で取り上げるもうひとつの作品は、同じくＮ・ホフマンのプロデュースで制作され、ＡＲＤとならぶドイツの公共放送である第二ドイツテレビ（ZDF）にて、二〇一三年三月に三夜に分けて放映されたドラマシリーズ「ジェネレーション・ウォー」である。原題の"Unsere Mütter, unsere Väter"は、「私たちの父母たち」という意味である。ドイツ放映時には二〇%前後の高視聴率を記録し、翌一四年に国際エミー賞を受賞した。

このドラマは、第二次世界大戦期の東部戦線に焦点を合わせ、一九四一年夏から終戦までの五名の若者たちの交錯する人生を描いたものである。ドイツ国防軍将校ヴィルヘルムと、その弟で文学青年のフリートヘルムは東部戦線に出征する。ヴィルヘルムを慕うシャルロッテは野戦病院の看護師に志願して二人の部隊と近い地域に送られる。彼らの共通の友人で売り出し中のポップ歌手グレータは恋人であるドイツ・ユダヤ人ヴィクトアを救うためにナチの親衛隊中佐の愛人になり、彼の力で歌手として名を売って前線を慰問することになる。一方、ヴィクトアはグレータの愛人である親衛隊中佐にはめられて移送されるが、脱走してナチ占領下のポーランドで抵抗運動の勢力と行きあう、という筋立てである。なお、このドラマはフィクションだが、プロデューサーであるホフマンの両親がモデルとなっており、ドキュメンタリー・ドラマというジャンルにあたる。

いずれも高い視聴率を記録したこの二作品は、ナチ時代を扱った作品でありながら、ユダヤ人の迫害と殺害よりも戦争——とくに東部戦線——に視線が向けられ、ドイツ人の加害行為がその観点から描かれている点で共通する。

四　歴史学の進展と加害行為の描写

西ドイツでは、冷戦下にあって、東部戦線への関心は伸び悩んだ。歴史学研究の世界では、一九六一年に出されたマルティン・ブロシャート『ナチのポーランド政策　一九三九—一九四五年』に始まり〔Broszat 1961〕、八〇年代に研究が進むも〔Boog et al 1987〕、それがナチ時代をめぐる一般の歴史認識に組み入れられることはなかった。第二次世界大戦終結五〇周年に始まった巡回展示「国防軍の犯罪」展が、ナチ党関連組織とは異なり「清廉」であると考えられてきた国防軍が東部戦線で戦争犯罪を行っていたことを告発した際、それが世論に大きな衝撃を与え、激しい論争を引き起こすことになったのはそのためである〔中田 二〇〇一、一一八頁〕。

「逃亡」は、「国防軍の犯罪」展をめぐる議論を経た二〇〇〇年代に制作されたため、国防軍の戦争犯罪や蛮行がある程度描かれている。戦争捕虜の虐待や射殺、逃亡兵の処刑、占領地や駐留地での横暴な振舞いなどがその例である。「ジェネレーション・ウォー」はさらに徹底しており、「国防軍の犯罪」展を通じて広く知られるようになったユダヤ人殺戮への国防軍の関与、戦争捕虜の殺害、パルチザン戦の名目での民間人の殺害などが明確に描かれている。

こうしたトピックに対してヒステリーのような拒否反応が出た「国防軍の犯罪」展開催当時の状況と引き比べてみれば、とくに「ジェネレーション・ウォー」での東部戦線の赤裸々な描写が、特段の議論を引き起こすことなく受け入れられたことは大きな変化である。これは、大戦終結五〇周年以降、七〇周年に差しかかるまでの二〇年間のドイツで、国防軍の戦争犯罪についての認識が広がり、定着したことをよく示していると言えよう。このことについては、ナチ時代の歴史に造詣の深い歴史家ノルベルト・フライも、「対ソ戦がこれほど美化されることなく描かれたのは初めて」だという点において「ジェネレーション・ウォー」は「進歩だと言える」とし、「脚本は近年の歴史学の成果をうまく取り入れた」と評価している〔Büchse/Schmitz/Weber 2013〕。

五　ドイツにおける被害意識の変遷

他方、この二作品は、ドイツ人の被害をどう描くかをめぐって国内外で議論を呼んだ点でも共通する。東欧諸国との間で今も政治的に扱いの難しいテーマを取り上げようとすることから、「逃亡」に対しては、放映前から懸念の声では、まずはポーランドでの放映後に批判され、米での公開後はニューヨークタイムズ紙に批判的な批評が載ったが上がっていた〔Urbe 2006〕。「ジェネレーション・ウォー」は、ドイツでは放映当初は全般的に好評だったが、国外〔Scott 2014〕。

戦後初期のドイツでは、ヒトラーや一部のナチの大物のみをナチ時代のあらゆる害悪の根源とみなすかのような論法が占領期のうちから強まり、そのことがそれ以外のドイツ人はナチの被害者であるととらえる見方を生んだ。しかし、一九六〇年代以降の西ドイツでは、アイヒマン裁判やアウシュヴィッツ裁判などのナチ犯罪追及の進展とともにナチ時代の加害行為に対する認識が深まり、さらに歴史研究が対象とする「加害者」の範囲が、ナチ・イデオロギーに染まったいわゆる「ナチ」から一般のドイツ人へと広がり、「普通の人びと」の体制協力、犯罪への関与や傍観にも関心が向けられるようになっていった。先述の「国防軍の犯罪」展はこうした研究関心を反映したものであり、一般のドイツ人も単に被害者だっただけではないというコンセンサスの成立に大きな影響を与えた。

しかし、東西ドイツ統一以降、一般のドイツ人の罪と責任を問う動きと並行して見られたのが、被害体験――とくに空爆と「追放」――への関心の高まりだった。N・ホフマンが「逃亡」の前に、ドレスデン空爆を取り上げたテレビ映画を手掛けたことはよく知られている。被害よりも加害を前面に出してナチの過去を振り返るというドイツ社会の規範的コンセンサスに対して、ドイツ人の苦しみと被害体験に焦点を合わせた作品を次々に世に出すことで、ホフマンがある種の「タブー」を破ろうとしてきたことは、本人も明示的に認めるところである〔Kassel 2007〕。「逃亡」については、ドイツ人の苦難や苦労を中心に据えることによって、ドイツ人が加害者ではなく被害者になってしまうのではないかということを危惧する声が国内でも上がった。東部戦線を舞台としているため、この作品では、ドイツ人の被害はとくに赤軍との関係で描かれる。避難民の行列を標的としたソ連軍の爆撃、ソ連兵によるドイツ人女性の強姦、赤軍侵入後の住民の自決などである。歴史の授業の一環としてこのドラマを鑑賞した一〇年生（通史として現代史を学習する学年）の生徒五二名を対象に行われた調査では，ソ連兵の登場シーンは比較的短いにもかかわらず，圧倒的多数の生徒が赤軍に極めて否定的なイメージ（「野獣」「豚」「冷酷」など）を抱いたことが明らかになっている。ドイツ国防軍の蛮行を描いたシーンの方が多かったにもかかわらず，生徒たちが抱いたイメージは赤軍の方が悪く，結果として生徒たちはこのドラマを，罪のないドイツの民間人がナチ体制と赤軍の犠牲になった，という枠組みでとらえたという〔Bergold 2010: 514〕。このドラマが，冷戦期に意識的に強化されたような反ソ感情を基調とする旧来型の被害意識を惹起していることがわかる。

これに対して，「ジェネレーション・ウォー」が生み出す被害意識は，こうした具体的で直接的な被害体験を核とするものではなく，もう少し漠然としている。このドラマの主役五名について，記憶論の権威アライダ・アスマンは「良くも悪くもある人びと」と評する。すなわち，このドラマは，――ユダヤ人の恋人を助けようとしつつも，上昇志向を捨てられずにナチ将校に取り入ろうとする売り出し中のポップ歌手グレータ，平和主義者であったはずが前線経験のなかで次第に感覚を麻痺させ，いわば「戦士」として過剰適応していくフリートヘルムなど――戦時下において人間が倫理的，良識的な存在だけにはとどまりきれないことを描いているからである〔Assmann 2013: 37〕。このドラマに対するデア・シュピーゲル誌の論評にあった言葉を借りるならば，「程度の差こそあれ，誰もが罪を犯す」〔Leick 2013: 136〕ということになるだろう。

換言すれば，確信的ナチを描くことは，「ジェネレーション・ウォー」の問題意識には含まれていない。この点を最も厳しく批判したのは，ナチ研究者ウルリヒ・ヘルベルトである。最終的には主人公の五人全員がナチ体制の犠牲となるか，ナチ体制から距離をとるようになるという設定をふまえて，ヘルベルトは，「このドラマでは，ナチの連中というのは，われわれの父でもなければ母でもない，誰か他の人でしかない」，そしてそのように考える限り，父母の世代は「戦争のせいで野蛮化し，犠牲になった」，それがドイツの悲劇だ，ということになってしまうと述べている〔Herbert 2013〕。まさにこの点が、ニューヨークタイムズ紙が「ジェネレーション・ウォー」を酷評したときの批判の要点でもあった。ドイツ人の加害行為が克明に描かれているにもかかわらず、――それを「普通のドイツ人」の責任の自覚へとつなげていこうとする「国防軍の犯罪」展とは異なり――「ジェネレーション・ウォー」では、「普通のドイツ人」は被害者の地位に戻っていく。

六　ドイツの歴史認識の行方

今日、大部分の人間にとって第二次世界大戦はもはや経験されない過去となった。そういう時代におけるドイツの被害意識のありようを考える上で注目すべきは、ナチの過去をどこまでドイツ固有のものとして描き、どこまで普遍化するかという微妙なバランスと、その許容範囲をめぐる認識の齟齬が、ドイツ国内外で議論を呼んでいる現状であろう。

逃亡と「追放」については二〇〇〇年代初頭に大きな議論があり、その結果、ナチ・ドイツが東欧で展開したユダヤ人、ポーランド人などに対する追放政策（これが急進化してユダヤ人大量虐殺にいたる）がいわばブーメランのようにドイツ人に跳ね返り、ナチ体制崩壊後に現地からドイツ系住民が強制移住させられることになった、という見方が強まった。これは、逃亡と「追放」を二〇世紀ヨーロッパ史における強制移住や民族浄化の思想の連続性のなかに位置づけることで普遍化を進め、ソ連や東欧諸国とのあいだの被害＝加害関係から解放するとともに、歴史的にドイツが強制移住の被害国であるだけでなく加害国でもあることを認識することで逃亡と「追放」をめぐる被害意識を相対化しようとするものである〔川喜田 二〇一七、三二一―三二二頁〕。「逃亡」の放映前にU・ヘルベルトが、ナチの移住政策を見ずに逃亡と「追放」だけを語ろうとすると間違いにつながると警告したことはこの文脈で理解できる〔Urbe 2006〕。

ただし、普遍化に向かうこうした語りは、一歩間違えれば、「どちらも同じ被害者」であるとしてナチによるユダヤ人政策と東欧諸国によるドイツ系住民の強制移住を等置し、結果としてドイツの加害行為を相対化するために利用される危険もある。ドイツの「過去の克服」に造詣の深いペーター・ライヒェルは、ナチ時代全体を通じた加害行為ではなく大戦末期以降の被害体験だけに注目するような作品が増えることで、そうした歴史認識が助長されることへの危惧を表明している〔Kassel 2007〕。

「ジェネレーション・ウォー」の場合も、戦時下の人間存在を普遍化することがドイツ固有の「罪」の自覚を希薄化させる一方で、「戦争」の恐ろしさを普遍的に意識化することが非戦の思想につながる可能性ももつという両極のはざまにあって、作品に対する評価が揺れていることがわかる。ドイツ固有の罪から逃避し、加害行為さえも「戦争による被害」と読み替えていくという側面を重く見て批判するU・ヘルベルトやニューヨークタイムズ紙の議論に対して、先年亡くなったドイツ史家ハンス＝ウルリヒ・ヴェーラーは、この作品は「戦争はその残虐さと野蛮さによって人間のなかにあらゆる悪を呼び起こす」ことを示したとして、この作品における歴史の普遍化をむしろ肯定的に評価する姿勢を見せた〔Büchse/Schmitz/Weber 2013〕。

加害の自覚を失うことなく、非体験世代に向けた普遍的メッセージをどう導き出すか。ドイツのメディアにおける第二次世界大戦をめぐる歴史表象では、歴史学の成果を尊重しながらも視聴者により受け入れられやすい歴史像を提供しようとする試みが、危ういバランスを保ちながら続けられている。

参考文献

石田勇治　二〇一四〔二〇〇二〕『過去の克服――ヒトラー後のドイツ』白水社（新装復刊版）
川喜田敦子　二〇一七「ドイツにおける難民の流入と統合――その歴史と現在」『歴史評論』八〇二

中田潤 二〇〇一「国防軍の犯罪と戦後ドイツの歴史認識」『茨城大学人文学部紀要 社会科学論集』三五

Assmann, A., 2013. *Das neue Unbehagen an der Erinnerungskultur. Eine Intervention*, München: C. H. Beck.

Ast, M. S., 2012. "Flucht und Vertreibung im bundesdeutschen Spielfilm der 1950er-Jahre," *Zeitgeschichte im Film* (*Deutschland Archiv*, 2/2012).
http://www.bpb.de/geschichte/zeitgeschichte/deutschlandarchiv/74912/flucht-und-vertreibung?p=all

Bergold, B., 2010. "'Man lernt ja bei solchen Filmen immer noch dazu.' Der Fernsehzweiteiler 'Die Flucht' und seine Rezeption in der Schule," *Geschichte in Wissenschaft und Unterricht*, Vol. 61, No. 9/10.

Boog, H. et al., 1987. *Der Angriff auf die Sowjetunion*, 2. ed., Stuttgart: Deutsche Verlags-Anstalt.

Broszat, M., 1961. *Nationalsozialistische Polenpolitik 1939–1945*, Stuttgart: Deutsche Verlags-Anstalt.

Büchse, N. / Schmitz, S. / Weber, M., 2013. "Weltkriegsfilm 'Unsere Mütter, unsere Väter': Das gespaltene Urteil der Historiker," *Stern* (Mar. 23, 2013).

Herbert, U., 2013. "Nazis sind immer die anderen," *taz* (Mar. 21, 2013).

Kassel, D. 2007. "Reichel: Eine fatale Gleichsetzung. Wissenschaftler kritisiert Fernsehfilm 'Die Flucht,'" *Deutschlandradio Kultur* (Mar. 6, 2007).
http://www.deutschlandradiokultur.de/reichel-eine-fatale-gleichsetzung.945.de.html?dram:article_id=132472

Leick, R., 2013. "Die Wunde der Vergangenheit," *Der Spiegel*, 13/2013.

Scott, A. O., 2014. "A History Lesson, Airbrushed. 'Generation War' Adds a Glow to a German Era," *The New York Times* (Jan. 14, 2014).

Urbe, W., 2006. "Flucht ins Fernsehen," *taz* (Okt. 21, 2006).

Ⅳ

観る——博物館は深化する

1　歴史資料を展示する博物館の未来

川村佳男・和田　浩
吉野和彦

一　歴史を主題とする展覧会の現在地

近年、伊藤若冲や印象派を主題とする美術の展覧会がしばしば多くの観覧者を集め、話題となっている。一方、歴史をテーマにした展示や展覧会は特定の愛好者には喜ばれるものの、それ以外の層、とくに三〇歳代以下の比較的若い年齢層や親子連れにいかに関心を広げるかが主催者側の大きな課題となっている。これは年々予算が削られ、財務状況が厳しくなっていく日本のほとんどの博物館にとって、切実な問題である。もしも確実な収入を見込むのであれば、外部が企画した人気の展覧会を巡回させるのが手っ取り早い解決方法のひとつである。しかし、それだけでは文化財を収集・保管・展示・研究する学芸員が博物館にいる意味が失われ兼ねず、また、博物館も貸会場と変わらなくなってしまう。昨今の博物館が企画する展覧会は、程度の違いこそあれ、集客の実績と社会における博物館ならびに学芸員の存在意義とが問われつづけている。

博物館の現状が単純でないことは確かである。同時に、博物館をより多様な客層から親しまれる場に変える大きなチャンスが訪れていることも確かである。そのための工夫が今ほど必要とされている時期もないであろう。それでは、具体的にどのような工夫を実施しているのか。手前味噌ではあるが、筆者らが担当した特別展「始皇帝と大兵馬俑」(以下、兵馬俑展)の取り組みをおもに取り上げながら(1)、とくに歴史をテーマにした展示や展覧会を行う博物館の今後について考えてみたい。

二　展示で伝えたいことの洗練

当然ながら、展示は学芸員に何か伝えたいことがあるからこそ企画され、展示品が選択される。また、伝えたいことはおもに文字ではなく、展示品およびそれらで構成される展示そのものによって示される。もしも、おもに文字によって伝えようとすれば、展示室内は解説パネルで溢れかえり、氾濫するパネルの隙間に肝心の展示品が埋没してしまうかも知れない。一部の専門家や熱心な愛好者だけを対象に想定するならば、解説文の極度に多い展示でも構わないかも知れない。しかし、それでは論文や学会のポスター発表でも発信可能な内容と受け取られ兼ねず、わざわざ貴重な文化財や歴史資料をあわせて展示する積極的な理由はなくなる。やはり展示で伝えたいことは、同時に「展示だからこそ伝えられること」でもあるほうが開催の意義を伝えやすい。もちろん、文字を使った解説パネルも展示の重要なツールであることは間違いない。しかし、専門家ではない一般の客層にも展示の意図を伝え、「面白い」「博物館にまた来たい」と思わせるには、読む労力の要る文字ではなく、読まなくても視認できる展示そのものに伝えたいことを具現化させるほうがより効果的である。極論かも知れないが、文字の解説パネルは読むことを強いるものではなく、まず展示によって興味が喚起され、もっと詳しく知りたいと思う観覧者のためのオプションであってもよい。

兵馬俑展の場合、もっとも伝えたいことは兵馬俑の迫力、それも、群像としての迫力であった。兵馬俑は一体ずつ見ても、等身大とされる大きさ、今にも動き出しそうな真に迫る造形など見どころは豊富である。しかし、兵馬俑を出土した兵馬俑坑が一九七四年に発見されたとき、そこには何千体もの兵馬俑が隊列を組むように整然と配置されていたことが判明した。中国陝西省西安にある秦始皇帝陵博物院では、兵馬俑坑のなかで隊列を組んだ状態に復元して兵馬俑を展示している。兵馬俑展の会場では、大型画像パネルや兵馬俑のレプリカを駆使して兵馬俑坑のイメージを再現した。その手前の空間には兵馬俑の輸出可能な最大件数である一〇体の実物を展示した。同じ展示室内の入り口に設置した高さ一メートルのテラス状の台（以下、テラス）からは、背景の兵馬俑坑と融合した一〇体の兵馬俑を一望できるようにした（図1）。これにより、従来の展覧会では伝えることのできなかった、兵馬俑の群像としての迫力を前面に打ち出すことに成功した。

図1　兵馬俑坑のイメージを再現した展示（東京国立博物館）

テラスを下りれば、兵馬俑を一体ずつ間近で鑑賞できるようにもした。展示ケースはあえて使用しないことで、ガラス越しではなく直接兵馬俑を好きな角度から好きなだけ鑑賞することができるようにした。観覧者が興味をもてば、イラストのパネルに復元された、武器・武具などを手にした兵馬俑の埋設時本来の姿も楽しめるようにした。このほか、兵馬俑坑の全容を紹介するパネル、兵馬俑の表面にもともと彩色が施されていたことを紹介する映像、兵馬俑坑で出土した武器の展示コーナー、始皇帝の兵馬俑より古い春秋・戦国時代の秦の墓から見つかった人物や器財の副葬用模型（俑・明器）の展示コーナーなどを設けた。このように列記すると、情報量が過多であるように思われるかも知れない。しかし実際は、展示室全体を見渡せる入り口のテラス以外は、観覧者がそれぞれの関心に応じて知りたい情報の内容と観覧順序を自由に選択できるようにした。つまり、展示室冒頭のテラスで群像としての兵馬俑を概観した後、兵馬俑の詳細や背景に触れるのは観覧者それぞれの判断に委ねるようにしたのである。とはいえ、専門家であるなしに関わらず、多くの観覧者がテラスを下りてからも展示品やパネルなどを熱心に見入っていた。顔の表情まで作りこまれた兵馬俑が見る者を飽きさせないこともさることながら、冒頭における兵馬俑の群像としての迫力が観覧者にまず強いインパクトを与え、「もっと近くでも見てみたい」「もっと知りたい」という知的好奇心を喚起させることに成功していたといえる。

三　ストーリーの構成

たとえば展示品がよほど美しいもので占められていれば、ストーリーをとくに気にすることなく、展示室に並べさえすれば観覧者の一定の満足は得られるかも知れない。しかし、歴史に関する展示の場合、陳列されるのは文字資料、出土した陶磁器のかけらや錆びた鉄器など決して華やかとはいえないものが往々にして多くなる。このような過去の遺物を展示する場合、なぜそこに展示してあるのかを明白に伝えないと、観覧者の理解は得づらくなる。理解できないことに興味はなかなか生じないもので、結局、観覧者は「私にはわからない」「つまらない」と素通りしてしまうことになる。それでは、各展示品が選択・陳列されている意味を観覧者に伝えるには、どのようにすればよいのだろうか。

ひとつの方法は、展示のストーリーを明確にすることである。映画にはクライマックスのシーンもあれば、その前にはクライマックスにつながる様々なシーンもある。展覧会も全体の展開にメリハリを利かせることができれば、先に述べた「展示でもっとも伝えたいこと」を際立たせることができるであろう。兵馬俑展でいえば、それは「兵馬俑の群像としての迫力」であり、映画のクライマックスのシーンに相当する。

兵馬俑展は全部で三つの章からなる構成にした。兵馬俑は第Ⅲ章「始皇帝が夢見た「永遠なる世界」——兵馬俑と銅車馬」で最後に取り上げ、その前の第Ⅰ章「秦王朝の軌跡——周辺の小国から巨大帝国へ」、および第Ⅱ章「始皇帝の実像——発掘された帝都と陵園」では、兵馬俑を遺した秦王朝と始皇帝にそれぞれ焦点を合わせた。

秦が紀元前二二一年に中国で初めて統一王朝を打ち立てたことは日本でも教科書に載っており、広く知られている。しかし、その建国が遅くとも紀元前九世紀の西周時代にまで遡り、秦王政が他国をすべて併呑して始皇帝となるまでに約七〇〇年もの時を要したこと、また、その本拠地が当時の中華文明圏の中心部（中原）から遠く西に離れた周辺地帯（現在の甘粛省南部から後に陝西省中部）にあったことは、一般的にはあまり知られていない。周辺の小国から始まった秦が、なぜ最終的に天下を統一することができたのか。第Ⅰ章では、時代ごとに拡大していく領域地図で秦国のこの劇的な軌跡を示すとともに（図2）、それを実現させた要因を三つに絞って紹介した。

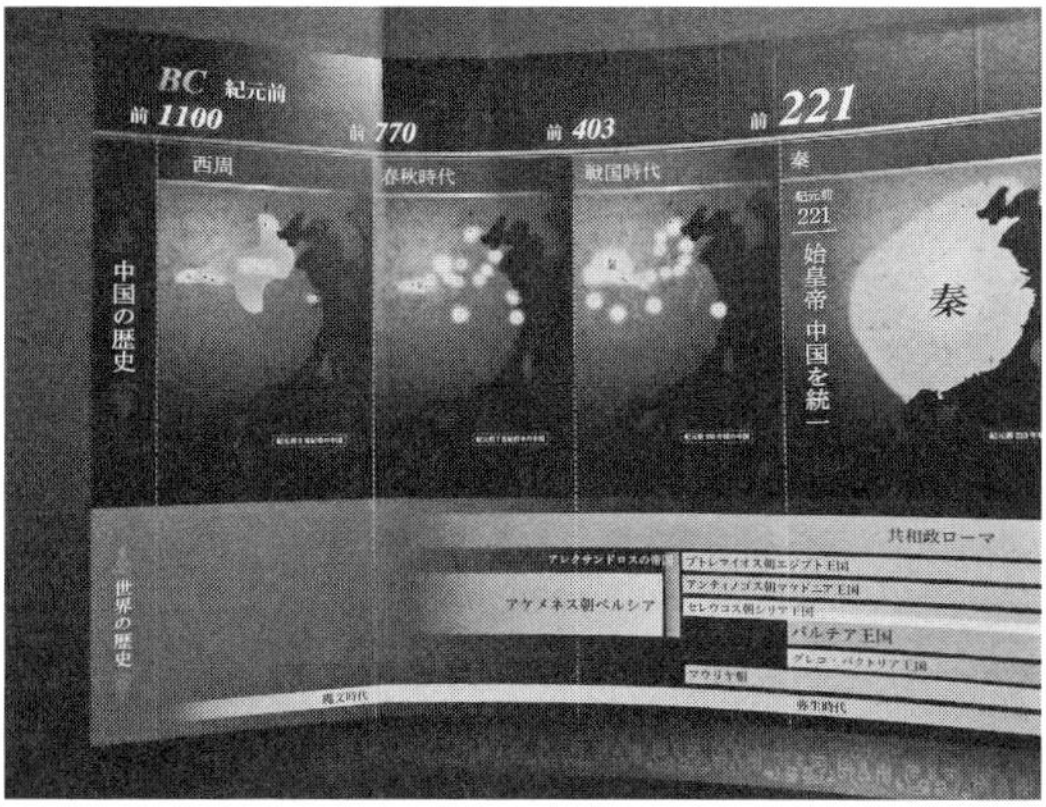

図2　年表と拡大していく秦の領域地図（東京国立博物館）

一つは、秦が紀元前七七〇年の西周王朝の東遷後に西周の故地・周原へと進出し、西周の後継者としてみずからの領地と権力の正統化を図ったことである。進んでいた西周の文化・技術を積極的に自国に取り入れ、その正統性を可視化させたような「西周風」の秦の青銅器や玉器などを取り揃え、「西周王朝を継ぐ」という展示コーナーを第Ⅰ章の導入部に設けた。

二つ目の要因として、中原の諸国から優れた器物や人材を積極的に受け入れ、富国強兵に成功したことを取り上げた。そのことを示す展示コーナー「他国との競合」では、衛国出身でありながら、秦の国力を飛躍的に高めた商鞅（前三九〇年―前三三八年）にゆかりの陝西省商洛市出土の青銅器と土器を中心に展示を構成した。

三つ目の要因として、秦が当時の中華文明圏の西縁部に位置すると同時に、さらにその西方・北方に広がる「西戎」などの異文化圏と隣接していたことに着目した。展示コーナー「北方草原から見た秦――異文化との交流」では、当時の中華文明圏ではまだ希少ながらユーラシア北方草原地帯では盛んだった金器や、中原のものとは明らかに形の異なる土器などを並べるとともに、これらが秦の遺跡で大量に見つかっていることを示した。このような出土品から窺える異文化圏とのつながりが、新しい物資・情報・技術を取り入れるうえで、秦に有利に作用したものと考えられる。

第Ⅱ章では、始皇帝による度量衡や文字の統一などの事績を出土品からたどるとともに、不老不死の神仙になろうとしたと『史記』が伝える始皇帝晩年の姿に、宮殿の壁や階段に飾られた文様の意味を読み解くことで迫ろうとした。始皇帝が晩年に取りつかれた神仙になること（昇仙）への執着は、銅車馬や兵馬俑などが始皇帝陵に副葬される重要な思想的背景であった可能性がある。したがって、第Ⅱ章における始皇帝晩年の実像に迫る試みは、第Ⅲ章の兵馬俑を中心とした展覧会のクライマックスに向かう伏線でもあった。

以上のように、第Ⅰ章で約七〇〇年間にわたる秦の歴史と、他国との競争に秦が勝ち抜けた秘密を概観し、第Ⅱ章で天下統一を果たした秦の始皇帝の事績と昇仙に駆られた晩年期の姿に迫った。そのうえで、最後に兵馬俑の群像を目の当たりにすれば、観覧者が感じ取る兵馬俑の迫力には、秦の歴史の重みと始皇帝の強烈な個性があいまって、一層の深みと凄みが加わったことであろう。また、第Ⅰ章と第Ⅱ章で展示された土器や青銅器などは、各章のストーリーと有機的に関わりながら、それぞれが明確なメッセージをもつものとして機能した。展覧会全体のストーリーのなかで各展示品の果たす役割を明白にしたので、展示品がたとえ華やかなものではなくとも、観覧者は興味をもって立ち止まってくれた。

四　展示のデザイン

展覧会では伝えたい内容が明確で、全体のストーリー構成が練りこまれたものであっても、それらを展示でどのように表現するのかによっては、観覧者に分かりづらいものになってしまうこともある。展示のデザインは歴史をテーマにした展覧会にとっても非常に重要な要素なのである。

展示のデザインといっても、その内容は多岐にわたる。展覧会場全体をどのような雰囲気にしたいのか。章ごとに

図3　西周の鐘（右）と秦の鐘を対比した展示（東京国立博物館）

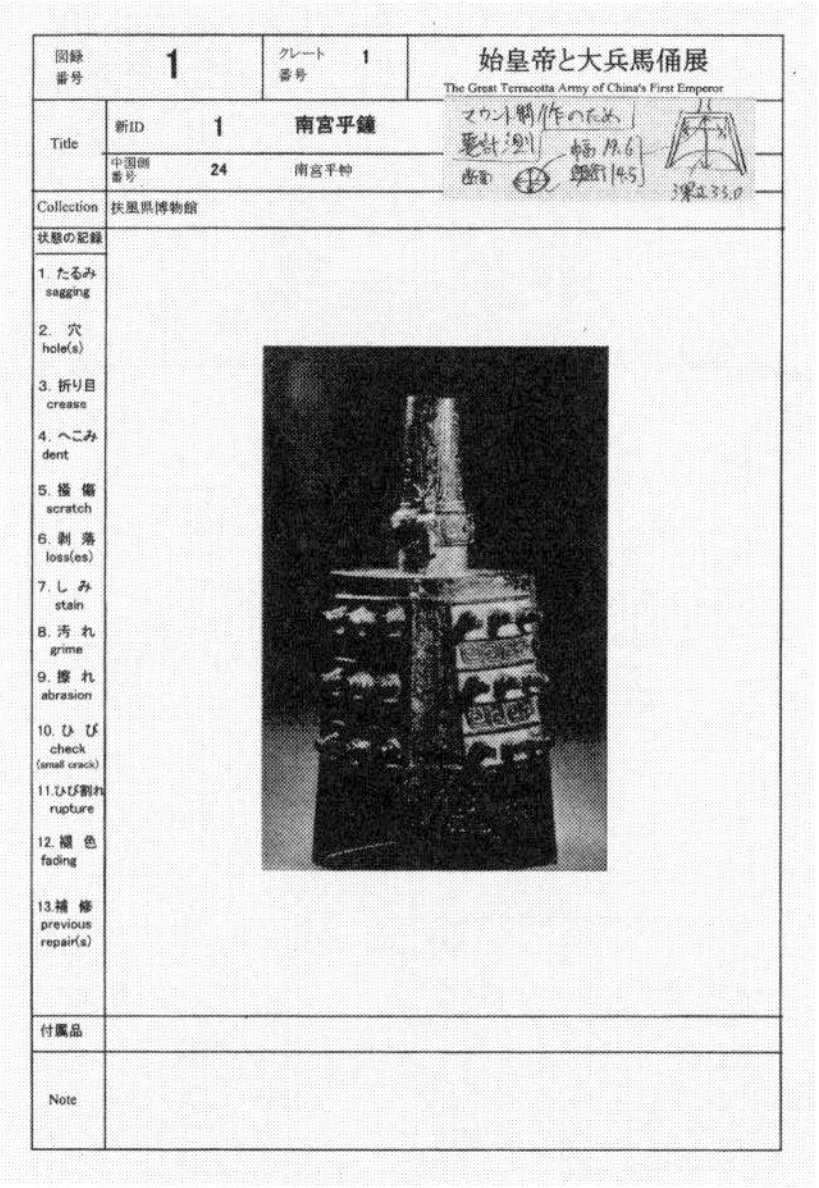

図4　西周の鐘を受ける芯棒製作用に作った調書

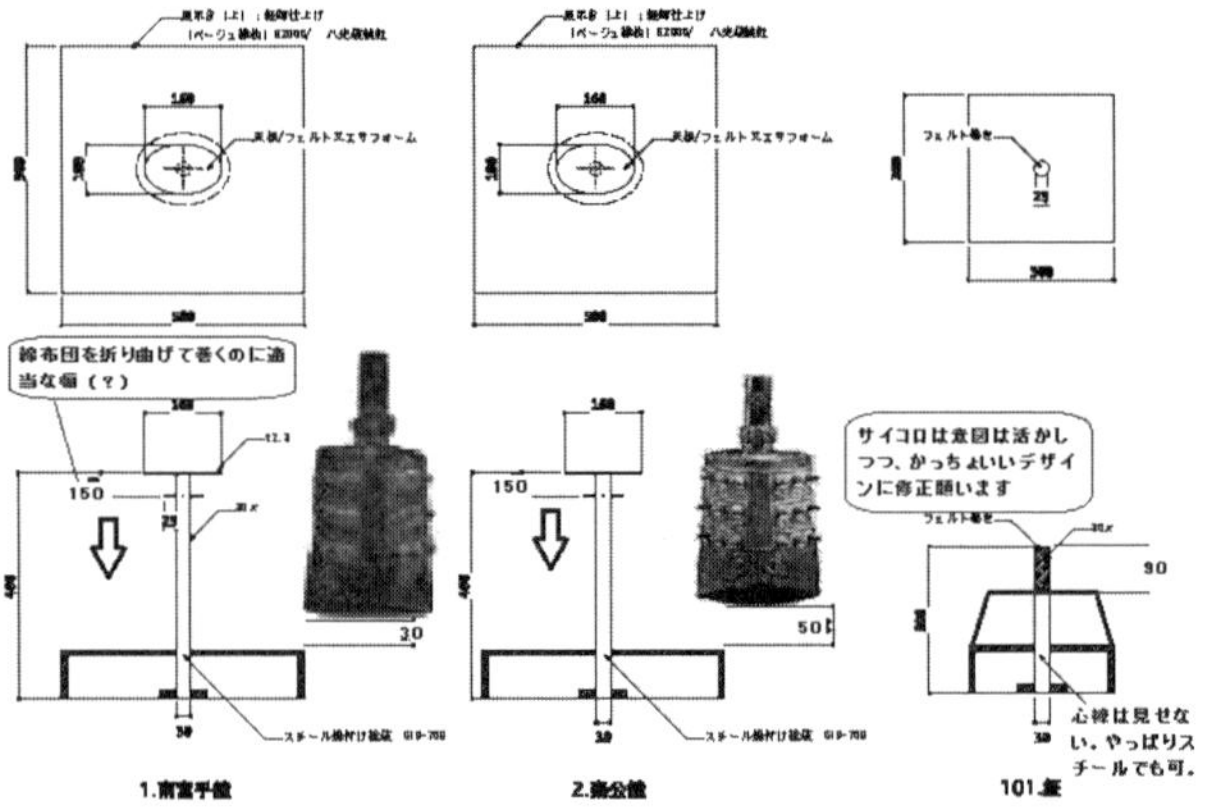

図5　鐘の芯棒と展示台の図面に書き込まれたメモ

展示室の空間作りをどのように差別化するのか。また、展示が単調にならないように、リズムやメリハリを効果的に生み出す展示品の並べ方を考えることもデザインの一部である。ひとつひとつの展示品でさえ、展覧会各章のストーリーに沿った個別のメッセージが託されている以上、そのメッセージが観覧者により届きやすい見せ方や並べ方を工夫する必要がある。例えば兵馬俑展の第Ⅰ章で、秦の青銅器や玉器などに西周のものを模倣した例があることを示すため、秦と西周で作られた青銅製の鐘を同じケースのなかに並べた（図3）。ここで強調したいことは両者の鐘の形態・文様・銘文に見られる近似性だった。そこで、それぞれの鐘を芯棒で受けて立たせ、全体の形も細部もよく見えるようにした。「ふたつの鐘とも似ている」と観覧者に感じてもらうために、それぞれの芯棒の高さを調整して展示品の高さが揃うようにした。展示台の色と形も同じものに統一した。

歴史が主題の展覧会を企画する学芸員は、多くの場合、歴史学や考古学の専門家であり、展示で伝えたいことを考えることはできる。しかし、展示会場や展示品を支える支持具などの図面を描くことはできない。そこで、展示のためのデザイナーの助力が必要となる。しかし、どれだけ見栄えのよいデザインの案が提示されても、展示する文化財の破損や劣化を招く恐れがあっては採用できない。文化財の展示には何よりも安全が優先される。そのため、展示のデザインを決めるときには文化財保存の専門家の意見を聞くこともまた重要である。このように展示のデザインには学芸員だけでなく、分野の異なる多くの専門家が関わっている。展示は学芸員が何を伝えたいのか、役割の異なる関係者たちに十分に理解してもらい、相互に連携することで初めて安全で分かりやすいものができあがる。そのために関係者間で打合せを何度も重ね、展示品の事前調査に学芸員だけでなく、展示のデザイナーや文化財保存の専門家が同行することもある。図4は先に例として挙げた青銅製の鐘の芯棒（マウント）製作に必要な情報を記した調書であり、兵馬俑展の事前調査で鐘を熟覧したときに作った。図5はこの調書をもとにデザイナーが書き起こした鐘の芯棒と展示台の図面であり、仮に地震が発生しても鐘が動くことのないように要求を追記してある。こうしたやり取りを経て、図3に見るようなふたつの鐘の展示が実現した。また、目には見えないが、この展示ケース内では文化財保存の専門家の尽力により、青銅器の保存に適した温湿度環境が会期中ずっと保たれていた。空調の使用だけでなく、文化財用の調湿剤を展示台のなかに見えないように設置した。一定の湿度がケース内全体に行き渡るよう、展示台の下端には小さな切込みを目立たぬように開けた。こうした安全のための小さな工夫もまた展示デザインの一部なのである。

五　多様化する展示の広報と関連企画

いくら優れた展示を実現できたとしても、それがどのような展覧会で、いつ、どこで開催されるのか分からなければ、観覧者は足の運びようがない。そうならないように、展示の広報が必要となる。だいたい開幕の数か月前から看板、ポスター、チラシで展覧会の広報が始まる。また、メディアの記者を招待して報道発表を行うこともある。展覧会の概要、見どころ、目玉となる展示品などを紹介し、記事を執筆する際の資料を提供する。近年では展覧会のためのホームページ、ブログ、ツイッターなどを用いたウェブでの広報もすっかり定着している。観覧者がＳＮＳを通して「口コミ」で感想や評判を広げやすくするために、撮影禁止であることが通例だった特別展の会場も、撮影の規制

図6　兵馬俑展のインスタグラムを紹介するパネル（東京国立博物館）

を緩和する動きが少しずつ広がりつつある。兵馬俑展の巡回各会場でもレプリカを並べて再現した兵馬俑坑の一角に記念撮影コーナーを設け、観覧者自身が兵馬俑の一体になりきって映った画像をインスタグラムにアップできるようにした（図6）。

展覧会の関連企画といえば、記念講演会がもっとも典型的なものである。展覧会の内容をより深く知りたい熱心な観覧者にとって、記念講演会は絶好の機会である。その一方で、展覧会の知識や興味がそれほどあるわけではない客層を展覧会に呼び込むための関連企画も、最近は多くなってきている。例えば、人気連載中の漫画『キングダム』は、秦王政とその仲間たちが天下統一の夢に向かって奮闘しながら成長していく壮大な歴史物語である。兵馬俑展の開催期間中、『キングダム』の原画展を会場エントランスホールで開催したほか、「キングダムから見た兵馬俑の世界」というトークイベントを実施した。その結果、この漫画をきっかけにして多くの観覧者が展示会場を訪れた。また、Eテレの人気番組「びじゅチューン！」に兵馬俑を扱った映像作品が放送されたことがあり、そのつながりで出演者の井上涼氏と学芸員とのトークイベント「びじゅチューン！　井上涼×兵馬俑」が東京と九州の会場で実現した。この日の展示会場はとくに若い親子連れで賑わっていたのが印象的であった。

六　「理解」より「発見」が求められる展示の未来

『キングダム』や「びじゅチューン！」と連携した兵馬俑展の企画に対して、博物館がそこまで集客に奔走しなければならないのか、という批判の声も少なからずある。本章の冒頭で、博物館の財政が年々厳しさを増してきていると記したことは事実である。しかし、博物館の新しい客層を開拓するための一連の試みをすべて商業主義と決めつけるのは余りにも単純である。そもそも博物館とは、そして、そこに文化財を通して展示される歴史とは、誰のためのものなのか。少なくとも、それらを専門家や一部の熱心な愛好者のためだけのものと見なすのであれば、博物館の未来も歴史学・考古学の未来も白い巨塔のなかで先細りする一方である。

しかし、だからといって、広い客層に受け入れられやすい展示の企画やデザインばかりを追求しても、展示品を通してもっとも伝えたいことや、展覧会全体のストーリー構成がしっかり練り込まれたものでなければ、なかなか観覧者の満足は得られないだろう。キャッチーな広報や個性的な関連企画をきっかけに足を運んでもらう客層の多くは、展覧会自体への関心が必ずしも高い訳ではない。そのような客層に「面白い」「また博物館に来てみたい」と思ってもらうのは、展示の内容も見せ方も理解しやすいものに洗練させなければならず、その意味において、熱心な客層を喜ばせることよりも難しい。

中身がしっかりした展示である限り、その展示への入り口はできる限りたくさん用意し、間口を広げたほうがよい。そのためにＳＮＳの活用、展覧会の関連企画の多様化は一層進んでいくことだろう。一方、観覧者はよほど熱心でなければ、長い文章を読むことを避けたがる。今後もより多くの観覧者が説明文による理解よりも、視覚を通した発見や驚きなどの体験をまずは求めることになるだろう。このニーズに応えるため、イラストや画像のパネル、および手短に編集された映像などを補助的に使いながらも、展示品そのものを通して、あるいは展示手法を工夫して伝えたい内容を表現することが学芸員に一層求められるに違いない。今ほど、展示される文化財そのものがもつ魅力や価値が問われ、また、それを見極める学芸員の眼力と、それを展示で表現できる力量が試されている時代もない。歴史の展示を企画する博物館と学芸員にとって、難しい時代が到来しているのかも知れないが、それゆえにまたチャレンジングな時代でもある。

（1）特別展「始皇帝と大兵馬俑」は二〇一五年一〇月二七日から翌年一〇月二日にかけて開催された。東京国立博物館・九州国立博物館・国立国際美術館を巡回し、合計九〇万人以上の来館者が訪れた。歴史を主題とした展覧会では、近年にない規模の来館者数であった。

コラム ⑩

眼光〝俑《よう》〟背《はい》に徹す——博物館での発見から

椎名一雄

百聞不如一見《ひゃくぶんはいっけんにしかず》（『漢書』巻六九 趙充国伝）

現代ではネット環境さえあれば、いつでもどこでも世界の博物館や美術館に所蔵されている文物をデジタルアーカイブにて鑑賞することができる。また、展示物の特徴を捉えた写真と詳細な解説を載せた図版が製作販売されることも多く、会場を訪れなくとも一定の理解が可能である。しかし、どんなに詳細な寸法表記を読むよりも、実物を目にするほうが一目瞭然なのは言を俟たない。多くの人々が会場に足を運ぶのは、本物を眼前にすることの重要性を知っているからだろう。

ところで、博物館や美術館では直立歩行しながら鑑賞するのが一般的である。もちろん、学芸員の方々が常に創意工夫を凝らして綿密に考えた展示方法（配置や照明など）は、鑑賞に最適な状態であることを疑う余地はない。しかし、一般的な鑑賞方法を少し変えるだけで、獲得できる情報が増えることも確かである。

そこで今回紹介するのは、誰にでもできて情報量が格段に増える観察方法と、それを実践した結果として、貴重な情報を得ることができた体験談である。断っておきたいのが、筆者の専門は中国古代史で、木簡や竹簡などの出土文字資料を利用した研究は行っているが、本コラムで話題とする青銅器や陶製の文物への考古学的な専門知識に関しては門外漢である。本書を手にする多くの方々と同じく、博物館への来館者の一人として話してみたい。

図1　饕餮文甗《とうてつもんげん》（東京国立博物館所蔵）

不如登高之博見也《たかきにのぼるのひろくみるにしかざるなり》（『荀子』勧学篇）

ここで紹介する観察方法は、端的に言えば視点の変更である。近年の博物館では、四面ガラス張りで文物を四方から観ることが可能となっている場合が多い。しかし、直立歩行そのままに観ていると大抵の場合に気付かず終わる箇所がある。その一つが壺や箱などの内部である。例えば、東京国立博物館総合文化展東洋館三階には、その解説文に、水を貯める底部分の上に穴の空いた中フタを有する蒸器的構造であることが記されている青銅器がある。もちろん、通常の直立姿勢でも内部構造の一部は確認できるが、さらに良く確認する方法がある。図1を見て欲しい。展示ケース前において、直立姿勢から腕を伸ばして頭上高くスマートフォンを掲げて撮影した写真である（二〇一七年二月撮影）。内部全体が確認でき、十字型の穴が数箇所に空いた中フタがあり、蒸器的構造であることが良くわかる。実物を観ることの大切さと、視点を変更することの重要性を伝えることができる事例であろう。しかも、踏み台などに登るのと同様の効果を手持ちのスマホで得られる手軽な方法である。

最近の博物館は、常設展に限り撮影が許可されている所も増えている。ここで紹介した観察方法を、来訪する新たな楽しみ方の一つに加えてみるのも良いかも知れない。

邂逅相遇《かいこうそうぐう》（『毛詩』国風篇）

その発見は、二〇一五年一〇月二七日から翌年二月二一日まで東京国立博物館にて開催されていた特別展「始皇帝と大兵馬俑」（以下、特別展）を訪れたときのことだった。兵馬俑とは、前三世紀末ごろ中国戦国時代の諸国を併せて統一王朝を建てた秦始皇帝の陵墓東側に埋められていた陶製の兵士や馬のことで、その数は一―三号坑を併せて約八

○○○体といわれている。この兵馬俑をめぐっては様々な研究が行われており、俑の配置から秦国の軍事編成を考察するものなど、その内容は多岐にわたる。一体、どのように兵馬俑は製作されたのか、その生産管理体制もまた重要な研究対象の一つである。

兵馬俑の一部には見えにくい箇所に、生産管理（責任者表示など）を目的として陶工名が印文や刻文で残されている。現在まで確認されている総数は二八〇余件で、そのうち同一人物として分類できる重複などを考慮すると、陶工名の実数は九二件とされる〔袁・劉 二〇〇九（上編）、一〇頁〕。じつは、特別展の展示№98歩兵俑の左肘内側にも刻文があるとの情報は公表されていた〔東京国立博物館ほか 二〇一五、一九六頁〕が、残念ながら会場で単眼鏡を使用しても観ることはできなかった。

ところが筆者は、これとは別の俑に陶文（陶製の文物に記された文字）を発見したのである。図2を見て欲しい。筆者が特別展の展示№101−1騎兵俑のとある箇所に見つけた陶文を書き起こしたものである。その形状は印文で、粘土などに押すと文字の部分が浮かび上がるように造られた陰文の印章で押されたものと考えられる。兵俑が焼かれる前の粘土状態のときに押されたことがわかる。発見後さっそく、秦代の陶文を網羅的に集録する専門書〔袁・劉 二〇〇九（上下編）〕を購入して比較・検討したところ、図2は「宮欬《きゅうがい》」と釈読すべきこと、「宮」字は中央官署所属を意味し、「欬」字は陶工名と解釈されていることがわかった。さらに、刊行されている関連資料を調べたところ、管見の限り本例を確認することはできなかった。おそらくは、図2の陶文は未公表の出土文字資料であると思われる。

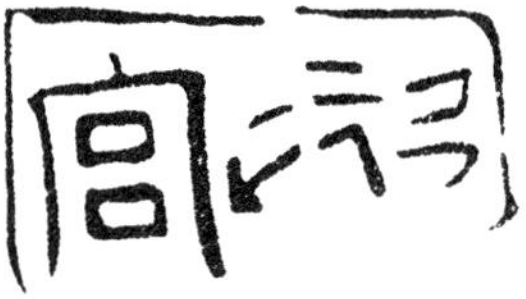

図2　騎兵俑陶文

では、展示№101−1騎兵俑の如何なる箇所から発見したのか。図3を見て欲しい。展示されていた当該俑の背後のスケッチである。図2の陶文は、当該俑の両足付け根の臀部付近（白い矢印の先くらい）を観察した際に発見したものである。当該箇所は、一般的な鑑賞スタイル（直立歩行

図3　騎兵俑背後スケッチ

姿勢）では、衣の裾部分に隠れて絶対に発見できない。特別展すべての兵馬俑の前で〝じゃがみこんで〟視点を下に移して観察した結果である。

千里之行始於足下《せんりのこうもそっかよりはじまる》（『老子』第六四章）

もちろん、陶文を発見できたのは単なる偶然に過ぎない。さらにその内容は、既存の事例に加えられる一つに過ぎず、ただちに研究史に影響を与えるようなものではない。しかし、普段から一般的な鑑賞姿勢ではなく、通常とは少し異なる視点にこだわって文物観察を継続した結果によって発見できたことも事実である。わずか一つの陶文ではあるが、史料・資料の蓄積による実証が求められる歴史学にとっては貴重な一歩であろう。

文物を前にして視点を変えるだけの観察方法は、誰でも今日から始められる極めて簡単なものである。しかし、多くの人々にとって、これまでの鑑賞姿勢とは違った世界が広がり、きっと新たな発見が待っているだろう。ぜひとも博物館や美術館に足を運び、一緒に試してみませんか。ただし、一言だけ付け加えれば、くれぐれも他の来館者の迷惑にならないマナーを守った観察を心がけたい。

参考文献

袁仲一・劉鈺編　二〇〇九『秦陶文新編（上編・考釈）（下編・図版）』文物出版社
東京国立博物館ほか編　二〇一五『特別展 始皇帝と兵馬俑』ＮＨＫほか

2　ピースおおさかの加害展示をめぐる問題状況

横山篤夫

一　加害展示をめぐる問題とは何か

大阪城の一画を含む広大な敷地に、かつて東洋一といわれた旧日本陸軍の兵器製造工場「大阪砲兵工廠」があった。その跡地南端に、大阪府と大阪市が共同出資して設立した財団法人大阪国際平和センターの平和を発信する博物館類似施設として、一九九一年九月に開館したのが「ピースおおさか」（以下「　」省略）である。

大阪空襲と一五年戦争（アジア・太平洋戦争）を展示の中心に置き、公的施設として初めて先の戦争の被害と加害の実態を総合して展示したピースおおさかは国の内外から注目を集めた。なぜそうした展示ができたのかについて、ピースおおさかの前史に遡って整理する。次にこの展示にどのような反響があり、特に加害展示について外部からどのような攻撃があり、展示の維持・発展のためにどのような取組があったのかをまとめてみる。続いて橋下徹大阪府知事が登場すると、ピースおおさかは存立の危機を迎え、存続が決まると展示内容の変質、加害展示の撤去をはかるリニューアルが進められ、二〇一五年にリニューアル開館した。その概要を述べたい。最後に従来ピースおおさかに協力してきた市民団体、研究団体などが、前述の動向にどのように関わり何を主張しているかについて二〇一六年一一月執筆時の状況を論じたい。

二　なぜ加害の展示ができたのか

一九七四年から八〇年にかけて、大阪府議会では右派の自民党から左派の共産党までの各会派から、戦災被災資料を一か所に集めて若い世代に伝えるための平和を願う記念事業実施を求める提言が続いた。アジア・太平洋戦争が終わって三〇年たち、政治的立場の違いを越えて戦争の惨禍を次世代に継承しようと思いは一致していたのであろう。

また一九六五年から本格化した米軍のベトナム北爆の報道を契機に、東京を始めとして各地の空襲被災体験者が自らの体験を記録する市民運動を始めた。大阪でも「大阪大空襲の体験を語る会」や「大阪戦災傷害者の会」（現在は「傷害者・遺族の会」）などが結成され、戦災の記憶を伝え、補償を要求する運動が広がっていた。また一九七七年以後毎年、平和運動諸団体、戦争犠牲者遺族団体、労働組合、女性・人権運動の団体などからも、平和のための施設を大阪府で建設する要望が提出された。

これらを受けて大阪府は、一九七七年度に調査費を計上し平和施設の基本構想について研究を始めた。一九七八年には学識経験者、報道関係者と市民団体などの参加を求めて開設懇談会（表）を設け、広く意見を集め開設の準備を進めた。

こうして一九八一年八月、「大阪府平和祈念戦争資料室」（以下、戦争資料室と略記）が開室された。大阪府民生部福祉課の分室として、大阪市中央区谷町の大阪府社会福祉会館三階に置かれた。開設懇談会は、戦争資料室が開室されるとそのまま戦争資料室運営懇談会に引き継がれた。そのメンバーが展示見学者のガイドを担い、戦争資料室の諸企画を支えた。行政が準備し学識経験者や市民が知恵を出して協力する形で、戦争資料室の展示・運営を支える体制ができ上がった。そしてこの方式が、ピースおおさかの展示・運営にも引き継がれた。

戦争資料室の展示内容は、政治的にいえば右派から左派までの見解をもつ委員が同席する開設懇談会で、戦争の被害と加害をどう位置づけるかを巡り激しい議論をしながらまとめ上げられた。そこでまとめに尽力した近代史家の小山仁示は「大阪での戦争といえば大阪大空襲である。(中略)大阪大空襲を重視する方針で委員の一致をみたことが、異質の団体を代表する委員たちに共存、協力の機会を与えた」と語る。大阪大空襲の体験を伝えるという土俵の上で、なぜ大阪の空襲で朝鮮人や中国人も犠牲になったのかを話し合った。その結果、植民地支配や中国への侵略戦争の展示が必要であり、その上で沖縄・広島・長崎をどう展示するかを協議した。そして、日本が起こした戦争による加害と被害を調査し展示し研究していくことが必要ということで一致した。この合意が、一〇年後のピースおおさかの展示に一層充実して引き継がれた。

戦争資料室は一九九一年三月に閉室するまでの一〇年間に来館者一四万人を迎えるとともに、大阪大空襲の研究に大きな進展をもたらした。しかし大阪府単独

表　開設懇談会委員役職一覧（1978年）

役　職　名
大阪戦災傷害者の会　代表
新日本婦人の会大阪府本部　副会長
全日本総同盟大阪地方同盟　副書記長
関西学院大学社会学部　講師
桃山学院大学社会学部　教授
大阪府遺族連合会　会長
日本放送協会大阪放送局　報道部次長
関西大学文学部　教授
大阪大空襲の体験を語る会　代表
大阪府原爆被害者団体協議会　理事長
大阪府傷痍軍人会　会長
大阪母親大会連絡会　委員長
平和のための戦争資料館をつくる会　代表
サンケイ新聞大阪本社　社会部長
朝日新聞大阪本社　編集委員
読売新聞大阪本社　社会部次長
大阪府軍恩連盟　理事長
憲法擁護国民連合大阪地方本部　議長
戦争体験を記録する会　事務局長
現代美術センター　運営委員
大阪府開拓民自興会　理事
日本経済新聞大阪本社　社会部次長
日本労働組合総評議会大阪地方評議会　事務局次長
部落解放同盟大阪府連合会　書記長
広島大学平和科学研究センター　助教授
毎日新聞大阪本社　編集委員
大阪府地域婦人団体協議会　副会長
全日本電機機器労働組合連合会大阪地方協議会　副議長
大阪市地域婦人団体協議会　副会長
原水爆禁止・全面軍縮大阪府協議会　事務局次長

の事業で大阪市が参画していないこと、展示すべき内容に比して既存建物のワンフロアーのみでは狭小なこと、展示内容に侵略・加害の資料が少ないことなどから、独立して充実した展示館の新設が運営懇談会から強く求められた。

こうした要請に呼応して一九八三年には、新平和資料館建設を公約にした大阪府知事と大阪市長が当選し、府・市連絡会が運営懇談会の協力を得て設けられた。府・市の共同出資で戦争資料室を引き継ぐ財団が設立され、一九八八年「平和資料館」基本計画が策定され、一九九一年にピースおおさかが建設された。鉄筋三階建の独立した施設で、延床面積は三五〇〇平方メートル、展示室・講堂・会議室・図書室・事務室などを備えた。

戦争資料室の運営懇談会は、ピースおおさかの館長を補佐する運営協力懇談会に引き継がれ、メンバーのほとんどは継続した。

三　展示の反響・攻撃と維持発展の動き

ピースおおさかの開館直後にピースおおさかを会場にして「世界平和ミュージアム交流会議」が開催された。中国、韓国、シンガポール、インドネシア、ポーランド各国と広島・長崎・沖縄に所在する戦争と平和をテーマとする博物館等の代表が一堂に会し、ピースおおさかを参観して討議・交流した。そのまとめの文章に「過去の侵略と戦争の加害および被害の実態を発表しあい（中略）世界の恒久平和をめざして、手を携えて活動する決意を固めました」とピースおおさかの展示を踏まえての国際連帯の可能性を確認した。

開館を伝える各報道の内容も好意的で、戦争・戦災を次世代に伝える貴重な施設として紹介された。一般見学者のアンケートも「大変よく出来ていて感心しました。よくこれだけのものを収集されたものと敬服しました」「我国の戦争責任を当事国の一国民として痛切に感じる。戦争の悲惨さを語り継ぎ、平和へ微力ながら役立ちたい」など肯定的反響が多かった。

この流れと異質の反響が登場したのは一九九六年六月のことであった。「日本世論の会大阪府支部」が、展示は「自虐的思考にもとづき、主に他国の資料によって」説明しているが、「当時の我が国の主義・主張、肯定面も同程度に展示」すべきで、加害写真は捏造とする抗議文を届けた。これは四か月後に、橋本龍太郎首相が指示し参院自民党幹事長が纏めたと産経新聞東京本社版が報じた自治体設置の「戦争資料館」に関する調査報告書の指摘と同じ内容であった。つまり抗議文は、自民党による加害展示追放の政治的キャンペーンであったことが示された。

一九九七年からは府議会、市議会で自民党議員から、自虐的展示は公的施設にふさわしくない、ピースおおさかへの補助金はカットせよなどの発言があり、呼応するように同年三月には大阪で「戦争資料の偏向展示を正す会」が結成されたと産経新聞東京本社版が大きく報じた。さらにこの会が主催して一九九九年三月には映画「プライド」を上映し、二〇〇〇年一月には「二〇世紀最大のウソ『南京大虐殺』の徹底検証」という集会をピースおおさかを会場に開催した。

これに対してピースおおさかの運営協力懇談会は、一九九七年四月「抗議・申し入れ等の対応のまとめ」を発表し、ピースおおさかの設置理念（資料）に基づき「事実に即した展示に」発展させることを確認した。ピースおおさかの理事長に委嘱された専門家で構成された平和研究所のメンバーを中心に、日本近現代史家の協力を得て申し入れなどのあった展示を点検し、一部の不正確だった写真パネルを撤去し正確度の高いキャプションに一部を改めた。

また運営協力懇談会に参加している市民団体は、ピースおおさかを守るため

> 第二次世界大戦において，大阪では50回をこえる空襲により，市街地の主要部が廃墟と化しました。こうした被害は大阪にとどまりません。世界最初の核の被爆都市，広島・長崎，「本土決戦」の犠牲となった沖縄をはじめとして，数多くの日本国民が尊い生命を失い，傷つき，病に倒れました。同時に，1945（昭和20）年8月15日に至る15年戦争において，戦場となった中国をはじめアジア・太平洋地域の人々，また植民地下の朝鮮・台湾の人々にも多大な危害を与えたことを，私たちは忘れません。
>
> 1991（平成3）年9月17日

資料　ピースおおさか設置理念（部分）

支援を各界に訴えた。呼びかけに応じた大阪平和市民会議は一九九八年に集会を開き、市民ネットワークが組織された。二〇〇〇年の「二〇世紀最大のウソ……」集会では、市民ネットワークが呼びかけて集会に抗議する市民や在日中国人留学生が道路を埋めた。そして一か月後にはピースおおさかを会場に先の集会を批判する「南京大虐殺が日本に問いかけるもの」という講演会を開催した。

同時に攻撃に反論するだけでなく、ピースおおさかをもっと充実させることが必要だとの意見が提起された。不在だった学芸員の配置を要求し（現在専門職員二人配置）、大阪戦災傷害者・遺族の会が進めてきた大阪空襲犠牲者名簿の作成をピースおおさかの事業として引き継ぐことを主張して実現した。二〇〇六年八月には朝鮮人・中国人を含む九千余人の戦災犠牲者の氏名を記録した「刻《とき》の庭」をピースおおさかの中庭に建設し、犠牲者を追悼する場を設けることができた。

ピースおおさかの維持発展をめざす運動が広がったこと、外部の団体にはピースおおさかを会場として貸さないとピースおおさか理事会が決めたこと、不十分だった展示を設置理念に沿った正確な展示に改めたこと、東京都平和祈念館開設の凍結が決定され産経新聞東京本社版の平和博物館非難報道が縮小されたことなどにより「自虐・偏向」キャンペーンは終息に向かった。

以後二〇一四年にリニューアルのため閉館するまでの二三年間に、ピースおおさかの来館者は一八八万人を数え、その内の六—七割は小中学生であった。

四　存立の危機とピースおおさかの変質

大阪府の財政再建を唱えて二〇〇八年三月に登場した橋下徹大阪府知事は、外郭団体の無駄見直しの典型例の一つ

として ピースおおさかを取り上げた。府・市の出向職員を全廃し、職員数を半減し再任用・非常勤職員とし、補助金を削減して事業費を全廃した。さらに知事を支持して結成された大阪維新の会は、二〇一一年にピースおおさかの在り方を検討するチームを作った。そこではピースおおさかの廃止や加害展示の削除等の主張や、「西の遊就館に作り変える」といった主張があったと伝えられた。

この頃ピースおおさか設立の中心メンバーの多くは故人となり団体の代表も交代していたが、運営協力懇談会の有志を中心に二〇一〇年一月「ピースおおさかをあなたの手で元気にしてください！」という府・市とピースおおさか宛の署名を集め、カンパを集めてピースおおさかに届けた。

こうした中でピースおおさかが戦災犠牲者の追悼の場となっていたこともあり、他の施設への合併や廃止は困難だとの認識が広がり、合併論や廃止論は下火となっていった。

存続が決まると開館以来一度も展示を見直していないこと、展示の劣化が著しいことから展示リニューアルが課題となった。ピースおおさかの関係者の努力で、これまでの展示を発展させるリニューアル案が作成され二〇一二年には調査費も付いた。しかし突然リニューアルの執行は停止された。大阪維新の会が府・市の二重行政解消のためとして「府市統合本部」を作り、その課題の一つとしてピースおおさかの在り方をゼロから見直すとしたからであった。

運営協力懇談会の有志とピースおおさかに協力してきた研究者、市民団体の関係者がこの事態を憂慮して府・市へのアピールを発表した。そこで喫緊の課題として全廃された事業費の復活とリニューアルを担う研究体制の充実こそ必要だと指摘した。

大阪維新の会の見直し構想は、迷走の末立ち消えとなった。しかし見直しの責任者であった橋爪紳也を委員長とするリニューアル監修委員会が、二〇一二年末にピースおおさか内に設けられた。そして先に作成されたリニューアル案の変更が進められた。動きを摑んだ毎日新聞は、二〇一三年二月一五日付で「ピースおおさかのリニューアル、南京大虐殺撤去へ、空襲などに特化」と報じた。

同年三月末には、従来市民団体などとも協力関係を保ってきた館長以下の事務局メンバーは一人を除いて退職した。新メンバーが着任した直後に、ピースおおさかのホームページに従来の展示とは大きく異なる「展示リニューアル構想」（以下、構想と略記）が発表された。これまでの一五年戦争の展示を削り日本の侵略戦争による加害展示を削り、①大阪空襲を中心に、②子ども目線で、③平和を自分の課題として考える展示をめざすとした。

二〇一四年九月から一五年四月まで、構想を基にリニューアル工事を実施し一五年四月末にリニューアル開館して今日に至っている。

この間ピースおおさか事務局は、財団法人を公益財団法人に改組するために必要最小限の組織に整理するとして、開館以来ピースおおさかの運営に協力してきた平和研究所と運営協力懇談会のメンバーの意向も聞かず一方的に平和研究所と運営協力懇談会を廃止した。その結果、行政の担当部局の意向がピースおおさかの運営に強く反映されるようになった。

五　リニューアル展示の是正・改善要求

ピースおおさかが大阪空襲に特化した構想を発表したことを危惧した二五の市民団体、研究団体が集まり、構想を批判しリニューアルに提言する集会を開催した。批判・提言を実現するために、二〇一三年六月に「ピースおおさかのリニューアルに府民・市民の声を！　実行委員会」（以下、実行委と略記）を結成し、以後繰り返しピースおおさか事務局、府・市の担当部局、府議会、市議会に働きかけを続けた。設置理念を発展させた展示実現に向けて、大阪空襲を戦略爆撃の歴史の中に位置づけて展示できれば、日本軍の重慶空襲等を通して次世代に被害と加害を総合して伝えることが可能であることを具体的に提起した。

実行委がそうした取組を進める中で、ピースおおさかを西の遊就館にするという案は阻止することができた。また実行委は館長と折衝を重ねる中で館長を交えた学習懇談会を九回持ち、空襲の歴史や地域史、平和学の最新の研究成果や学校現場のニーズがリニューアルに反映できるよう努力した。その成果は一部ではあるが展示に反映された。またリニューアル案として例示された大型シェルターに子どもたちを入れ大音響の中でシェルターを揺らし模擬空襲を体験させるという案は、大阪空襲下で多くの市民が蒸し焼きになった防空壕の実態とはかけ離れていると指摘して変更させた。大阪大空襲直後の米軍撮影写真を展示室の床一面に貼る案は、爆撃した米軍の視点での展示になると批判して撤回させた。そのほかにもいくつかの例示された展示内容の改善をはかることができた。

しかしピースおおさか事務局は、最後まで展示リニューアルの全体像を公表しなかった。二〇一五年三月一八日、大阪府議会は実行委の「展示物や解説が、歴史的な事実に反さないよう、公益財団法人大阪国際平和センターは細心の注意をはらい、努力を傾けること」という請願を、大阪維新の会を除く全会派の賛成で採択した。しかしリニューアルされた展示には、府議会決議は生かされなかった。

大阪空襲を中心にするといっても、空襲史の中の位置づけを示せなければ、単にひどい空襲が大阪であったという戦災被害のみの展示になり、展示室の入口にある「なぜ、大阪が、日本が……」という問いかけに答えられない。子ども目線でといっても、単に展示物を平易な用語で説明するだけでは子どもには伝わらない。例えば教育勅語をいくら平易に説明しても、子どもを戦争に動員する役割をもっていたことに触れなければ、歴史の中で果たした役割は伝わらない。平和を自分の課題として考える展示にするためには、例えば大阪で中国人や朝鮮人が戦争に協力させられた歴史を問う運動や、空襲被災者の運動がピースおおさか建設に一潮流を作った歴史、大阪を拠点に世界で活躍するＮＧＯ運動など具体的姿を伝えることが欠かせないが、残念ながら抽象的心構え論に終わっている。

実行委は展示の誤りの訂正、加害の問題も考えられる展示の是正・改善の要求をして館長との交渉を重ねたが、展示については「見解の相違」として話し合いを拒否されている。ただし実行委の指摘中一部については訂正を検討しているが、内容は公開していない。実行委は府議会決議の実現のため、府議会に働きかけ意味のある館長交渉の実現をめざしている。

・またリニューアル後、すでに七万人（二〇一六年八月現在）が来館し、その内約七割が小中学生である。学校での事前・事後指導などの時に現在の展示の問題点を踏まえて対応できるよう、実行委はガイドブックを作り普及をはかっている。また中庭の「刻《とき》の庭」の資料集を作り、大阪空襲の犠牲者の中には、日本人だけでなく中国人や朝鮮人も含まれていることから、被害と加害の歴史を総合して学べる手引を広げることをも検討している。

なお実行委はピースおおさかの展示リニューアルにあたり、設置理念を展示に生かすことをめざして思想や立場を越えて運動してきたが、独自の運動を進めている参加団体もある。「ピースおおさかの危機を考える連絡会」は、リニューアルしたピースおおさかを「歴史を歪曲する展示は子どもたちに見せられません！」と訴え、その中心メンバーはリニューアルの情報公開が拒否され精神的苦痛を負ったとして、府・市とピースおおさかに損害賠償を請求する訴訟を大阪地裁に提起し、近日判決が予定されている。

近代史家の島田克彦は、ピースおおさかの展示をめぐる「被害」と「加害」という二元的な問題の立て方には限界があると指摘し、「ピース存立の基礎にある、当事者による現代史の受け止めを丁寧に検証し、共有する必要がある」と提起する。

大阪の一施設で起きている問題だが、問われているのは博物館の在り方、行政と市民運動、政治と学問の自由、学校教育と博物館の関わり方など多岐にわたる。何よりも歴史学がそこにどう関われるのか、成果をどう活かせるのかであると思う。

参考文献

大阪国際平和センター　一九九一『世界平和ミュージアム交流会・報告書』
大阪府福祉部社会課　一九九一『大阪府平和祈念戦争資料室の10年』
小山仁示　二〇〇二「平和祈念戦争資料室からピースおおさかへ」『戦争と平和』一一
島田克彦　二〇一六「大阪空襲をめぐる歴史叙述の射程」『歴史科学』二二五
横山篤夫　二〇一四「市民運動と歴史研究」『日本史研究』六一九

コラム ⑪

公文書館の国際比較

久保　亨

日本における公文書館の整備は、国際的にみても著しく立ち遅れている。そのことについて、近年、ようやく社会的な関心が高まってきた。そうした関心が高まる一つの契機になったのが、公文書の保存と利用に多くの制約を課す悪法「特定秘密保護法」の強行成立（二〇一三年）という出来事であったことは、皮肉なめぐりあわせというほかない。もっとも、より正確には、公文書館の整備が立ち遅れ、その重要性が国民の意識に定着していなかったからこそ、このような悪法の強行成立を許すことにもなった、というべきであろう。実はそれ以前から、公文書管理の在り方が問われる事件は続いていた。二〇〇七年に発覚した「消えた年金記録」問題（払っていた年金が五〇〇〇万件もの規模で記録されていなかったという疑惑）、二〇一一年の福島原発事故関連の「情報隠し」（放射性物質の拡散被害の予測図が公表されなかったり、政府の「原子力災害対策本部」が議事録を作っていなかったりした）などである。

日本の公文書館制度の立ち遅れとは何か。それは、まず第一に、公文書館の規模と活動内容、保持する権限などが、きわめて貧弱なことである。主要国についてみれば、全国レベルの公文書館は大規模なビルに置かれ、どこでも数百人を越える職員によって運営されている（英・六〇〇人、仏・五七〇人、独・七九〇人、米・二七二九人、韓・三四〇人〔久保・瀬畑 二〇一四、一五〇—一五一頁〕）。日本は、一桁少ない四七人（同上）である。同じ状況が地方自治体レベルの公文書館にも当てはまる。ウェブサイト上で各国の公文書館を訪ねてみれば、一般向けの催しを含め多彩な活動が展開されていることがわかる（英 http://www.nationalarchives.gov.uk/、米 https://www.archives.gov/、中 http://www.shac.net.

cn/)。日本の国立公文書館も努力を払っているとはいえ、その活動規模は各国に遠く及ばない（http://www.archives.go.jp/）。他省庁の公文書管理状況を抜き打ち検査し、必要に応じ改善命令を出すことができるような権限も、日本の国立公文書館は持っていない。ただし、後述するように日本にはアジア歴史資料センターという注目すべき存在があり、国立公文書館の規模拡充をめざす改築計画も、近年、ようやく動きだした。

第二に、そこに勤務する職員の問題がある。近年、文書の整理、保管、公開などに携わる専門職としてのアーキビストの重要性が、ようやく認識されるようになってきた。文書史料は何もかも全て残しておけばよいというものではないし、とくに公文書について言えば、それぞれの公文書の作成過程や性格が理解できるように系統的に整理され、適切な方法で保存され、公開されなければならない。膨大な量の公文書の選別と整理、保管、公開を進めるためには、専門的な知識と能力をもつ専門職員が、相当数、必要とされる。図書館の運営にとって図書館司書（ライブラリアン）の存在が不可欠であるように、文書館の運営にとってはアーキビストの存在が不可欠である。しかし、現在の日本でそうした体制を整えようとしている自治体は一部にとどまり、アーキビストとしての資格をもつ専門職員が適切な形で配置されている公文書館は数少ない。そして、そうしたアーキビストを養成するコースが設けられている大学となると、指で数えるほどしかない。要するに公文書館という施設の整備が立ち遅れているだけではなく、その運営に携わる専門的な人材の養成と配置は、なおのこと立ち遅れているのである。主要大学にアーキビストの養成コースが設けられている諸外国に比べ、その立ち遅れは甚だしいと言わねばならない。

そして第三に、さらに深刻な問題は、公文書の保管、整理、公開に関する基本的な考え方が、国民の間にも、国や自治体の公務員の中にも十分に根づいていないことである。日本では、かつてアジア太平洋戦争の敗戦前夜、軍や政府の関係者によって戦争遂行に関わる書類が大量に焼却処分されるという事態が発生した。そうした命令を出した軍や政府の上層部の人々も、命令に基づき黙々と焼却作業に従事した担当者たちも、国家が社会に対して負っている責任を顧みることはなかった。戦後も、水俣病問題や薬害エイズ事件、沖縄への核兵器持込み疑惑などさまざまな問題をめぐって、国民の生命と健康に重大な関係をもつ公文書が意図的に隠されていた事実が明らかにされている。また一九九九年に情報公開法が制定された時、この法律に基づき開示を請求される恐れがある公文書をあらかじめ処分しておこうとする動きが広がったのは、行政官庁の間に未だに戦前以来の秘密主義と公務に対する責任をとろうとしない発想が残っていることを、端的に示すものであった。実は歴史学研究者の間にも、個人もしくは特定の研究グループの研究のため一時的に文書史料を利用できればそれでよいとする発想が残っており、それが公文書の系統的な保存と公開を妨げる要因になっているとも言われる。

国際比較は、日本の立ち遅れを嘆くために行うものではない。あるべき公文書館行政を探求する手がかりとして、行うものである。もう少し丁寧に検討を深めてみよう。

欧米における公文書館の整備は、市民革命の展開と議会制民主主義の発展につれて進んだ。国家の活動は公文書に記録されなければならず、それは市民によって点検されなければならない、それが民主主義を成り立たせる大前提だという考えからである。一八世紀末に公文書館が整備されたのはフランスであり、イギリスでは一九世紀半ばに始まった。それに対し中国では、新たに成立した王朝は、前王朝が残した記録に基づき前王朝の歴史を編纂する責任を負うという制度が形成されており、それを継承しながら二〇世紀初めから公文書館制度が整備されてきた。また第二次世界大戦後に独立を果たした新興国の場合、独立後の発展に役立てるため、独立前の植民地時代の記録を保管するとともに自国の建国過程に関わる公文書を保管する公文書館が、独立後の早い時期から開設されている。

日本の場合、近世から近代にかけさまざまな国家機構を整備する過程で図書館や博物館の整備は進んだにもかかわらず、公文書館の整備は欠落していた。そうした中でも公文書を保管し整理するための試行錯誤は細々と続けられていたとはいえ、結局、十分な成果をもたらすには至らなかった〔安藤ほか編 二〇一五〕。また日本史研究者の多くは外国の公文書館を知らず、外国史研究者の多くは日本の公文書館を知らない。それが日本の公文書館行政の立ち遅れを招く一因にもなってきた。

このように立ち遅ればかりが目につく中にあって、日本が世界に誇ることができる存在もある。それは二〇〇一年に創設されたアジア歴史資料センターであり、「近現代の日本とアジア近隣諸国等との関係に関わる歴史資料として重要な日本の公文書及びその他の記録（アジア歴史資料）」をデータベース化し、インターネットを通じて内外に提供している。現在、国立公文書館、外務省外交史料館、防衛省防衛研究所図書館が保管するアジア歴史資料のうちデジタル化されたものについては、世界中どこからでも無料で自由にアクセスできる点が、非常に大きな特徴である。従来は戦前・戦中期の史料に限定されていたが、目下、公開する公文書の範囲を戦後期にも広げつつあり、今後、ようやく動き出した国立公文書館の規模拡充をめざす改築計画ともあわせ、注目していく必要がある。

参考文献

安藤正人ほか編　二〇一五『歴史学が問う　公文書の管理と情報公開——特定秘密保護法下の課題』大月書店
久保亨・瀬畑源　二〇一四『国家と秘密——隠される公文書』集英社新書

3 大学博物館は何を発信できるのか

——日本女子大学成瀬記念館の活動をとおして

吉良芳恵

一 成瀬記念館の三機能

成瀬記念館（以下、記念館）は、一九八四年一〇月、創立者成瀬仁蔵の教学理念と日本女子大学（以下、本学）の歴史を明らかにし、女子教育の進展に寄与することを目的に開館された施設である。三つの機能をもち、その第一は、成瀬の記念館として関係資料を公開・発信することである。第二は、大学博物館としての機能で、一九九〇年に博物館相当施設として認可され、本学のランドマーク的役割を果してきた。第三は、本学の歴史資料を収集・保存・調査研究し、積極的に公開する大学アーカイブズとしての機能である。活動の成果は、機関誌『成瀬記念館』や各展示図録、『日本女子大学史資料集』『実践倫理講話筆記』『日本女子大学学園事典』『写真が語る日本女子大学の一〇〇年』『日本女子大学成瀬記念館収蔵資料目録Ⅰ』等にみてとれる。筆者は、二〇一〇年から記念館の主事として、その活動に参画することになったので、本章では主に博物館やアーカイブズ機能について、近年の成果を紹介するとともに、記念館の社会発信について考えてみたい。

二　広岡浅子の再発見と社会への発信

記念館の開館以来、最大の入館者数を記録した展示は「広岡浅子」展である。三ヶ月間に、全国各地から約二万二〇〇〇人（通常の三―四年分）が来館した。しかし広岡浅子が本学でよく知られていたかというとそうではない。広岡に最初に言及したのは、高群逸枝の『大日本女性人名辞書』（厚生閣、一九三六年）である。その後、古川智映子が『小説　土佐堀川――女性実業家・広岡浅子の生涯』（潮出版社、一九八八年）を刊行、それをもとに二〇一五年九月―一六年三月にドラマ化されて大きな話題となった。また高橋阿津美も「実業家　広岡浅子――日本女子大学校の援助者」（近代女性文化史研究会『大正期の女性雑誌』大空社、一九九六年）で、三井文庫の資料等を用いて、広岡が女性の自立を訴え続けた要因を考察している。本学はドラマ化の発表と相前後して、各種資料を提供することになったが、その過程で、社会が再発見した女性実業家広岡のもつ意味を、本学の設立過程やその後の歴史の中で再検証し、自校教育の中でどう活かすか、逆に問われることになったのである。ところで広岡がこれまで等閑視されてきた背景には、大学の歴史では創立者や教育者が重要視される傾向にあり、財政的基盤づくりに尽力した人物に光をあてることが少なかった、ということがあると思われる。

そこで記念館は、ドラマの放映中に、広岡浅子関係の資料（書簡、資料、刊行物、短歌、写真等）を収録した『日本女子大学成瀬記念館所蔵　広岡浅子関連資料目録』（二〇一六年）を刊行、また「広岡浅子」展や「軽井沢夏季寮の生活――三泉寮と広岡浅子」展を開催するなど、広岡関係の企画を学内外に発信した（文学部史学科では大同生命保険株式会社寄附講座が開講中で、数年後には伝記の刊行が予定されている。）。

『資料目録』の中心は、成瀬宛の広岡の書簡二〇通である。本学の成立過程や広岡の考え方などが示されていて、きわめて資料的価値が高い。ついで重要なのが「創立事務所日誌」や寄附金等に関する資料で、設立賛助員や発起人、創立委員等、創立資金の獲得過程の記録が紹介され、学校設立に関するさらなる研究が可能となっている。本学が多くの寄附や賛助により建設・運営されたことは、広岡家は勿論のこと、三井家（目白台五五〇〇坪の土地、軽井沢三泉寮、桜楓館）、森村市左衛門（豊明図書館兼講堂、豊明寮、豊明館）、渋沢栄一（晩香寮）、藤田伝三郎（香雪化学館）、大倉孫兵衛（暁寮）等の事例でよく知られているが、こうした賛助者達が本学に何を託したのかについては、研究は十分とはいいがたい。また成瀬は、アメリカで科学教育を含めた女子教育の重要性や理念、さらには学校経営や組織等の方法について多くのことを学んでいるが、それらが本学の運営にどう活かされたのか、さらなる検討も必要であろう。

ところで『資料目録』に収録された、本学同窓会（桜楓会）機関誌『家庭週報』（一九〇四年発刊）等に発表された広岡の講話や文章は、封建遺制との闘いや彼女の考え方を示していて重要である。男女間の不平等や社会の不自由さなど種々の不合理に立ち向かった経験をとおして、「男女は脳力や胆力に於ては格別の相異はありません」と断言し、さらに社会経済を知る必要を説いている。こうした女性の自立論を積極的に展開する姿勢は、その後、愛国婦人会等での活動をとおして帝国日本への収斂度を強めるが、晩年には新しい展開もみせる。本学出身の小橋三四子が発行・編集する『婦人週報』（一九一五年発刊、広岡が保証金・資金を出資）に、第一次世界大戦期の女性の社会進出やアメリカの「民本主義」に婦人界の曙光をみる見解（キリスト教の影響はあるが）を示したり、日本帝国主義の中国侵略への批判を発表しており、新しい時代の到来に呼応するかのような思想の展開がみてとれる。平塚らいてうが広岡に批判的であったことも含め、今後は、女性の解放に向け種々の考え方があったことを構造的に検討する必要があるだろう〔吉良　二〇一五〕。

ちなみに成瀬は、第一次世界大戦前夜の一九一四年に出版した『新時代の教育』で、戦争主義、侵略主義を否定し、人道的平和主義を採るとして理想的人格を形成する教育をめざしている。また一五年には、「万国婦人平和大会」事務局から第二回国際会議への日本女性の参加を求める書簡を受け取り、その成果であろう、死去二ヶ月前の一九年一月には国際問題研究会が発足、新渡戸稲造夫妻のもとに上代タノ（第六代校長）等が集まっている。そして二一年五月「婦人平和協会」が発会、井上秀（広岡との関係が深い第四代校長）が初代理事長となり、二四年に婦人国際平和自由連盟（ＷＩＬＰＦ）日本支部として承認される（岸本 二〇〇八）。こうした経緯をみると、広岡は創立前後の関係だけでなく、一九年一月に死去するまで、成瀬を含め本学とは深く結ばれていたといえなくもないのである。

いずれにしても、広岡のドラマが記念館の活動に思わぬ展開をもたらしたことは事実である。とはいえ放映中に『資料目録』を編纂・刊行できた背景には、記念館が営々と収集や整理という基本作業を行ってきたことがあることを忘れてはならない。

三　収集資料が語る日本女子大学の歴史

写真という媒体

記念館が所蔵する写真もまた、本学の歴史について多くのことを語っている。なかでも肖像写真は、写真と社会との関係を明らかにしており、増淵宗一の論考「成瀬仁蔵と近代日本の写真師たち――成瀬仁蔵肖像写真を中心に」（『成瀬記念館』二三、二〇〇八年）は注目されてよい。増淵は、本学の写真史料が質量ともに誇るべきもので、近代日本写真史の史料の山であると記し、撮影者が、日本の写真史を形成した人達（和田久四郎、金井弥一、堀真澄、鈴木真一、気賀秋畝、小川一真、丸木利陽、長谷川武、江崎清等）で、しかも「写真師（写真館）事業」の盛衰を物語っていると分析する。学校が写真業界と深い関係にあることを認識させられる指摘である。また撮影対象についても、たとえば本学の発起人・創立委員である西園寺公望との関係を示す写真をとりあげ、一九一九年一月からのパリ講和会議に出席する首席全権西園寺の随行者＝娘新子（一九〇五年家政学部に進学）の送別会の写真に、肝臓癌が進行していた最晩年の成瀬が写っていると、歴史の一コマを紹介する。

関東大震災の記録

関東大震災についても、九月一—二〇日の本学の状況が、桜楓会記録係の「震災善後録」（『成瀬記念館』二九、二〇一四年）として掲載されているので、その一部を要約・紹介しておこう。

一日（土曜）、夏季休暇中のため、出勤中の事務員や数名の教員が対応。**二日**、第二代校長麻生正蔵等が軽井沢三泉寮から川口駅まで汽車、本学まで徒歩で帰校、最寄りの教職員を召集し応急善後策を協議。**三日**、開校延期を謄写版で通学学生に通達、帰省中の学生には三泉寮から発信。軍隊警備を願い出、直に周囲警備・校内巡邏（一二回）を受ける。**七日**、東京日日新聞社へ、卒業生・学生（翌日、家族を追加）の希望者に、母校への避難可能の広告掲載を申し出る。**一一日**、桜楓会に被服救護部を設置。**一三日**、校舎の修繕開始。本所・浅草・下谷の桜楓会員と学生家族の罹災状況の調査開始。東京市学務課・霊岸小学校社会部が罹災者救済につき桜楓会に交渉、桜楓会は不用衣類を裁縫調製し罹災者へ寄贈する旨を会員・教職員に伝言、謄写版で通知。**一四日**、国民新聞記者が桜楓会の救護活動を、高田市の越後新聞記者が学校の震災状態を取材。桜楓会が臨時救護事務所衣服部を開始、衣類・切地・綿・手拭・タオル等募集方法の謄写刷を配布。**一六日**、警備隊中隊本部（一個小隊三八人）が学校内に駐屯。**一七日**、警備本部に一個小隊追加。**一九日**、上野小松宮銅像前（震災臨時救護所）に東京市社会局・日本女子大学校・桜楓会で児童救護部を開設。**二〇日**、内務省社会局が活動写真の撮影に来校。校内駐屯の兵士引上げる。

これまで未発表であったこの「善後録」は、桜楓会による二〇日間の記録のため、一〇月二日からの教職員・学生等による本所区罹災者世帯調査（東京市への協力）や、一〇月以降の児童・女性に対する救援活動は収録されていない。一方、九月二日の戒厳令施行後、三日には本学が軍隊に警備を要請しており、災害時の軍隊との関係が示されていて重要である。いずれにしてもこうした記録は、広域を有す学校等が地震に対しどのような対応を求められるのかについて考えさせられる資料である。

戦前期留学生の動態

創立一一〇年にあたる二〇一一年には、本学の国際交流史をあつかった展示を開催、記念写真集 *JWU 1901–2011 A History in Photographs* を刊行している。本学では多くの教員、学生が欧米の大学で学んだが、その一方で中国や朝鮮等アジア諸国からの留学生が本学で学び、戦前だけでその数は約三五〇人にのぼった。そこで記念館では、個人情報の保護に留意しながら、一九〇一―四七年（日本女子大学校時代）に留学してきた学生の名簿を学籍簿をもとに作成、入学年、入学学部、卒業・退学年、氏名、年齢、出身地、出身校の一覧表を作成・発表した（大門 二〇一二）。

大門の報告によると、四七年間の国別（学籍簿の記述による）の入学者数（（ ）内は卒業者数）は、多い順に、朝鮮一六七（七四）、中国七四（三五）、台湾五七（三一）、満州四五（三〇）、タイ・モンゴル・ベトナム五（二）の計三四八（一七二）人で、卒業者は入学者の約四九％にあたる。年別入学者数をみると、最大は一九三四年で（満州からの留学生が最多）、満州国成立後から太平洋戦争開始頃が多いことが判明する。

出身学歴をみると、その大半が出身地の中等教育機関か師範学校で、朝鮮では淑明・同愛・平壌公立・梨花各女子高等普通学校等、台湾では公立高等女学校、満州では奉天省立女子師範学校の出身者が多い。また入学学部は、師範家政学部（家事科中等教員の養成）が三四％と最多で、社会事業学部（修業年数三年、アジアで最初の学部）二五％、英文学部・国文学部は五％と少ない。国別にみると、中国は社会事業学部、朝鮮は師範家政学部、台湾は家政学部、満州は社会事業学部への入学者が多い。右写真集でも、中国の何香凝、朝鮮の黄信徳、朴順天が母国の女性の地位向上に貢献したことを紹介している。

大門も指摘するように、今後は留学生の帰国後の究明等をとおして、本学を含む「帝国日本の学知」のもつ意味や位置を明確にする必要があるが、その際先行研究として、弘中和彦「S.N.D.T. 女子大学（インド）創設の思想」（日本女子大学女子教育研究所編『女子教育研究叢書一〇　女子大学論』一九九五年）、久保田文次「日本女子大学と中国」（『成瀬記念館』一四、一九九八年）、周一川『中国人女性の日本留学史研究』（国書刊行会、二〇〇〇年）、大浜慶子「成瀬仁蔵著『女子教育』の中国語版と近代中国における役割について」（『成瀬記念館』一九、二〇〇五年）、朴宣美『朝鮮女性の知の回遊　植民地文化支配と日本留学』（山川出版社、二〇〇五年）が参考になるだろう。

太平洋戦争下の記憶と記録、そして展示

最後に、「戦後五〇年」の一九九五年を期して企画された、小橋安紀子の「アンケート「太平洋戦争と日本女子大学（校）学生生活」」（『成瀬記念館』一一、一九九六年）を紹介しておこう。太平洋戦争から敗戦後にかけての学生生活を記録し資料収集を行うことをめざしたもので、敗戦直後の学園資料の処分による空白を埋めるための企画である。

戦時下の資料としては、すでに『戦いの中の青春――一九四五年日本女子大学卒業生の手記』（一九七五年）が刊行されているが、小橋は、「全体性に欠ける」として、その欠点を補うため、右アンケートの準備を一九九四年初夏から開始した。日本で最初の女子高等教育機関であり、戦時下、最大規模の女子学生の母校であった本学こそ、学生に「相応の意識と責任と打撃があったはず」という思いで実施したと記す。

調査対象は、一九三八年入学・四一年一二月卒業―一九四四年入学・四七年三月卒業の二五三二人で、桜楓会の会員名簿で住所が判明した全員である。回収数一二〇〇、宛先不明者七〇、逝去四で、有効総数二四六三、回収率四七・四％である。設問は、①戦争（真珠湾攻撃、戦争、天皇、兵役、戦没者、戦争中の自分の役割、戦争の勝敗、敗戦、天皇のラジオ放送等についての思いや考え方、感じ方等）、②戦時下の学園生活（友人や家族との戦争の話、戦時下での英語授業、戦争批判や英語教育との関係で辞職した先生、学校報国団、防空訓練、教練等）、③勤労動員生活（勤労奉仕、「学校工場」等）で、「記述する人間を元気にさせるようなアンケート」を心がけたという。すなわち戦争をどうとらえ、戦後五〇年をどう生きたか、若い世代に伝えたいことは何かについて問い、最後に記述しやすいよう自由記述部分を設けたのである。

アンケートへの反応は素早く、三日後から、写真やクラス会誌、ノート、学徒動員の報奨金額を記入した郵便貯金通帳、学徒動員日記等と共に続々と送られてきた。その後一九九五年六月にも、戦時下の退学者や、戦後の混乱で復学が遅れた一九四五年入学・四八年卒業―五一年卒業（新制一回生）者の一一一四人を追加、同一のアンケートに加えて、敗戦直後の女子大学生であることの意識を調査、さらに再開当時の学園の様子を質問した。回収数は四五三人、宛先不明者八、有効総数一一〇六、回収率は四〇・七％である。

こうしたアンケートをもとに二〇一四年、記念館は「戦時下の青春」展を開催した。日中戦争から敗戦にかけての変化が教育の場に与えた影響を、千人針の製作や勤労奉仕作業、学校防護団の組織化と防空演習、非常時の家庭生活支援を目的とする「戦時家庭経済展覧会」の開催、学校報国団の結成等をとおして考えるという企画である。そこで展示パンフレットをもとに、本学の特徴的な事項を紹介しておこう。

「戦時家庭経済展覧会」とは、一九三八年一二月一日から一週間、家政学部が日本橋三越で開催した展覧会のことである（大蔵・商工・文部・厚生各省、東京朝日新聞社、桜楓会の後援）。食物・住居・被服・教化・家事運用・常備各費に区分した非常時の家庭予算の立て方などを発表、「社会還元」を試みた。この展覧会は翌三九年一一月まで、仙台・大阪・神戸・京都・名古屋等一三都市でも開催され、『戦時家庭経済料理』『戦時家庭経済読本』の販売、「銃後の護りには節約料理を」のコンセプトによる鯨肉・兎肉料理、鶏・牛の内臓料理等の紹介がなされた。

また一九三九年六月一五―二一日の貯蓄強調週間では、本学も桜楓会と共催で、大蔵省後援の「戦時家計生活刷新相談所」を銀座松屋・高島屋、日本橋三越等で開催、学生手製の大人のための紙芝居が人気を集めている。紙芝居は「戦時家庭予算」「国策線上の衣類」「戦時栄養方針曲」「我が家の修理行進」「燃料戦時譜」等の一〇組で、家計のやりくりや貯蓄を奨励するものが中心であった。この紙芝居が戦争動員・国民教化のための「国策紙芝居」であったことは明らかであろう。

一九四一年一二月八日の真珠湾攻撃では、ラジオ放送を聞いた学生が、学校からの非常召集を受け講堂に集合、翌九日から校庭に「世界大戦要図」を掲揚している。ちなみに開戦に関する前記アンケートからは、戦勝ムードの蔭で、「とんでもないことになったと思った」が最大の四二%、「よく分らなかった」が二三%、「日本軍の活躍を嬉しく思った」が二〇%、「よくやったと感激した」が一一%、「ひどいことをしたと憤りを感じた」が一%で、戸惑う学生が多かったことが判明する。

一九四三年からは学園内の防空体制と設備が強化され、校内に待避壕等を設置、防空・救護訓練、軍事教練が正規の必修科目となった。四三年六月に「学徒戦時動員体制確立要綱」が閣議決定されると、本校では延べ四六〇〇人の在京学生が凸版印刷会社や明電舎に動員されている。また八月には、満州開拓農家に育児・栄養・衣料の生活技術を伝えるため、家政学部四年生の三三人が吉林省舒蘭県小城の群上開拓村を訪問、柑皮洗濯や立体伸子、染色、裁縫、惣菜料理やおやつの調理、夜具の改良、台所改善等の指導に二週間あたっている。「満州移民」の村への実習旅行ということであろう。さらに四四年三月に「決戦非常措置要綱に基く学徒動員実施要綱」が閣議決定されると、第一次、第二次出動動員命令により約一五〇〇人が海軍技術研究所、陸軍第一造兵廠、日本赤十字、航空機関連の軍需会社に配属され、これ以後、授業数は激減、四五年には停止される。再び学生が本学に戻るのは敗戦後の一〇月である。

四　社会発信とその責任

以上が、記念館の博物館機能としての多様な活動の一端である。記念館は狭隘で、しかも資料保存や閲覧に関して課題が山積しているが、今後も種々の企画をとおして社会発信を続け、双方向性の関係を築き、社会的責任を果す必要がある。そのことを強く意識させられたのが「広岡浅子」展であった。卒業生のみならず、遠方から数多くの方々が来館して下さったことは、社会へのアピールの重要性を学ぶ貴重な機会ともなった。幸いなことに本学には数多くの歴史資料があり、二〇一九年からは、成瀬没後一〇〇年を記念する書簡集（来往簡約三八〇〇通）の刊行も計画されている。こうした歴史資料（素材）を再構成し提示することで、多くの人がその歴史的意味を多様に、そして自由に考える契機になれば、その向こうに双方向の関係が生まれると思われる。その意味で、記念館が収集した資料等をもとに、本学史学研究会大会での講演後寄稿された有馬学の「戦争と女性の〈主体化〉──谷野せつと氏家寿子をめぐって」（『史艸』第五二号、二〇一一年）は、戦争が女性の「主体性」形成にどのような意味をもったのかについて、本学出身の家政学者氏家（戦時家庭管理学）と労働政策の実務派官僚谷野（戦時労働政策論）のありようを分析し、本学と社会との関係を考える上で重要な視点を提示している。「家政学」が戦時と相性がよかったという事実や本学が戦時体制への協力という歴史をもっていることの検証を、記念館の活動が可能にしていることの意味は大きいと思われる。

参考文献

岸本美香子　二〇〇八「日本女子大学と国際交流展」『成瀬記念館』二三
吉良芳恵　二〇一五「広岡浅子とその時代──日本女子大学校への夢」『成瀬記念館』三〇
大門泰子　二〇一二「旧制時代における本学への留学生」『成瀬記念館』二七

4 九・一一メモリアル博物館の歴史政治学

東自由里

一 グラウンドゼロ

二〇〇一年九月一一日午前八時四六分。マンハッタンの上空には雲一つない青空が広がっていた。轟音をともなう旅客機が世界貿易センタービル北棟に激突した。一五分後、二機目の旅客機が南棟に激突した。約三〇分後には三機目がアメリカ国防総省本庁舎に激突し、四機目はペンシルベニア州の郊外に墜落した。この日、三〇〇〇人近い犠牲者を出した米同時多発テロ事件は世界を震撼させた。翌九月一二日には、「屈辱の日」と見出しに書かれたタイム誌が刊行された。ルーズヴェルト大統領が真珠湾攻撃について語ったラジオ演説の記憶を呼び起こし、ナショナリズムを扇動した。米同時多発テロ事件と太平洋戦争の記憶を重ねて語ることについては、ジョン・ダワー〔Dower 2010〕をはじめ、何人もの歴史学者が問題であると指摘しているが、米国の多くの人びとは、現実に起きてしまった事件と過去の歴史とを交錯させながら怒りと憎悪を露わにした。

事件現場であるグラウンドゼロにメモリアル博物館とメモリアル（追悼碑）を建設することとなった。ここで何をどのように後世に伝えるべきか。二〇〇三年に建設計画が発表されたが、当初から論争の渦を巻き起こした。本章では、九・一一メモリアル博物館（正式名「国立九月一一日メモリアル博物館」）の関係者とテロで犠牲となった人びととの遺族の間で繰り返された論争をもとに、犠牲者追悼の現実とその教訓を明らかにする。

二　復興事業とメモリアル・センターの当初計画案

グラウンドゼロの復興事業を統括するロウアーマンハッタン開発公社（ＬＭＤＣ）は復興事業デザインコンペを実施した。その結果、二〇〇三年にダニエル・リベスキンドの案が復興事業のマスタープランとして採用された。リベスキンドは二〇〇一年に開館したベルリン・ユダヤ博物館をデザインした建築家として一躍有名になった人である。マスタープランには「メモリアル・センター」の建設が提示されていた。ただしこの段階では、具体的にどこにどういう形で配置するかまでは明確にされていなかった。初期の段階では、今日九・一一メモリアル・センターが建っている場所に「文化センター」が建設され、そこにＬＭＤＣが一〇〇以上の申請団体から選んだいくつかの芸術文化団体が拠点をおいて活動することになっていた。「文化センター」には国際フリーダムセンターが入り、館内で米同時多発テロ事件を世界史の文脈の中で捉えたメモリアル展示を行うことになっていた。他方、新たに建設される「芸術舞台センター」にはニューヨーク市オペラ劇団と舞踊団が入る計画が進んでいた。

復興事業では文化施設の他に追悼碑を建設することも決まっていた。追悼碑のデザインコンペの審査員を務めたジェームズ・ヤングによると、デザインに関してさまざまな要求が寄せられた。救助活動で家族を失った消防士や警察官の遺族は、犠牲者を英雄として讃えるようなデザインを望んでいた。一方、自治体やビジネス業界は「再生と経済的な復興」を象徴するものを求めていた〔Young 2010: 87〕。リベスキンドもダウンタウンの復興のためには、商業と観光業を繋ぐ芸術文化活動が不可欠であると考えていた。復興事業を統括するロウアーマンハッタン開発公社、ニューヨーク市文化局もこの案を支持していた。

三 英雄のための聖地

二〇〇三年三月に開始されたイラクへの侵攻が泥沼化するにつれ、当初の建設計画は世論の大きな反発と抵抗を受けた。財政難も重くのしかかった。なによりも、グラウンドゼロで亡くなった人びとの属性が複雑であったことが計画の遂行を困難にしたといわれている。彼らは、世界貿易センター内の金融機関や法律事務所などで働いていたエリート層だけではなく、世界貿易センター内のレストランなどで働いていた移民たち、救助活動に駆けつけた消防士や警察官など、多種多様であった。そのため遺族を代表する団体も複数存在し、犠牲者の追悼方法について一致した認識を共有することは困難であった。

また、「遺族にとって、そして多くのアメリカ人にとってもグラウンドゼロは聖地である。そのため文化芸術活動といえども娯楽商業施設を建設することは不謹慎である」と考える人も多く、非難の矛先は国際フリーダムセンターに集中した。

国際フリーダムセンター建設計画の中心的人物の一人であったエリック・フォーナーは、南北戦争とリンカーン大統領の研究でピュリッツアー賞を受賞した歴史家である。彼は「アメリカ史再考と九・一一以降」と題された論考の中で米同時多発テロ事件から多くの教訓を学ぶことができると述べている。米同時多発テロ事件は米国と他国の関係を見直す機会にもなり、「歴史研究というのは、境界〔国境〕を再強化するのではなく、これを乗り越えていかなければならない」と主張していた〔Foner 2003: 32〕。国際フリーダムセンターの展示内容は米国の奴隷制度や中国の天安門事件などを取り上げながら、人類の負の遺産を「自由への闘争」という文脈の中で語ることを志向していた。

国際フリーダムセンターのこういった趣旨に真正面から反対したのが、世界貿易センター・メモリアル財団の役員に就任していたデボラ・バーリンゲイムである。彼女の兄は国防総省本庁に激突したアメリカン航空七七便の機長だった。兄を喪ったバーリンゲイムは、二〇〇五年六月にウォールストリートジャーナルの紙面上で「聖地を汚してはならない。グラウンドゼロは世界史を学習する場ではなく、米同時多発テロ事件で亡くなった英雄を悼む場所でなければならない」と世論に強く訴えたのである〔Burlingame 2005: A14〕。その後も論争は収まることはなかった。州知事は、国際フリーダムセンターの役員から展示内容が米国を中傷する内容にはならないという確約書まで取り付けた。それでも、消防士と警察官の労働組合、遺族団体からの強い反発を押し切ることができず、当初の建設計画はニューヨーク州知事の判断で廃止に追い込まれた。

国際フリーダムセンター設立の廃止が決定した直後、バーリンゲイムはニューヨークタイムズ紙によるインタビューの中で、全米から訪れるアメリカ人は「腐敗に打ち勝った高揚感に満ちたストーリー」を求めてグラウンドゼロに足を運ぶのであり、国際フリーダムセンターは不要であるとし、知事の判断を讃えた〔Dunlap 2005: A1〕。こうして米同時多発テロ事件をアメリカと世界史の負の遺産の流れの中でとらえようとする計画は排除されていった。

四　身元不明者の追悼

犠牲者の追悼碑建設計画は、復興事業を統括するロウアーマンハッタン開発公社によって二〇〇三年にガイドラインが発表されたものの、不確定要素が多く残されていた。ガイドラインによると追悼碑の建設は「ビジター・センターや博物館など、他のメモリアル的要素を含む建造物とは異なる」ものであるとし、さらには「身元が特定されていない遺骸は、別途、遺族が出入りできる空間を確保する」と記載されていた〔LMDC 2003: 19〕。

ガイドラインが発表された当初から追悼碑と博物館は別々に建設されることになっていた。しかし、身元確認ができていない遺骸が九・一一メモリアル博物館内に保管されることになろうとは、遺族の誰もが予想していなかった。

他方、ペンシルベニア郊外に墜落して亡くなった犠牲者全員の遺骸は特定され、名前を刻んだ追悼碑も完成し、二〇一五年にはアメリカ国立公園局の管理のもとでビジター・センターが開館している。亡骸は「聖地」と呼ばれる場所に埋められており、家族のみが立ち寄れる。国防総省本庁舎に激突したアメリカン航空七七便の犠牲者の遺骸も、身元が確認できていないものも含めヴァージニア州のアーリントン国立墓地に埋葬され、国防総省本庁舎の通称であったペンタゴン（五角形）の形をした墓石に犠牲者の名前が刻まれている。これら二カ所のテロ事件現場に比べ、グラウンドゼロでは二つの超高層ビルの崩壊、そして現場にかけつけた救助隊を新たに巻き込むなど、被害の規模が甚大でかつ複雑化していた。九・一一メモリアル博物館開館一周年を迎えた二〇一五年の時点で犠牲者の四〇％の遺骸が確認されていないという状況もグラウンドゼロでの被害の大きさを物語っている〔Greenwald 2016: 19〕。

世界貿易センターの救助活動で亡くなった四人の被害者家族のコンサルタントを務めたチップ・コルウェルによると、遺族はどのような形でも身元確認ができる遺骸や遺品の情報を受け取れることを待ちわびており、故人の墓地を準備するまで緑に囲まれた屋外の「無名戦士の墓」に類似した形で追悼されるのであろうと考えていたという〔Colwell 2011: 8〕。だが、その願いは叶わなかった。彼らにとっては心に区切りをつけることができない状態が長く続いているのである。

国際フリーダムセンターの計画が廃止された翌年の二〇〇六年、アリス・グリーンワルドが九・一一メモリアル博物館初代館長に就任した。グリーンワルドは、首都ワシントンにある米国ホロコースト・メモリアル博物館で図書資料、複雑な展示、教育プログラムを管理する経験を積んできた。グリーンワルドは館長就任直後から開館前年の二〇一三年まで、「博物館計画対話シリーズ」を実施し、国内外の専門家で構成されるいくつかの諮問機関も立ち上げ、館内の展示内容やレイアウトを確定していった。博物館計画対話シリーズでは追悼碑の専門家、生存者、トラウマに対応する心理学者、先住民の遺骨を保存する博物館関係者、遺構保存団体や宗教団体代表者など多様な背景をもつ識者が実践的なノウハウを提供するために参加している。

開館まで八年近く続いた博物館計画対話シリーズの中でも、二〇〇七年一一月一三日の会合は重要な意味をもった。テーマは「遺骸の倉庫」であった。グリーンワルドによると、身元不明の遺骸を世界貿易センターが建っていた場所に「戻す」ことは、遺族団体による署名活動をうけて二〇〇三年に決まっていると同会合で告知している〔Greenwald 2011: 11〕。遺族団体にとって最も重要なことは、「遺骸の倉庫」を設置する場所が、グラウンドゼロの心臓部でなければならないということであった。そここそが実際に家族が被災した場所だからである。そこが新たに建設される博物館の内部空間となるのか、あるいは外部空間となるのかということはさほど重要ではなかった。

ここでいう遺族団体とは、米同時多発テロ事件後まもなく結成された七つの被害者団体から成る「九・一一家族連合」を指している。この団体はいち早く非営利団体として事務所をダウンタウンに構え、被害者家族と情報共有を行うだけではなく、グラウンドゼロの復興事業及び記念事業に関して遺族の声が届けられるように市長、州知事、ロウアーマンハッタン開発公社に積極的に働きかけてきた。現在もグラウンドゼロ敷地内で追悼碑の解説を行うボランティア活動を行っている。だが、「遺骸の倉庫」が博物館内に備えられることについては、全ての被害者家族が同意したわけではない。

ニューヨーク市検視局の法医学専門家が、「遺骸の倉庫」の管理は博物館側ではなくニューヨーク市検視局に委ねられ、そこでは科学的な鑑定は行われないが、今後も継続される身元確認作業のために遺骸は適切な室温と湿度を保たれることを会合の参加者に伝えている。報告書によると、この会合に説明会に参加した人びとのほとんどが、「博物館への一般訪問者に対して遺骸が保管されている場所の重要性を伝える必要がある」という考えを示したという

〔NSMM 2008: 3〕。実際、九・一一メモリアル博物館の「メモリアル・ホール」には大きな青色のモザイク模様の壁があり、これがメモリアル・アートになっている。その一角に「この壁の向こう側には九月一一日二〇〇一年に世界貿易センターで亡くなった多くの人びとの遺骸がある」と記載されたプレートが嵌め込まれている。長さ四二メートル、高さ一〇メートルほどのメモリアル・アートの壁は「遺骸の倉庫」の東側の外壁を兼ねている。ここは博物館訪問者が必ず通る場所である。一部の遺族は、家族の遺骸が博物館の地下に保管されることは受け入れ難く、個人の記憶が博物館のメモリアル・アートに利用されることに抵抗を感じるとして、ニューヨーク市を相手に訴訟を起こしたが、これは遺族側が敗訴した〔Mulqueen 2012: 233〕。遺骸を保管する倉庫には、博物館訪問者はもちろんのこと博物館関係者も入室できない。けれども、米同時多発テロ事件の悲しみに満ちた遺族の記憶を公共に提供するという文脈の中に織り込まれた場所であることには変わりはない。

五　複数の場所で追悼展示

グラウンドゼロの敷地内には、二〇一四年に九・一一メモリアル博物館が完成するまで、遺族証明書を保持していないと入室できない「家族の部屋」が存在していた。この部屋は米同時多発テロ事件が起きた翌年二〇〇二年の春から五四階建てのビル、リバティ・プラザ一番地の二〇階にあった。ビルの同階には復興事業を統括するロウアーマンハッタン開発公社と世界貿易センター・メモリアル財団の事務所が入っており、グラウンドゼロの復興工事を窓から見下ろすことができる。「家族の部屋」に置かれている追悼のメッセージや思い出の品々は、博物館展示のように整理整頓された状態でレイアウトされているわけではない。遺族が故人との記憶を他の遺族と共有することができる被害者家族だけのプライベートな空間である。

九・一一メモリアル博物館完成後、館内にも「家族の部屋」が用意されている。リバティ・プラザ一番地に追悼のために持ち込まれた品々の多くは、この特別室に移されたが、残りはニューヨーク州立博物館に保管されている。州立博物館で初めて特別展示として一般公開され、リバティ・プラザの部屋のようすも動画で公開された。

米同時多発事件後、ニューヨーク市内、そして全米で追悼の念を込めた作品が多く創られた。子どもたちが消防団への追悼を込めて描いた絵画、女性たちが想いを込めたパッチワークなど、九・一一メモリアル博物館の「メモリアル展示」コーナーでみることができる。筆者は開館後まもなく同館を訪れた。そこで、ボストンからロサンジェルスに向かうユナイテッド航空一七五便の乗客の一人だったブライアン・スィーニーが残した遺品を目にして、バイキングが被るような風変わりな帽子がテロ事件とどう関係あるのかと疑問に思った。遺品はテロ事件の当日に身に着けられていたものではなく、残された妻が「夫を歴史的な文脈で覚えてもらうより、彼に関する家族の個人的な想いを残したい」という理由で博物館に寄付されたものである。遺族の想いが優先されている展示である。その隣の壁面に受話器がかかっていてスィーニーが妻に残した、実際の留守録のメッセージを聞くこともできた。ハイジャックされていることを知りながら、子どもたちとどのような人生を送ってほしいかを妻に冷静な語り口で伝えている。リアルタイムで聞いているようで思わず涙があふれだした。残された家族や友人の苦しみが伝わってきたからだ。演出の上手さに脱帽した。九・一一メモリアル博物館が謳う「米同時多発テロ事件後の世界」とは、全米の、そして世界の人々が文字通り「ユナイテッド」し、一つの共同体として再起を誓い、復興に尽力した人びとの活動を讃えることである。

六　メモリアル博物館の使命とは

犠牲者の「追悼」を兼ねるメモリアル博物館の役割は、伝統的な歴史博物館、政治家や文豪などといった偉人たちの「記念館」とは本質的に異なる。歴史的大惨事が起きた「記憶の場所」に建てられるメモリアル博物館の使命は、国境を越えて人類が共有すべき普遍的な価値観を次世代に伝えていくことにある。九・一一メモリアル博物館もまた犠牲となった人々の追悼を行うと同時に、このような教育施設としての役割を果たす必要があると筆者は考えている。二〇〇三年に発表された当初の建設計画の内容もまさに筆者と同じ発想で構築されていた。ジョン・ダワーやエリック・フォーナーの考えもまた然り。けれども、実際には当初の計画案は否決された。

歴史学者や博物館関係者といった専門家たちは九・一一同時多発テロ事件を歴史的文脈の中で位置づけ、人類普遍の最適解を導き出すための努力を重ねる。だがそれは、長い時間をかけることなしには到達しえないパースペクティブを描き出す作業でもある。短期的には、無神経な理想主義と曲解されたり、単なる絵空事に映ったりして、被害者の遺族たちの反発を招くこともある。九・一一メモリアル博物館と追悼碑が完成するまでの道のりもまた困難に満ちたものであった。グラウンドゼロにおける文化施設建設をめぐり、理想的なプランを掲げた当初案は否決され、英雄のための聖地としての性格が色濃く反映されたものに変更されたが、それでも遺族にとっては不満が残る結果となった。しかし希望を捨てることはない。九・一一メモリアル博物館も変容していくのだから。

遺族感情は時間とともに緩やかに変化する。当初は生々しい傷口を直視することができない。やがて傷口の瘡蓋が徐々に分厚くなることで、少しずつ心の痛みに目を向けるようになる。そして瘡蓋がとれても傷跡は消えるわけではない。けれども、やがては遺族感情そのものに変化が訪れる。それには緩やかな時間の流れに沿って過去と向き合うための社会システムが必要である。メモリアル博物館はそのための装置である。

参考文献

Burlingame, D. 2005. “The Great Ground Zero Heist,” *Wall Street Journal*. June 7, A14.

Colwell-Chanthaphonh, C. 2011. "The Disappeared: Power Over the Dead in the Aftermath of 9/11," *Anthropology Today* 27 (3): 5–11.

Dunlap, D. 2005. "Governor Bars Freedom Center at Ground Zero," *New York Times*, September 29, A1.

Dower, J. 2010. *Cultures of War: Pearl Harbor, Hiroshima, 9–11, Iraq*. New York: Norton.

Foner, E. 2003. "Rethinking American History in a Post 9/11 World," *Liberal Education*, Spring Issue: 30–37.

Greenwald, Alice M. 2011. "Alice M. Greenwald Replies," *Anthropology Today* 27 (3): 11.

———. 2016. "Through the Lens of Memory," *The Story of 9/11 as told at the National September 11 Memorial Museum*, ed. Alice M. Greenwald. New York: Skira Rizzoli, 11–31.

Lower Manhattan Development Corporation. 2003. *World Trade Center Site Memorial Competition Guidelines*, New York: LMDC.

Mulqueen, Patrick J. 2012. "Only Dust Remains: The 9/11 Memorial Litigation and the Reach of Quasi Property Rights," *Brooklyn Law Review* 78 (1): 231–70.

National September 11 Memorial Museum [NSMM], 2008. *Museum Planning Conversation Series Report 2006–2008*. New York: NSMM.

Young, James E. 2010. "Memory and Monument after 9/11," *The Future of Memory*, eds. Crowshaw, R., Kilby J., & Rowland, A. New York: Berghahn Books, 77–92.

コラム ⑫

ロシアの博物館

立石洋子

ロシアの博物館の状況

ロシアでは博物館が余暇や教育のなかで重要な位置を占めており、その数は二〇〇四年の二一八〇軒から二〇一五年の二七五八軒へ、人口一〇万人当たりでみると二〇〇四年の一・五一軒から二〇一四年の一・八〇軒へと増加を続けている（二〇一四年の日本の人口一〇万人当たりの博物館数は〇・九一軒〔文部科学省 二〇一五〕）。入館者数も二〇〇四年の九九一〇万一六〇〇人から二〇一五年の三億三七七二万五〇〇〇人へと増加しており、この背景には国立博物館の一六歳以下の入館料を無料にした連邦文化省の二〇一五年の決定に加えて、デジタル展示やバーチャル博物館の増加、情報・コミュニケーション技術、アニメーションやゲーム技術の積極的な導入による入館者との対話型の活動と娯楽的要素の拡大といった博物館の様々な試みがある。

なかでも注目を集めているのは各博物館が企画する特別展であり、その数は二〇〇四年の三万二〇七八件から二〇一五年には六万九六二八件に、博物館当たりの特別展数はそれぞれ一五回から二四回に増加した。二〇一五年には特に第二次世界大戦終戦七〇周年に関する特別展が多数行われたが、最大の成功を収めたのは国立トレチャコフ美術館が企画した画家ヴァレンティン・セロフ生誕一五〇周年記念展であり、三か月半の間に四八万人が訪れた〔Министерство Культуры Российской Федерации 2016: c. 29–31; Статистика Отрасли Министерства Культуры〕。

サハロフ・センター博物館

次にロシアの様々な博物館の一例として、モスクワの非政府組織サハロフ・センターが運営する博物館を紹介したい。同センターは、民主化を求める運動の中心となり、一九七五年にノーベル平和賞を受賞した核物理学者アンドレイ・サハロフを記念して一九九〇年に組織された非営利団体であり、ソ連期の政治的抑圧の記憶の保全を目的とする様々な活動を行っている。これらの活動は公的資金ではなく寄付で運営されており、センター内の文書館、図書館、博物館への入館、講演会や映画上映などの催しへの出席はすべて無料である。センターの二階に開設された小さな博物館は、モスクワでは初のソ連時代の政治的抑圧と抵抗の歴史をテーマとした博物館となり、一九九七年にはモスクワで開催されたコンクール「建築とデザイン」で優秀インテリア賞を受賞した。エクスカーションはロシア語か英語で行われ、ホームページには政治的抑圧の犠牲者の資料を掲載したデジタル・ミュージアムも作成されている。

常設展は四つのセクションから構成されており、例えば「ソ連の神話とイデオロギー」ではソ連のプロパガンダを描いたプラカードや詩、写真などが展示され、多くの人がプロパガンダが提示する輝かしい未来を信じていたことを示している。「グラーグを経た道」は、反体制的作品の発表を続け、一九七〇年にノーベル文学賞を受賞したアレクサンドル・ソルジェニーツィンの『収容所群島』をモチーフとしている。グラーグとは流刑地で政治犯に強制労働を課した収容所であり、実際にそこで使われた文書や衣服、食器、シャベル、つるはしなどの道具、新聞、センターに寄贈された囚人の書簡（図1参照）などが展示されている。「ソ連における自由のための抵抗」は一九五三年のスターリン死後に始まる政治犯の名誉回復の要求や、一九六〇年代に現れる「異論派」の活動、一九七〇年代から八〇年代の非公式の文化活動の展開、地下出版物、

図1　囚人の書簡

人々の私的な会話のなかに広まった政治風刺のアネクドート（小話）などを見ることができる。

職員のタマラ・ヤコヴレヴァは、学校での歴史教育の一環として行われるエクスカーションの申込みが一九九〇年代と比較して減少しているとし、これはソ連時代の歴史の否定的側面に対する政権の関心が低下しているためだと言う。他方で二〇一四年に移設・改修された国立の「グラーグの歴史博物館」（モスクワ）は、移設前と比較して四倍の広さとなり、グラーグの歴史の研究と保存、普及のための活動を続けており、ソ連時代の歴史を扱う博物館への国家の姿勢については今後の分析を待たねばならない。いずれにしても、国立の歴史博物館だけではなく、サハロフ・センター博物館のような小規模の民間の博物館が入館者を集め続けていることは、記憶を次世代に伝えるという博物館の役割に寄せられる市民の関心の高さを示しているといえよう〔http://www.sakharov-center.ru/; インタビュー; http://www.gmig.ru/o-muzee〕。

参考文献

文部科学省社会教育調査（平成二七年度）［http://www.e-stat.go.jp/SG1/estat/List.do?bid=000001078004&cycode=0］（二〇一六年一一月五日）

Министерство Культуры Российской Федерации. Государственный доклад о состоянии культуры в Российской Федерации в 2015 году. 2016［http://mkrf.ru/report/report2015/］（二〇一六年一一月五日）

Статистика Отрасли Минимтерства Культуры［http://mkrf.ru/upload/stats-web/index.html#］（二〇一六年一一月五日）

Сахаровский центр［http://www.sakharov-center.ru/］（二〇一六年一一月六日）

サハロフ・センター博物館職員タマラ・ヤコヴレヴァへのインタビュー（二〇一六年九月一七日）

Музей истории ГУЛАГа［http://www.gmig.ru/o-muzee］（二〇一六年一一月二三日）

5　ヨーロッパにおける歴史博物館と国境地域

西山暁義

一　地方から見た歴史博物館

歴史博物館は、歴史教科書や歴史小説、映画などと並び、過去の記憶を伝達する重要な社会的回路の一つである。公共施設である博物館の場合、「ハコモノ」公共事業としての側面をもつだけに、その建設の是非や展示内容をめぐって論議を呼ぶことも珍しくない。ヨーロッパに関するそうした例として、やや古いところでは、一九八〇年代の西ドイツのコール政権によるドイツ史にかんする大規模な博物館の設立構想が想起されよう〔Pohl 2013: 33–86〕。二一世紀では、二〇〇七年にフランス大統領ニコラ・サルコジが提起した「フランス歴史館」は、設立の準備が進められたものの、ドイツの場合とは対照的に、再選の失敗によって結局葬られることになった〔François 2013: 208–220〕。記憶に新しいところでは二〇一六年四月、ポーランドのグダンスクに建設され、開設準備が進められていた第二次世界大戦博物館に対し、保守系のカチンスキ政権が、当初策定された展示内容が「過剰に普遍主義的」として、「ポーランドの国民的視点」をより重視した内容に変更するよう要求し、国際的に物議を醸すことになった。

このように、とりわけ巨額の費用が投じられる国立の歴史博物館は政治的立場が投影される象徴として、良かれ悪しかれ耳目を集める存在である。その一方で、地方の歴史博物館については軽視されがちである。本章で取り上げるのは、まさにフランスのそのような事例であるが、そこに注目すべき理由として次の二つを挙げておきたい。一つは、ここ三〇年間において新設されたのはもっぱらこうした地方の歴史博物館であったという量的な点に加え、質的にも、たとえばノルマンディー地方のカーンの平和記念館（一九八六年設立）や、ソンム地方のペロンヌの第一次世界大戦歴史博物館（一九九二年）などの例にもあるように、とくにフランスの場合、「中央」の国立博物館よりも、むしろ地方の博物館が展示の新たな方向性を模索する起点となっている（あるいはまさに、地方であるがゆえに実験的な試みが行いやすい）、という点である。そしてもう一つは、こうした地域における歴史博物館は、たんなる国立博物館の出張所的な存在ではなく、むしろ地域の「独自性」を背景とし、またそれが強調されるようになっているという点である。

　これらの点をふまえて以下で取り上げるのは、ドイツとフランスの国境地域であるアルザス・ロレーヌ（アルザス・モーゼル）地方における二つの博物館である。一つは、アルザス北西部のシルメックに二〇〇五年に開設された「アルザス・モーゼル記念館 Mémorial d'Alsace-Moselle」、そしてもう一つは二〇一四年、ロレーヌ北部、メッス近郊の村グラーヴロットに落成した「一八七〇・七一年戦争及び併合博物館 Musée de la guerre de 1870 et de l'Annexion（以下ではグラーヴロット博物館と呼ぶ）」である。両者はともにドイツとフランスという二つの国民国家の間の和解が進展した二一世紀において、両国の対立に翻弄された国境地域の近現代史をテーマとして、アルザス、ロレーヌそれぞれの地域のイニシアチブによって創設された博物館である。しかし、両者の語りは決して同じものではない。本章では、二つの博物館の設立に至る経緯、展示内容、方法などを対比しながら紹介しつつ、両者の間の共通点と相違点、そしてその背景について考察することにしたい。

二　アルザス・モーゼル記念館――犠牲者としての認知を求めて

最初に取り上げる「アルザス・モーゼル記念館」は、落成に先立つこと一〇年ほど前にその直接の出発点を見出すことができる（本博物館の詳細な考察として、〔西山 二〇一四、八三―一二一頁〕を参照）。それは、独仏国境地域としてこの地方が経験した最も厳しい状況、すなわちナチ・ドイツによる「事実上の併合」（国際法上の手続きを経ない、占領を越えた一方的な編入）に関わるものであった。というのも、それによって多くの成年男子（約一三万人）がドイツ兵として召集されることになったが（少数の志願兵を除き、「不本意召集兵（マルグレ・ヌ）」と呼ばれる）、戦争を生き延びても多くの者が戦争捕虜としてソ連の収容所（タンボフ）に抑留されることになり、そこで命を落とすものも少なくなかった。冷戦下では困難であった彼らの現地での慰霊が、ソ連崩壊とともに可能になったのである。それはまた、これまでフランス人であるはずなのに、ナチ・ドイツのために戦ったという「汚名」によっていわば「タブー化」されていた彼らの記憶、ひいては戦時下のナチ併合時代のアルザス・ロレーヌの記憶について、当事者世代の高齢化も相まって、「犠牲者」としての認知を求める動きを加速させることになった。この「犠牲者」としての記憶の表面化は、かつての英雄史観としての「レジスタンス神話」から「ヴィシー症候群」の見直しを経た、フランスにおける第二次世界大戦の記憶の再編とも連動していた〔渡辺 一九九八〕。そうしたなか、アルザス北部のバ＝ラン県（県庁所在地ストラスブール）の県議会が、第二次世界大戦の地域の歴史を展示する博物館の建設を進めることになった。

ただし、とりわけアルザスの場合、一つの「壁」が越えられなければならなかった。一九四四年六月一〇日の「オラドゥール事件」の記憶である。南仏リムーザン地方の小村において、住民六四二名を虐殺した武装親衛隊ライヒ師団の蛮行には、アルザス出身の「不本意召集兵」が関わっていたのである。そのため、オラドゥールとの「和解」も並行して進められることになり、一九九八年、同地の博物館「平和記憶センター」の開設の式典には、ストラスブール市長をはじめとして、アルザスの関係者も参列している。ただし注意すべきは、アルザスの地域世論自体も必ずしも一枚岩ではなかったことである。たとえばユダヤ教会は、「不本意召集兵」を犠牲者として扱うなかで、彼らとユダヤ人犠牲者が同列化されることについて懸念を表明していた。また、ナチ時代のアルザス社会の「受益」や「日和見主義」の側面の指摘については、それが外部（パリの歴史家など）によって行われれば一層、地域世論においては祖国に見捨てられた国境地域の苦難を軽視するものであるとの反発も見られた。こうした、フランス国民世論全体における「被害者」としての「不本意召集兵」、ひいては地域の位置付けの不安定さは、一方でより一層認知要求を強めるものであったが、同時に国家の側の関与が及び腰となる（あるいはそのように映る）要因でもあった。

記念館の特徴は、すでに名称にも反映されている。計画に際し、「記念館 Mémorial」と「歴史記念館 Historial」という二つの表記が使われていたが、最終的に採用されたのは「記念館」であった。この選択はたんなる語感の問題ではなく、展示のあり方をめぐる立場の表明でもあった。というのも、冒頭で触れたように、「記念館」はカーンの「平和記念館」「歴史記念館」はペロンヌの第一次世界大戦博物館の流れを汲むものと理解されていたからである。前者は、当時の状況の再現手法を用いた演出（たとえばドイツ占領下のカーン市街の再現）に特徴があり、後者は軍服や玩具、ポスターなどの（英仏独）三国並列展示など、展示される遺物に語らせる仕掛けに力を入れている。もちろん、現実には折衷的な部分も多く、あくまで理念型として考えるべきであるが、「アルザス・モーゼル記念館」は明らかに、カーンの「記念館」のコンセプトを継承し、あえて言えばそれをさらに先鋭化させたものといえる〔Trouche 2010: 88–89〕。実際、前史（一七世紀—一九三九年）のスペースを過ぎた後は、疎開列車、マジノ要塞、徴兵検査、ゲシュタポ取調室、懲治収容所、ヴォージュ山脈など、戦時下の光景が——空襲の爆音やヒトラー、ゲッベルスの演説の声とともに——まるでテーマパークのように次々と展開されることになる。その一方で、展示物自体は同時代の遺物よりはコピーやレプリカが多く、そのため文化省が定める（一定数のコレクションの所蔵が前提となる）「フランス博物館 Musée de France」の認定も受けていない（「フランス博物館」については、〔サロワ 二〇〇三、一四九、一六五―一六六頁〕）。

こうした極端なまでの「体感」志向の再現演出については、「歴史のディズニーランド化」といった否定的な声もあったが、関係者が強調するのは、むしろ若者世代に対する記憶の継承において重要なのは、「乾いた」知識ではなく、知識と感情の「バランス」である、という点である。再現手法は、そうした感情を喚起するための仕掛けということになるが、このような視点は歴史研究者の側から積極的に提起されるものではない。むしろ彼らは、少なくとも当初、そのような演出に懐疑的であった。そこから窺えるのは、歴史家は語られるべき歴史の全般的な解釈や、個々の展示の考証に動員される一方で、博物館としての空間的演出にかんしてはいわば「素人」として埒外に置かれているという点であり、歴史博物館の計画、運営における「分業化」が進行していることを印象づけるものである。

三　一八七〇年戦争・併合博物館――モノに語らせる博物館

「グラーヴロットのような豪雨 Ça tombe comme à Gravelotte」――現在でも使われるこの慣用句は、一八七〇年八月半ば、メッスから一五キロメートルほど離れた小村グラーヴロット周辺においてフランス軍とプロイセン軍が激突し、両軍に多大な死者が出た戦いに由来する。二つ目に紹介する博物館は、まさにこの激戦地に立つ博物館である。「アルザス・モーゼル記念館」と同様、グラーヴロット博物館もまた、地域の中心都市からはやや離れた立地であり、交通の便は良いとはいえない。しかし、激戦の跡地である丘陵の畑のなかに戦没者の慰霊碑が点在し、また博物館と道を挟んだ反対側には、ドイツ兵の戦没者墓地と（ヴィルヘルム二世時代に建立された）記念堂があるなど、周辺景観を含めて戦争博物館としての雰囲気を感じさせる環境にある。

グラーヴロット博物館は、すでに一八七五年ごろに個人の小さな博物館として設立されていたが、その後、村に委譲され、最終的にモーゼル県が継承し、運営にあたることになるのは二〇〇〇年のことであった。同時期、設立計画が具体化していたアルザス・モーゼル記念館が、名称の通りモーゼル県をも含んだ施設であるものの、実際に主体となるのがアルザスのバ・ラン県、立地も同県のシルメックであったこともあり、モーゼル県にとってみれば、グラーヴロット博物館こそが「わが県の現代史博物館」であった。その後二〇〇八年に設計コンペが行われ、二〇一四年四月に開設に至っている〔Schaming 2010: 151–170〕。

この博物館の展示対象となるのは、独仏戦争とその結果としてのアルザス・ロレーヌのドイツ帝国への併合（一八七一—一九一八年）である。独仏戦争は一九世紀半ばのヨーロッパ国際関係をふまえつつ、戦場となった地域社会、ドイツ（メッス周辺の戦闘はもっぱらプロイセン）、フランス両国の軍隊（将軍から兵士たち）の視点から展示となっている。こうした重層性や多元性は、アルザス・モーゼル記念館の学術諮問委員会のメンバーがほぼ地元の歴史家たちによって占められていたのに対し、グラーヴロット博物館の場合（全一五名）、地元以外にも、パリやドイツ、さらにはイギリスの歴史家（クリストファー・クラーク）など、より国際的な構成となっていることにも表れている。また、仏独英の三ヶ国語で書かれた短い展示説明文では、仏独が同等の主要言語となっているが、独仏戦争のスペースではフランス語が筆頭の言語であるのに対し、併合後はドイツ語に交代するなど、細かい工夫も見られる。

一方、併合期についても、帝政期ドイツの「第一の併合」がナチ期の「第二の併合」と異なることが強調される展示となっている。もちろん、ドイツ帝国の権威主義的な政治体制や、アルザス・ロレーヌ統治の問題点も言及されているが、同時にフランスにおける対独ナショナリズムとそこにおけるアルザス・ロレーヌの「神話化」も、絵画や彫刻、記念碑、学校教材などによって展示されている。とくに興味深いのが、独仏戦争が戦後の両国社会においてどのように記憶されたのか、並列的に展示されている点である。すなわち、戦争そのものについてだけではなく、その記憶もまた比較の視点のもとで主題化されているのである。

展示方法については、アルザス・モーゼル記念館とは対照的であり、再現手法は全く用いられておらず、絵画、軍服、国境標識など当時の遺物の展示が中心であり、前述の理念型的分類ではペロンヌ的であるといえる。再現手法において見られる見学順路の規定性は弱く――もちろん、それぞれのスペース〔戦争三つ、併合期三つ〕には番号がふられているが――、その点美術館の空間構成に近いものともいえる。ただし、個別作品の鑑賞に重点が置かれる美術館と異なり、歴史博物館であるグラーヴロットでは、美術作品は戦争の現実をイメージさせると同時に、描き方自体も歴史的に捉えられなければならない。そうした観点から、「神話と現実」「勝者と敗者」「戦闘の暴力の表現」という三つのテーマごとに、複数の絵画が相互に近接して展示されている〔Necker 2015: 86〕。たとえば、自ら従軍したジョルジュ・ジャニオの『戦火の列、一八七〇年八月一六日の回想』（一八八六年）には、愛国的な絵画とは異なり、最前列に第一次世界大戦の「シェルショック」を彷彿とさせる、恐怖に頭を抱え蹲る兵士が描かれている。また、各所の壁に埋め込まれたモニターの映像には歴史家が登場し、テレビのドキュメンタリー番組のように語り部的に解説を加えている点も、アルザス・モーゼル記念館との相違点として挙げられる。

このように、グラーヴロット博物館の展示はアルザス・モーゼル記念館と比べ、同じ国境地域の歴史を対象とし、国民史的枠組みを越える博物館である一方で、展示については相違点も少なくない。その理由として考えられるのは、何よりも扱っている時代と主題の違いである。すなわち、記念館が主題とする第二次世界大戦期は、「事実上の併合」という特殊アルザス・ロレーヌ的な状況もあいまって、二一世紀においてもなお「過ぎ去ろうとしない過去」であり、記念館の趣旨は何よりその特殊な状況――ただしそれ自体は国民国家の対立が生み出した普遍的文脈の産物でもある――に対する認知を要求するものである。これに対し、独仏戦争と「第一の併合」は二国間の戦争と、すでに当事者世代の存在しない「歴史となった」過去であり、複眼的視点から描きやすいテーマである。付言すれば、グラーヴロット博物館の開館と同じ二〇一四年、フランスとドイツ相互の政治的、文化的影響の中で形成されてきたメッスの都市景観がユネスコの世界文化遺産の暫定リストに登録されている。これまで否定的に評価されてきた「混合」が、むしろ「遺産」として積極的に評価されるようになったことも、こうした傾向と無関係ではない。

四　地域社会のなかの博物館――ヨーロッパ化と慰霊的機能

最後に、両者に共通する博物館の地域的役割について言及しておきたい。それは、地域の「犠牲者」の慰霊、記憶の場としての機能であり、具体的には「犠牲者」の個人情報の収集とその表象である。これは地域政治からの要請によるものであり、他の地方の歴史博物館にもみられる。ここで注意すべきは、ここで収集の対象となるのは誰か、という点である。グラーヴロット博物館の場合、入口スペースに縦長のタッチパネルが置かれており、そこでは一八七〇年の独仏戦争および二つの世界大戦、さらにその後の植民地戦争や派遣部隊で戦没した兵士、レジスタンス参加者たちのデータを検索することができる。モーゼル県生まれ、ないし居住者を対象にするという「属地主義」の原則により、ドイツからの移民とその家族もまた対象となっている。

一方、アルザス・モーゼル記念館では、時期的には第二次世界大戦に限定しつつ、他方で軍関係者だけではなく、空襲の犠牲者など民間人の犠牲者を含めたものを対象として、データ化が進められているが、後者については事実の確定が困難な場合も少なくない。こうして収集された情報は、たんなるデータベースだけではなく、グラーヴロットでは予算上の問題で断念された「名前の壁」の建設が予定されている。ただし、前述の通りユダヤ人やレジスタンスと（志願・強制を問わず）ドイツ国防軍、武装親衛隊兵士が「犠牲者」の名の下に共存することに対し、依然として反発もある。

現在、アルザス・モーゼル記念館は戦後のヨーロッパ統合史の展示に向けた増築工事のために二〇一七年秋まで休館となっている。こうしたアルザスにおける積極的な文化政策は、開館後二年でモーゼル県の文化予算削減により活動の幅に制約が加えられているグラーヴロットとは対照的である。社会的施設としての歴史博物館は、政治の側の理解や採算性の論理などによっても強く規定されているのである。

参考文献

サロワ、ジャック　二〇〇三『フランスの美術館・博物館』（波多野宏之・永尾信之訳）白水社

西山暁義　二〇一四「ヨーロッパ国境地域における歴史意識と博物館――アルザス・モーゼル記念館の事例」『共立女子大学・共立女子短期大学総合文化研究所紀要』二〇

渡辺和行　一九九八『ホロコーストのフランス――歴史と記憶』人文書院

[Catalogue Gravelotte] 2015. Musée Départemental de la Guerre de 1870 et de l'Annexion Gravelotte, Ars-sur-Moselle: Serge Domini.

[Catalogue Mémorial] 2008. Mémorial d'Alsace-Moselle. Le musée d'une histoire tourmentée de 1870 à nos jours, Clermont-Ferrand: Editions Un, Deux... Quatre.

Chanet, J.-F. et al. (dir.) 2016. D'une guerre à l'autre. Que reste-t-il de 1870–1871 en 1914? Paris: Riveneuve Édition.

François, E. 2013. "Une trop brève existence," Le Debat, Vol. 175, pp. 208–220.

Necker, E. 2015. "L'objet dans le musée d'histoire: Collection ou média? Le cas du Musée de Gravelotte", Fleury, B. et al. (dir.) Vies d'objets, souvenirs de guerre, Nancy: Editions universitaires de Lorraine, pp. 75–96.

Pohl, K. H. 2013. Der kritische Museumsfuhrer. Neun Historische Museen im Fokus, Schwalbach/Ts. b|d edition:.

Schaming, D. 2010. "Gravelotte. Du musée de guerre au memorial mosellan," Mémoires de l'Académie de Metz, pp. 151–170.

Trouche, D. 2010. *Les mises en scène de l'histoire. Approche communicationelle des sites historiques des guerres mondiales*, Paris: L'Harmattan.

あとがき

「歴史学を含めた人文・社会科学は、現実とどのように向き合えばいいのか」。これは、歴史学研究会が、創立八〇周年にちなんで刊行した『歴史学のアクチュアリティ』（東京大学出版会、二〇一三年）の冒頭に掲げられた問いである。同書は、研究者個々人の足場や拠点を手がかりとして、歴史学が現実とどのような関わりをもつのかを問い直そうとした試みであった。これに対し、本書は、歴史学が現在の社会の中でどのような位置を占め、これからどのような役割を担うことができるのかについて、考えてみようとするものである。その際、歴史研究者の視点からだけでなく、できるだけ研究成果を受け取る側の視点からの提言を重視した。

近年、若い世代を中心とした「歴史離れ」が叫ばれている。大学の人文・社会系学部・大学院の改組や予算削減、歴史学専攻の大学院進学者の減少など、歴史学を取り巻く環境は厳しく、未来を楽観視することはできない。長年積み重ねられてきた学術的な研究成果を無視した恣意的な歴史解釈、時代錯誤としか思えないような戦前回帰の教育観の横行とその政治利用も目につく。本書所収の論考は、新聞・雑誌や書籍出版における歴史問題の報道など、こうした深刻な状況を直視しつつ、それらを克服する糸口を示唆している。

本書には、出版・報道や教育、博物館といったこれまでも歴史学との深いつながりが意識されてきた分野に加え、観光やアニメなどアカデミズムが一線を画してきた分野など、歴史研究の成果が活かされているさまざまな「現場」からの提言や、歴史研究と社会との接点を切り取ったコラムが収められている。それらを読むと、改めて歴史学の裾野の広さを感じると同時に、まだまだその可能性を十分に活かしきれていないことに気づかされる。本書冒頭に登場する、コンピュータ・グラフィックスの技術を利用した体験型の展示「バーチャル名護屋城」（佐賀県名護屋城博物館）など、博物館や観光産業での新しい取り組みは、その興味深い一例であろう。

本書の企画は、二〇一五年夏ごろから、歴史学が社会の中のどのような「現場」で活かされているかをめぐって検討を始め、二〇一六年度大会特設部会「歴史研究の成果を社会にどう伝えるか――社会的要請と歴史学」の報告と討論をへて具体化した。「楽しむ・学ぶ・伝える・観る」という四つの柱を含め、その時点で内容は明確となったものの、実を言えば、どのような書名にするかは最後まで迷いに迷った。「歴史学が現在の社会の中でどのような位置を占め、これからどのような役割を担うことが可能なのか」という趣旨を簡潔に表現できることばがなかなか見つからなかったからである。最終的に「歴史を社会に活かす」で落ち着いたが、振り返ってみれば、書名決定までの試行錯誤は、類書が見あたらない中で、これからの社会で歴史学が占めるべき位置、果たすべき役割の大きさにふさわしい表現の生みの苦しみであったのかも知れない。未来は過去を必要とする、ではどのように。本書をこの問いへの答えを探求する出発点にしていただけたら幸いである。

本書刊行にあたっては、『歴史学のアクチュアリティ』に引き続き、東京大学出版会のご協力をいただくことができた。同出版会および、本書の企画に共鳴され、貴重なコメントまで賜った編集部の山本徹氏に厚く御礼申し上げる次第である。

鈴木　茂
（歴史学研究会　編集長）

川村佳男（かわむら　よしお）
九州国立博物館主任研究員．中国考古学．1975 年生まれ．『中国　王朝の至宝』（共著，NHK・NHK プロモーション・朝日新聞社，2012 年），『始皇帝と大兵馬俑』（共著，NHK・NHK プロモーション・朝日新聞社，2015 年）．

和田浩（わだ　ひろし）
東京国立博物館保存修復課環境保存室長．保存科学．1974 年生まれ．『東京国立博物館の臨床保存　改訂版』（共著，美術出版社，2013 年）．

吉野和彦（よしの　かずひこ）
株式会社東京スタデオ．展覧会展示デザイン．1960 年生まれ．デザイン担当展覧会「始皇帝と大兵馬俑」（東京国立博物館ほか，2015–2016 年），「古代ギリシャ――時空を超えた旅」（東京国立博物館ほか，2016–2017 年）．

椎名一雄（しいな　かずお）
大正大学非常勤講師．中国秦漢史．1976 年生まれ．『張家山漢簡『二年律令』の研究』（東洋文庫中国古代地域史研究編，東洋文庫，2014），『地下からの贈り物――新出土資料が語るいにしえの中国』（中国出土資料学会編，東方書店，2014）．

横山篤夫（よこやま　あつお）
元大阪府立高等学校教諭．日本近現代史．1941 年生まれ．『戦時下の社会――大阪の一隅から』（岩田書院，2001 年），『陸軍墓地がかたる日本の戦争』（共編，ミネルヴァ書房，2006 年）．

久保亨（くぼ　とおる）
信州大学人文学部教授．中国近現代史．1953 年生まれ．『シリーズ中国近現代史 4　社会主義への挑戦』（岩波書店，2011 年），『統計でみる中国近現代経済史』（共著，東京大学出版会，2016 年）．

吉良芳恵（きら　よしえ）
前日本女子大学文学部教授．日本近現代史．1948 年生まれ．「徴兵制における所在不明者――昭和期長野県の兵事資料から」（上山和雄編『帝都と軍隊――地域と民衆の視点から』日本経済評論社，2002 年），『日本陸軍とアジア政策――陸軍大将宇都宮太郎日記』（宇都宮太郎関係資料研究会編，全 3 巻，岩波書店，2007 年）．

東自由里（ひがし　じゆり）
京都外国語大学英米語学科教授．国際教育学．“Heritage and the Reframing of Japan's National Narrative of Hokkaido: Negotiating Identity in Migration History,” Laurence Gourievidis ed., *Museum and Migration: History, Memory and Politics* (Routledge 2014)．

立石洋子（たていし　ようこ）
成蹊大学法学部助教．ロシア・旧ソ連史．1980 年生まれ．『国民統合と歴史学――スターリン期ソ連における『国民史』論争』（学術出版会，2011 年），「現代ロシアの歴史教育と第二次世界大戦の記憶」（『スラヴ研究』62 号，2015 年）．

西山暁義（にしやま　あきよし）
共立女子大学国際学部教授．ドイツ近現代史．1969 年生まれ．『ヨーロッパ史講義』（分担執筆，近藤和彦編，山川出版社，2015 年），『帝国・国民・言語――辺境という視点から』（分担執筆，平田雅博・原聖編，三元社，2017 年）．

鈴木茂（すずき　しげる）
東京外国語大学大学院総合国際学研究院教授．ブラジル史．1956 年生まれ．「「黒い積荷」の往還――奴隷貿易から見る大西洋世界」（歴史学研究会編『史料から考える　世界史 20 講』岩波書店，2014 年）．『大邸宅と奴隷小屋――ブラジルにおける家父長制家族の形成』（ジルベルト・フレイレ著，翻訳，日本経済評論社，2005 年）．

松方冬子（まつかた　ふゆこ）
東京大学史料編纂所准教授．日本近世史．1966 年生まれ．『オランダ風説書と近世日本』（東京大学出版会，2007 年），『日蘭関係史をよみとく（上）つなぐ人々』（編，臨川書店，2015 年）．
森谷公俊（もりたに　きみとし）
帝京大学文学部教授．古代ギリシア史．1956 年生まれ．『図説アレクサンドロス大王』（河出書房新社，2013 年），『アレクサンドロスの征服と神話』（講談社学術文庫，2016 年）．
高草木邦人（たかくさぎ　くにひと）
日本大学非常勤講師．ルーマニア近現代史．1976 年．『歴史学と，出会う――41 人の読者経験から』（歴史学研究会編，分担執筆，青木書店，2015 年）．
小野雅章（おの　まさあき）
日本大学文理学部教授．日本教育史．1959 年生まれ．『御真影と学校――「奉護」の変容』（東京大学出版会，2014 年）．
町田祐一（まちだ　ゆういち）
日本大学生産工学部専任講師．日本近現代史．1982 年生まれ．『近代日本と「高等遊民」――社会問題化する知識青年層』（吉川弘文館，2010 年），『近代都市の下層社会――東京の職業紹介所をめぐる人々』（法政大学出版局，2016 年）．
藤田怜史（ふじた　さとし）
明治大学文学部兼任講師．アメリカ現代史．1981 年生まれ．「アメリカ歴史教科書における原爆投下のコンテクスト――第二次世界大戦，冷戦，核時代」（『アメリカ研究』46 号，2012 年），『原爆投下とアメリカ人の核認識――通常兵器から「核」兵器へ』（マイケル・D. ゴーディン著，共訳，彩流社，2013 年）．
君島和彦（きみじま　かずひこ）
東京学芸大学名誉教授．日本・韓国近代史・韓国歴史教育．1945 年生まれ．『日韓歴史教科書の軌跡――歴史の共通認識を求めて』（すずさわ書店，2009 年），『歴史教育から「社会科」へ――現場からの問い』（編，東京堂出版，2011 年）．
石居人也（いしい　ひとなり）
一橋大学大学院社会学研究科教授．日本近代史．1973 年生まれ．『歴史を学ぶ人々のために――現在をどう生きるか』（東京歴史科学研究会編，分担執筆，岩波書店，2017 年）．
有山輝雄（ありやま　てるお）
メディア史．1943 年生まれ．『情報覇権と帝国日本』（Ⅰ-Ⅲ，吉川弘文館，2013-16 年），『「中立」新聞の形成』（世界思想社，2008 年）．
永滝稔（ながたき　みのる）
有限会社有志舎 代表取締役．1964 年生まれ．
栗原俊雄（くりはら　としお）
毎日新聞社．日本近現代史．1967 年生まれ．『シベリア抑留――未完の悲劇』（岩波新書，2009 年），『「昭和天皇実録」と戦争』（山川出版社，2015 年）．
南祐三（みなみ　ゆうぞう）
富山大学人文学部准教授．フランス現代史．1979 年生まれ．『ナチス・ドイツとフランス右翼――パリの週刊紙『ジュ・スイ・パルトゥ』によるコラボラシオン』（彩流社，2015 年）．
長谷川綾（はせがわ　あや）
北海道新聞．1972 年生まれ．
久保茉莉子（くぼ　まりこ）
東京大学大学院人文社会系研究科研究員．中国近現代史．1985 年生まれ．「中華民国刑法改正過程における保安処分論議」（『東洋学報』93 巻 3 号，2011 年），「1930 年代前半の中国における検察制度」（『歴史学研究』944 号，2016 年）．
根津朝彦（ねづ　ともひこ）
立命館大学産業社会学部准教授．戦後日本のジャーナリズム史．1977 年生まれ．『戦後『中央公論』と「風流夢譚」事件――「論壇」・編集者の思想史』（日本経済評論社，2013 年），「桑原武夫の戦後思想」（赤澤史朗ほか編『戦後知識人と民衆観』影書房，2014 年）．
川喜田敦子（かわきた　あつこ）
中央大学文学部教授，ドイツ現代史．1974 年生まれ．『ドイツの歴史教育』（白水社，2005 年），『図説ドイツの歴史』（河出書房新社，2007 年）．

執筆者紹介（掲載順）

清水光明（しみず　みつあき）
日本学術振興会特別研究員（PD）．日本近世史・日本思想史．1982年生まれ．『「近世化」論と日本――「東アジア」の捉え方をめぐって』（編，勉誠出版，2015年）．
松尾法博（まつお　のりひろ）
佐賀県立名護屋城博物館学芸課長．文化財の保存と活用・日本考古学．1958年生まれ．「特別史跡名護屋城跡並びに陣跡」（佐賀県教育委員会『名護屋城跡山里口石垣修理報告書』1992年），「史跡・景観の保存と活用　特別史跡「名護屋城跡並びに陣跡」の保存と活用――地域や博物館との連携」（『日本歴史』754号，2011年）．
飯塚直（いいづか　なおき）
株式会社高文研代表．1953年生まれ．
堀内淳一（ほりうち　じゅんいち）
皇学館大学文学部准教授．中国魏晋南北朝史．1977年生まれ．『全訳後漢書』（列伝一，二，共著，汲古書院，2004，2007年）．
木村直也（きむら　なおや）
立教大学文学部特任教授．日本近世・近代史，日朝関係史．1956年生まれ．『日朝関係史』（関周一編，分担執筆，吉川弘文館，2017年）．
藤川隆男（ふじかわ　たかお）
大阪大学大学院文学研究科教授．オーストラリア史．1959年生まれ．『人種差別の世界史――白人性とは何か？』（刀水書房，2011年），『妖獣バニヤップの歴史――オーストラリア先住民と白人侵略者のあいだに』（刀水書房，2016年）．
原田晶子（はらだ　あきこ）
東京大学大学院総合文化研究科学術研究員．ドイツ中近世史．*Die Symbiose von Kirche und Stadt im Spätmittelalter: Das bürgerliche Gemeinschaftsbewusstsein und Stiftungen an die Pfarrkirchen in der Reichsstadt Nürnberg*. Verlag Dr. Kovač: Hamburg, 2014.「宗教改革導入にともなう死者追悼儀礼廃止に対する請願――カトリック共同体からプロテスタント共同体への移行の狭間で」（神崎忠昭編『断絶と新生――中近世ヨーロッパとイスラームの信仰・思想・統治』慶應義塾大学出版会，2016年）．
平山昇（ひらやま　のぼる）
九州産業大学商学部准教授．日本近代史．1977年生まれ．『鉄道が変えた社寺参詣――初詣は鉄道とともに生まれ育った』（交通新聞社新書，2012年），『初詣の社会史――鉄道が生んだ娯楽とナショナリズム』（東京大学出版会，2015年）．
金山泰志（かなやま　やすゆき）
日本大学・東京情報大学非常勤講師．日本近代史．1984年生まれ．『明治期日本における民衆の中国観――教科書・雑誌・地方新聞・講談・演劇に注目して』（芙蓉書房出版，2014年）．
小川和也（おがわ　かずなり）
中京大学文学部教授．日本思想史．1964年生まれ．『牧民の思想――江戸の治者意識』（平凡社新書，2008年），『儒学殺人事件――堀田正俊と徳川綱吉』（講談社，2014年）．
植田真平（うえだ　しんぺい）
宮内庁書陵部研究職．日本中世史．1985年生まれ．『足利持氏（シリーズ・中世関東武士の研究）』（編，戎光祥出版，2016年）．
水村暁人（みずむら　あきと）
麻布中学校・高等学校教諭．日本近世史・中等教育史．1978年生まれ．「菅野八郎頭取説に関する一考察――『信達騒動記』をてがかりに」（須田努編『逸脱する百姓――菅野八郎からみる一九世紀の社会』東京堂出版，2010年），「続・植民地期朝鮮における「校友会雑誌」――『養生』第2号～5号をてがかりに」（『麻布中学校・高等学校紀要』第5号，2017年）．

歴史を社会に活かす――楽しむ・学ぶ・伝える・観る

2017年5月24日　初　版

［検印廃止］

編　者　歴《れき》史《し》学《がく》研《けん》究《きゅう》会《かい》

発行所　一般財団法人　東京大学出版会

代表者　吉見俊哉

153-0041 東京都目黒区駒場 4-5-29
http://www.utp.or.jp/
電話　03-6407-1069　Fax 03-6407-1991
振替　00160-6-59964

印刷所　株式会社理想社
製本所　牧製本印刷株式会社

ISBN 978-4-13-023073-5　Printed in Japan